CW00689972

Pavane

4

© 2019, Joëlle Randegger

BOD - Books on Demand

12/14 Rond Poind des Champs Elysées, 75008 Paris

Impression : BoD -Books on Demand, Allemagne

IBSN 978-2-322127351

Dépôt légal : Août 2019

Joëlle Randegger

Pavane

Aux sources d'une vocation de pédiatre

BoD
Books on Demand

Autres publications de l'auteur

- *Frémissement de l'aube.*
  Sept paroles de vie et d'espérance pour un temps de souffrance. Aquarelles de
  Henri Lindegaard
  Olivétan, 1999
- *Dans le mitan du lit, la rivière est profonde Eloge de la fidélité.*
  Olivétan, 2007
- *Porteuses d'eau vive*
  Contempler les icônes et cheminer sur les pas des femmes de l'Evangile
  Médiaspaul, 2009
- *Parle nous des enfants*
  Médiaspaul, 2011
- *Le Mariage dans tous ses ébats- Lettre à une amie « psy » et « catho » Une
  voix protestante.*
  Olivétan, 2013
- *Le temps de vivre et le temps de mourir : Pour une fin de vie et une mort non-
  violentes.*
  Olivétan 2014
- *Une Bonne Nouvelle :Un évangile prié avec les icônes.*
  Passiflores, 2019

Chronologie

1942 Naissance en Tunisie

1953 Décès de mon grand père Roger Labarde

1956 Départ de Tunisie

1957 Installation de la famille Randegger au Havre

1961 Décès de mon père Roger Randegger. Installation de ma mère Thérèse à Marseille

1961 Début de mes études de médecine Faculté de Rouen puis Paris

1963 Décès de ma sœur Geneviève

1965 – 1973 Mariage avec Hubert NICOLAS et naissances de nos 4 enfants.

1968 Certificat de Pédiatrie Faculté de médecine de Paris

1969 Arrivée à Mostaganem en Algérie. Médecin du bled puis pédiatre de PMI

1975 Arrivée en Côte d'Ivoire. Pédiatre de PMI et à l'hôpital

1983 Arrivée à Pointe Noire au Congo. Chef de service hospitalier de pédiatrie

1988 Retour en France.

1989 Installation à Montpellier. Praticien hospitalier au CHU de Montpellier

1992 Naissance de ma première petite fille, Héloïse

1993 Décès de mon frère Yves

1995 Décès de mon frère Christian

2003 Décès de ma mère, Thérèse Labarde. Je prends ma retraite

2004 – 2012 Nombreuses missions humanitaires en Afrique et à Madagascar

1998 - 2010 Naissances de cinq autres petits enfants : Doriann, Erwann, Théa, Méloé, Elyes

2007 Naissance et décès de mon petit fils Ossian

2008 Voyage en Israël et Palestine

2009 Début de mon parcours à la recherche des sources de ma vocation. Découverte de Blanche

2011 Evocation de Louise

2013 Soixante dixième anniversaire

I- Les ombres

Ce qui est sous vos pieds vit, se réveille,
se tord, souffre peut-être ou s'ébroue.
La terre tremble d'un long silence retenu,
d'un cri jamais poussé.

Danser les ombres

Laurent Gaudé

1- Sarah

Visiter Yad Vachem, le 12 Octobre 2008, n'était sûrement
pas la meilleure façon de fêter mon anniversaire ! Mais
comment pouvais-je imaginer l'orage qu'allait déclencher
en moi la vue du visage sculpté en bas relief sur le mur
d'entrée du mémorial des enfants ?

Le voyage en Palestine dans lequel je me suis inscrite sur un
coup de cœur à l'appel de mon amie Suzanne, touche à sa
fin. Déjà s'estompent les images trop touristiques : le désert
du Néguev et la source que Moïse fit jaillir d'un coup de
bâton ; le plateau de Massada battu par le soleil et les vents ;
la mer Morte réduite à un bout de miroir strié de trainées
blanchâtres, déposé entre des collines arides ; le Jourdain
devenu un serpent paresseux à force d'être pompé de ses
forces vives ; le lac de Tibériade aux vagues rougeâtres sous
la bourrasque et le mont des Béatitudes où la voix du Fils de
l'Homme se fait encore entendre dans la brise caressant les
grands cyprès ; Nazareth, déchiré par les conflits entre ses
communautés et le mont Thabor, gardien de la plaine de
Galilée ; Bethléem, grouillante de foules dont on sent
effleurer à chaque instant la tension, et aujourd'hui

Jérusalem, la mythique et la réelle entremêlées, son dôme scintillant au milieu des remparts comme un bijou dans son écrin. Le parcours est riche de paysages et de sites que ma culture protestante m'a rendus familiers, comme si les découvrant pour la première fois, je les retrouvais intacts, après une promenade vers l'amont de ma rivière jusqu'à sa source. Dans chaque lieu, nous sont proposées des rencontres avec des chercheurs de cette paix introuvable entre musulmans, juifs et chrétiens de Palestine. D'émerveillements en indignations, nous sommes soumis depuis dix jours à un bombardement d'émotions, qui nous a mis le cœur en capilotade. Le détour par Yad Vashem, le jardin de la Shoah, n'est pas prévu au programme. Mais certains pèlerins ont tant insisté auprès de nos guides qu'ils nous l'ont accordé, presqu'à contre cœur, entre deux visites de monuments chrétiens.

Nous voilà donc, le long des allées bordées par les arbres des Justes du monde entier. Ils rappellent la droiture et le rayonnement de ceux qui ont résisté aux menaces et aux imprécations de la dictature hitlérienne, en cachant des amis, des voisins, des inconnus. La chambre de mémoire où brûle la flamme des suppliciés de la Shoah, au centre de la dalle gravée des noms des différents camps de concentration, m'a déjà emplie d'une angoisse claustrophobe que je domine douloureusement. Mais lorsqu'au détour du chemin apparaissent les pierres taillées de l'entrée du mémorial des enfants, je me fige, mes pas se bloquent et mon cœur s'affole dans une salve de pulsations. Une voix intérieure me glace : « N'y entre pas, Joëlle ! Tu n'y résisteras pas… » Mais la foule me presse, derrière et devant moi. Ils sont là, tous mes amis du voyage, aussi émus que moi, mais plus vaillants. A moi qui suis statufiée, ils me prêtent leurs jambes, leurs yeux et leurs oreilles comme si un grand corps protéiforme m'empêchait de reculer. Impossible de m'extraire du mouvement de reptation qui nous conduit tous au fond du gouffre où gît la mémoire de ces myriades d'enfants, massacrés du seul fait qu'ils étaient juifs !

J'y plonge comme une masse de plomb, sentant toute l'énergie de mon corps s'écouler en cascade, dans une chute sans fond. D'innombrables points lumineux, reflets de cinq bougies allumées dans un écrin de miroirs invisibles ne parviennent pas à chasser l'obscurité totale, épaisse, d'un noir plus sombre que la suie qui envahit tout : la vue mais aussi la bouche, la gorge et le cerveau. L'ombre ruisselle sur mes bras qui s'accrochent à la rampe invisible, elle s'étale sous mes pas hésitant à fouler le sol rocailleux. Elle recouvre mon visage d'une boue infâme, que mes larmes et celles des mères du monde entier ne suffiront jamais à nettoyer. Seule mon ouïe accueille les noms égrenés un à un, des milliers de victimes, suivis de leur ville d'origine et du camp où elles avaient été déportées.

Cette voix, grave, chaude, au rythme monotone semble ne jamais pouvoir se taire. Elle crie depuis un demi siècle la même litanie mais vient du fond des âges pour dénoncer la cruauté humaine, depuis le meurtre d'Abel, d'une éternité à l'autre éternité. Elle envahit tout l'espace, pénètre et creuse le magma où sont englués les battements de mon cœur. Aucune échappatoire à l'émotion n'est possible, aucune distance ne peut être prise avec le martyre de ces enfants. Aucun autre souffle ne peut s'exhaler que la lamentation de Rachel, à Rama, Bethléem ou Jérusalem, qui pleure et ne veut pas être consolée. Hérode n'en finit pas de pourchasser et de massacrer les saints innocents et je suis l'une de leurs grand-mères, moi qui tente, une fois encore, de sauver désespérément des petits voués à la mort puis à l'oubli...

La lueur vacillante des flammes révèle des ombres venues du passé. Voici que montent du puits de mon angoisse, des guerriers laissant sous leurs bottes des monceaux de ruines, des cadavres vrombissant de mouches, des carcasses de tanks ou d'avions dentelés par la rouille... Des fantômes traînent leurs valises le long des quais de gare et des silhouettes clandestines chavirent sur des bateaux de fortune. J'entends le hululement des trains dans la nuit. Leur cahotement couvre les cris des déportés, des réfugiés, de pourchassés.

Je discerne avec horreur des enfants aux yeux écarquillés, aux membres écartelés, dont les corps sans vie, encore potelés, sont abandonnés au bords des routes. Des mutilés claudiquent appuyés sur leurs béquilles de bois et les gueules cassées des adolescents enrôlés dans les tranchées se figent dans d'horribles rictus.

Les drames de l'histoire tournent dans ma tête, sous mes paupières, dans une danse fantastique. La peste et le choléra se sont donné la main et ricanent avec force grimaces. Les maquis algériens succèdent à la Shoah. La jungle du Vietnam s'enflamme pour laisser apparaître les montagnes arides d'Afghanistan où se terrent encore les suppôts du Grand Barbu. L'Irak explose en milliers de débris sur les murs de nos villes. L'Iran attend son heure de bombes, tandis que les cailloux désertiques du Darfour recouvrent les tombes.

Combien d'enfants, combien de mères sont tombés sous les coups de ces combats fous furieux sans qu'aucun mémorial ne leur soit jamais dressé ?

Tout près de moi, s'avancent en tête, les petits palestiniens tués, les pierres à la main, sous les balles israéliennes et les bébés mort-nés dont les mères, retenues aux barrages de sécurité, n'ont pu franchir la ligne qui les séparait de l'hôpital où elles avaient prévu d'accoucher. Le Père Rahed de Taïbeh et Sœur Sophie ont évoqué devant nous, pèlerins du journal la Vie, ces drames inconcevables pour nous, mais familiers d'une société intoxiquée par la peur de l'autre. La visite de l'orphelinat dirigé par cette religieuse française, à Bethléem, l'avant-veille, a déjà soulevé en moi une nausée qui m'a fait fuir pour m'asseoir à l'écart dans les jardins ombragés de l'hôpital restauré par l'Ordre de Malte. Que m'est-il arrivé déjà ce jour là ? Pourquoi cette sensibilité à fleur de peau chez moi, la pédiatre aux mains nues, qui a soigné tant d'autres enfants en détresse, dans les pays du tiers monde où j'ai longtemps exercé mes talents?

J'ai mis ce dégout sur la mise en scène de la charité qui nous était infligée. La religieuse, toujours à court de moyens pour faire fonctionner sa structure d'accueil, compte sur les touristes chrétiens que nous sommes pour renflouer ses caisses et organise en toute bonne foi un tour opérateur de la larme aux yeux, ouvrant comme par miracle nos porte-monnaie bien garnis… Elle draine les flots de pèlerins vers la salle de jeux où s'entassent pêle-mêle une quarantaine de nourrissons apeurés et une vingtaine de « dames en rose » aux visages immobiles et aux gestes mécaniques. Des montagnes de jouets et de peluches sont censées leur apporter la douceur des bras maternels oubliés. Car leurs mères, dans ce pays, sont encore frappées d'ostracisme voire menacées de mort, si leur grossesse survient en dehors des lignes établies par une tradition patriarcale bien ancrée, justifiée par les textes sacrés : lapidation pour les femmes adultères, indulgence pour leurs séducteurs. Elles préfèrent donc traverser les barrages hérissés dans tout le pays pour aller confier à Sœur Sophie le fruit de leurs amours illicites, voire des viols et des incestes familiaux commis dans la plus grande hypocrisie…

Et voilà qu'ici, dans la grotte du mémorial, j'entends à nouveau les pleurs de ces enfants rejetés se mêlant à ceux des enfants martyrisés… Derrière eux, têtes brunes, grands yeux sombres ouverts sur l'infini, surgit une autre cohorte. Cachés sous les noms des enfants juifs, je reconnais tous ceux que j'ai tenus dans mes bras, palpés, auscultés, soignés, caressés et qui pourtant, ont un jour ou une nuit, basculé vers l'obscurité. Je revois les visages des enfants d'Afrique et du Maghreb, ceux qui avaient été confiés à mes soins et à mes pauvres outils, incapable que j'étais d'arrêter le bras de la Camarde qui se levait sur eux. Amaigris par le marasme, bouffis des œdèmes de la malnutrition, les yeux brillants des fièvres tropicales et la peau tigrée par la rougeole, combien sont-ils à me demander des comptes ? A moi, impuissante à les sauver et à tous ceux qui les ont laissé mourir par négligence, malhonnêteté, corruption, incompétence, ignorance et indifférence, bref par tous les maux dont notre belle planète est défigurée depuis qu'existe notre humanité ! Ils apparaissent tous, un à un, au fil du lamento des prénoms, dont les consonances européennes et juives se transforment peu à peu en d'exotiques dénominations : Slimane, Khadidja, Yasmina, Koffi, Nzoussi, Jean de Dieu, Mélodie, Ornella, Korotimi, Euphrasie, Prince, Chaudry, Bendarel... Et tant d'autres dont le petit corps fripé s'est inscrit dans ma mémoire. Au fond de ma rétine, je retrouve leurs cernes excavés, les côtes saillantes et les membres grêles, étalés sur le pagne qui recouvrait le matelas de plastique mais ne cachait pas les ressorts du lit, dont la peinture écaillée datait de l'époque coloniale.

Voici encore un dernier groupe d'enfants, plus restreint mais dont le souvenir est encore si vif que résonne encore en moi la musique de leur voix et rayonne la lumière de leurs sourires et de leurs dessins. Enfants de France, atteints de leucémie, de cancer, de SIDA, je vous accueillais en hôpital de jour dans l'un des meilleurs services de pédiatrie. Malgré les soins les plus pointus, malgré la volonté arqueboutée des parents et de l'équipe médicale vers votre guérison, vous n'avez pas pu rester parmi nous, les habitants de la Terre. Tout au long des mois de chimiothérapie puis de soins palliatifs, j'ai tenté de vous écouter et d'atténuer vos souffrances, je me suis approchée de vos familles pour soulager leur peine. Un jour, il a fallu vous dire adieu, dans un déchirement qui ne pouvait se dire. Sinon, comment rester capable d'accueillir les nouveaux et lutter avec eux dans l'espoir de la guérison ?

Mes larmes coulent maintenant sans retenue et n'empêchent aucune de ces visions de se dissoudre. Au contraire, le torrent de ces images semble ruisseler avec l'eau de mes yeux pour atteindre toujours plus profond les moindres recoins de mon être. Je pleure à gros sanglots, pour tous les deuils que mon métier m'a appris à refouler. Je deviens la mère de tous ces enfants morts. Je suis celle dont la dignité blessée se cadenassait dans le silence de la sidération, celle qui levait dans une longue plainte, son poing vers le ciel pour réclamer réparation ou celle qui déchirait ses vêtements et se roulait dans la poussière de la cour de l'hôpital, entourée d'un grand cercle de spectatrices compatissantes. Je deviens Marie debout au pied de la croix et Madeleine plongée dans l'obscurité du tombeau vide…

Et quand revient le jour, à la sortie sur l'esplanade dont la vue domine les montagnes de Judée, la lumière du plein soleil brûle mes paupières. Je titube et m'assieds sur le bord d'un rocher, à l'écart. J'entends d'autres sanglots derrière moi mais la voix grave, au moins s'est tue. Ne reste en moi qu'un pauvre tas d'émotions totalement enchevêtrées, un embrouillamini de fatigue, de nausée et de vide, complètement inconnu de moi, même aux instants les plus douloureux de mon existence.

Je poursuis le voyage dans cet état second. L'après midi, un guide nous emmène sur les hauteurs de Jérusalem Est, constater les ravages de la démolition des habitations palestiniennes au profit de la construction de colonies toutes neuves, pimpantes et confortables, destinées à faire de la ville toute entière la capitale de l'Etat d'Israël. Assourdies par la boule cotonneuse qui a remplacé mon cerveau, j'écoute à peine les explications de Sarah, cette jeune juive militante qui se bat de toute sa ferveur contre les injustices commises par ses gouvernants. J'ai oublié ma caméra à l'hôtel et mon calepin de notes reste vide. Seul subsiste de cet instant, l'ovale d'un beau visage, aux cheveux courts et aux yeux vifs que j'ai crayonné sur le vif. Suzanne, ma belle vieille amie qui m'a entrainée dans cette aventure, s'inquiète en silence car elle a compris le choc que j'ai subi, sans bien sûr, comme j'en suis incapable moi-même, comprendre sa source et son intensité.

Le lendemain, nous n'avons pas le temps de nous appesantir sur l'événement car nous attend le moment du retour vers la France. La fatigue est à son comble après cinq heures de contrôle des papiers, de fouille itérative des bagages à l'aéroport de Tel Aviv puis six heures de vol jusqu'à Roissy, dont l'univers de béton, métal et verre ne fait qu'aggraver mon malaise. Suzanne et moi repartons vers Montpellier en train mais chacune dans une rame différente. J'aurai donc tout mon temps pour somnoler et retrouver mes esprits. Tant s'en faut ! Car selon mon habitude, j'entre dans la boutique Relay pour choisir une lecture qui pourrait m'abstraire des émotions de ce voyage. C'est toujours la meilleure façon de me changer les idées ! Parmi la profusion à l'étalage de journaux et brochures en tout genre, mon regard est attiré par un titre : « *Elle s'appelait Sarah* ». En hommage à cette jeune israélienne entrevue hier, émergeant de la brume ou à cette amie d'enfance qui avait choisi après une expérience spirituelle, de se prénommer ainsi, abandonnant celui que ses parents lui avait donné ? Ou parce la couverture illustrée d'un visage d'enfant a capté mon attention ? Je ne connais ni l'auteur, ni l'histoire même si depuis, elle a fait le tour du monde et a été récemment mise à l'écran. Je paye et j'empoche sans hésiter.

Foin de repos et de sérénité ! A peine assise dans mon fauteuil, dès les premières lignes, je sens que rien ne pourra me faire lever les yeux de cet ouvrage. L'entourage disparaît, je ne voyage plus dans ce train, je cours, je vole dans ces pages qui une à une défilent sous mes yeux fascinés.

« Le monde pourrait crouler, Joëlle ne sortirait pas de son livre » s'exclamait ma mère, au temps de mon adolescence... Ma lecture ininterrompue durant les trois heures et quart du trajet en TGV me replonge dans l'époque de la dernière guerre mondiale, dans l'horreur que je désirais à tout prix oublier. Elle me fait vivre la rafle du Vel d'Hiv, la traque des enfants juifs, les camps de Beaune la Rolande et de Pithiviers, l'évasion de la jeune héroïne et son accueil dans une courageuse famille rurale, la découverte macabre de son petit frère, resté enfermé dans un placard à double fond de leur appartement parisien, la confiscation des biens juifs et la quête des descendants pour reconstituer leur histoire ! Bref, tout ce qui convient à mon esprit traumatisé pour bouillonner de plus belle au risque d'éclater.

Au point où j'en suis, le hasard n'a plus de réalité. Qui donc a guidé ma main, quelle puissance mystérieuse a préparé pour moi cet ouvrage, quel appel me parvient d'un passé si lointain ? Je me sens si proche de cette petite Sarah, emprisonnée dans un camp et destinée à la chambre à gaz qu'il me faut trouver les correspondances secrètes qui nous ont réunies. Je suis au début d'un sentier de montagne qu'il me faudra gravir pour découvrir quels paysages de mon enfance et de mon avenir se dévoileront, donnant sens et cohérence au chemin déjà parcouru... Et peut-être, y suis-je attendue par quelqu'un, un(e) inconnu(e) qui me fait signe et m'appelle ?

Trois jours après mon retour, une sensation de brûlure intercostale droite me réveille : un zona s'est déclaré dont je n'ignore pas la composante psychosomatique. Les clins d'œil continuent : mon cœur essoré comme une serpillère à Yad Vashem, mon esprit éveillé à la connaissance de Sarah et mon corps maintenant boursoufflé par ce virus, mémoire d'une varicelle infantile, sont autant de cailloux blancs semés dans la forêt de mes souvenirs qui m'entraînent à la compréhension de ma propre histoire. Serai-je sur ce sentier conduite vers un ogre ou au contraire vers une douce fée ?

J'ai l'intime conviction qu'il s'agit de comprendre les fondements de mon choix professionnel, de ma vocation de pédiatre et de l'appel à l'exercer dans des lieux extrêmes où les enfants sont en danger mortel. Qui me l'a lancé par delà le temps, qui a orienté mes pas vers eux, et quelle force me pousse à vouloir les arracher au trépas ? Qui me conduit à ce face à face répétitif avec la perte brutale d'un être auquel on ne peut que s'attacher parce qu'il est petit, fragile, aimé et aimable ?

Le 16 juillet 1942, jour de la rafle, ma mère me portait depuis six mois. Les convois vers Auschwitz s'étaient succédés tout l'automne. Sarah aurait pu mourir le jour de ma naissance, si elle ne s'était pas enfuie du camp de Pithiviers. Mais parmi les 4051 enfants arrêtés, combien d'autres fillettes ont-elles subi la torture du wagon à bestiaux et l'asphyxie dans la chambre à gaz, sans qu'aucun roman ne leur soit consacré ? Peut-être l'une de ces ombres hantait-elle le mémorial de Jérusalem pour venir à ma rencontre ? Mais dans ce cas, quel message cherche-t-elle à me communiquer, aujourd'hui, sur ma vie, mon destin, ma vocation, qui provoque en moi un tel bouleversement ?

Le plus étonnant, à ce stade de ma recherche, est le décalage entre la violence des émotions ressenties dans l'obscurité du Mémorial et l'aveuglement quasi total dans lequel je me suis complue jusqu'alors, concernant l'histoire de la rafle et le sort réservé aux enfants juifs pendant ces années de barbarie. Ce n'est pourtant pas faute d'avoir lu des témoignages et des livres d'histoire sur les atrocités du IIIème Reich, dès les premières années de mes études, si incompréhensible était la cruauté de ceux qui les avaient commises et de ceux qui s'en étaient faits les complices. Dès sa première diffusion, j'avais appris par cœur plusieurs couplets de la chanson de Jean Ferrat « Nuits et brouillards » dont le rythme s'accordait à mes émois de jeune étudiante en médecine, devant la souffrance des malades et l'agonie des mourants. Les premières photos des charniers de Treblinka ou de Dachau m'avaient plongée comme tant de mes contemporains, dans la stupeur : comment cette « Chose » avait-elle pu exister ? Je savais que des hommes (et quelques femmes aussi) y avaient participé activement ou simplement avaient permis qu'elle étende son ombre sur toute l'Europe et je n'avais pas cherché à l'occulter. Cela faisait partie du mystère du mal absolu, tapi devant la porte de notre âme, que les théologiens et les psychanalystes décrivent mais qu'aucun d'eux n'arrive à expliquer.

Mais pour moi, la Bête n'avait pu s'attaquer qu'à des adultes, des cohortes d'adultes, juifs, résistants, tziganes, personnes handicapées, homosexuels dont je pouvais, devant les images atroces publiées peu à peu, imaginer les souffrances. Mon esprit s'était fermé à l'idée du martyre des enfants. Qu'ils aient pu représenter un danger quelconque et que des hommes, des humains comme vous et moi, aient décidé de les éliminer, cela dépassait tout entendement. Bien sûr, j'avais vu « la Colline aux mille enfants » qui relatait le courage du pasteur Trocmé et des habitants du Chambon sur Lignon, capables d'organiser le sauvetage d'une centaine d'entre eux. J'avais frémi aux dernières séquences du film « Au revoir les enfants ! ». Mais la Rafle ! La rafle et ses quatre mille victimes de moins de quinze ans que les nazis n'avaient pas réclamées mais que les responsables de la Police française n'avaient pas voulu séparer de leurs parents, faute d'aménager des structures d'accueil qui les auraient protégées de l'ignominie ...

Pire ! Durant les cinq premières années de notre mariage, Hubert et moi, nous avons habité... rue Nélaton, Paris 15ème. Nous étions heureux de roucouler sous les toits, dans notre deux-pièces-cuisine, au sixième sans ascenseur, loué sans commission à un prix abordable pour nos maigres revenus d'étudiants. Mes deux ainés y ont vu le jour, faisant de nous de jeunes parents comblés. Quelques personnes âgées s'exclamaient bien : « Rue Nélaton ? La rue de l'ancien Vel d'Hiv ? Cela ne vous gêne pas ? » avec l'air compassé de la divulgation d'un secret de famille. Je ne cherchais pas à comprendre ce que signifiaient ces sous-entendus. J'avais décidé qu'ils évoquaient seulement des souvenirs de compétitions sportives ou peut-être de spectacles un peu osés de la Belle Epoque, dont je n'avais cure. Parisienne depuis peu et décidée à m'en échapper le plus vite possible, concentrée sur la réussite de mes études et les soins à mes bébés, je n'avais ni le goût ni le temps de m'appesantir sur l'histoire de mon quartier. Un immeuble de verre et de béton occupait l'espace de l'ancien stade. Il abritait un bureau de poste ultramoderne, des salles de réunion et le siège de la compagnie Elf, avant qu'elle ne construise l'orgueilleuse tour de la Défense. Dans les années 60, aucune plaque ni stèle commémorative ne pouvait attirer mon attention. Elles n'ont été placées dans le métro et sur les lieux même du crime national que trente ans plus tard !

Evelyne, ma sœur ainée occupait avec son époux et ses deux jeunes enfants, l'appartement du palier juste au-dessus du nôtre avant notre propre emménagement. Et après notre départ en 1969, l'appartement a été loué par deux autres membres de ma fratrie, Yves et Elisabeth pendant encore au moins sept ans. Aucun d'entre nous quatre n'a jamais montré le moindre intérêt pour les allusions feutrées qui faisaient baisser la voix de nos interlocuteurs lorsque nous déclinions notre adresse. D'où provenait ce déni ? Est-ce seulement parce que l'événement survenu vingt ans plus tôt était en lui-même inimaginable ? Il bouleversait tant de croyances et d'espoirs pour la toute jeune femme que j'étais alors !

Mes parents m'ont élevée, ou plutôt « coconnée » dans un pays de rêve, la Tunisie de l'époque coloniale dont le charme des paysages et la culture trimillénaire a forgé mon amour de la beauté et ma confiance dans le génie créatif de l'homme. La sagesse antique et la foi chrétienne transmises par mes parents et de nombreux adultes, professeurs, pasteurs, monitrices d'école biblique, cheftaines du scoutisme unioniste, m'ont fait goûter très tôt aux meilleurs crus de la culture et aux plus douces saveurs de la vie. En classe de cinquième, dans une rédaction sur le sujet : « Une journée de votre vie dans vingt ans », je me voyais artiste et professeur de dessin, tant j'aimais les couleurs et les formes que la nature méditerranéenne nous offrait dans un délire d'imagination proprement divin.

Pourtant quelques années plus tard, à l'âge de quatorze ans, je fis part dans mon journal intime de mon désir de devenir médecin en Afrique. Fascinée par la personnalité d'Albert Schweitzer et ses exploits dans la brousse gabonaise, je rêvais d'une vie de missionnaire, depuis qu'une jeune femme, de passage à la maison et en partance pour Lambaréné, avait partagé avec mes parents la ferveur de sa vocation. Pasteur, philosophe, musicien, cette grande figure du protestantisme s'était dirigé vers la médecine pour suivre au plus près les pas de Jésus de Nazareth, son Maître, et développer en pleine forêt vierge, son éthique du respect inconditionnel de la vie… Je brûlais d'en faire autant, de faire « fructifier mes talents » selon l'expression biblique, dans un projet de cette ampleur. Mon père, bientôt atteint par le mal qui devait l'emporter cinq ans plus tard, conforta ce rêve, malgré l'opposition de ma mère qui en discernait les illusions et les contraintes. Elle me poussait comme ma sœur aînée, à suivre ses traces de professeur de lettres – un métier tellement compatible avec la vie de famille, disait-elle... Mais mon père fit tout, ne serait-ce que par son regard admiratif et bienveillant sur mon enthousiasme, pour faciliter la bifurcation vers une section scientifique en Terminale et mon entrée à la faculté de médecine de Rouen, en 1959, à l'âge de dix sept ans... Bientôt terrassé par son cancer, il n'a pu malheureusement suivre mon parcours ni se réjouir de ma réussite.

Mes stages hospitaliers me firent découvrir très vite les combats incessants de notre métier contre les infections, le cancer, les maladies cardiovasculaires et pour la majorité des malades, contre la misère morale et physiologique qui les accompagnait. En chirurgie, je plongeai dans un univers sordide et totalement étranger au mien, celui des avortements clandestins. Traitées comme des criminelles par les « mâles » de notre profession, les femmes arrivaient dans le sang, les larmes et la honte aux urgences de nuit pour subir un curetage, après que la sonde posée par la faiseuse d'anges eut obtenu son effet. Les internes chargés de l'opération ne se donnaient même pas la peine de les anesthésier : « Cela leur apprendra à ne pas recommencer ! » Que pouvait éprouver la jeune oie blanche que j'étais alors devant le spectacle d'une sexualité porteuse de mort et de la méchanceté imbécile qui lui répondait ? Aucune réponse ne m'étant donnée, j'enfermais ces sensations dans une boulimie de savoir médical et littéraire. Mais je me tenais à l'écart de la politique - la guerre d'Algérie faisait rage – je me méfiais de l'entourage obséquieux de mes « patrons » et je m'écartais des condisciples toujours prêts à s'étourdir dans l'alcool et la fête pour éviter la confrontation directe avec la souffrance de l'autre.

Dix ans plus tard, mon diplôme de pédiatre en poche, nous décidions en couple de répondre à l'appel du Tiers monde en pleine mutation. Hubert, mon jeune époux, débutait sa carrière de formateur et de conseiller en développement économique et moi, je retournais en Afrique du Nord, sur la terre de ma jeunesse heureuse, équipée pour en soigner les jeunes pousses, avec l'espoir de permettre à leurs mères de les voir grandir. J'avais réalisé mon rêve d'adolescente mais hélas, la mort, la pire, celle des enfants, me guettait dans ces terres lointaines. Combien de fois ai-je dû lui laisser crier victoire ?

A Yad Vaschem, je pressens cependant, qu'outre les émois et les soubresauts tragiques de mon adolescence, d'autres forces obscures ont agi pour mettre ma vie sur ces rails, sur ce chemin où je n'ai cessé de me sentir impuissante, spectatrice démunie de la souffrance de parents endeuillés. J'ai « choisi » d'être médecin d'enfants - et encore, est-ce vraiment un choix ? J'ai plutôt l'impression d'avoir été poussée ou conduite vers cette profession. Mais, assurément, je n'ai pas choisi d'être confrontée à leur mort, dans tous les postes que j'ai occupés. Pourquoi n'ai-je pas exercé, comme la plupart de mes collègues, dans un cabinet privé, entourée de bébés joufflus et souriants dont les mères sont avides de conseils et d'encouragements, lorsque leur moufflet souffre de coliques ou de régurgitations ? Pourquoi n'ai-je pas soigné quotidiennement les « rhinos » et les « gastros », rituels des cabinets de pédiatrie en ville, au lieu de m'affronter à des pathologies beaucoup plus graves dont la plupart comportait un risque mortel ? Pourquoi ai-je quitté la sécurité d'un ancrage en France pour découvrir les enfants des douars algériens, ceux de la brousse ivoirienne puis des quartiers les plus pauvres de grandes villes comme Abidjan et Pointe Noire, au Congo ? Ils étaient décimés par la malnutrition, la rougeole, le paludisme et, pour combler la mesure, au cas où je n'aurais pas encore compris la leçon, atteints par le sida. Rentrée en France, au lieu de me diriger calmement vers un service de Protection Maternelle et Infantile qui me tendait les bras, pourquoi ai-je foncé, tête baissée, vers l'hôpital où étaient référés tous les enfants de la région atteints de leucémies et de cancers ?

La traversée du tunnel aux mille bougies et l'histoire de Sarah deviennent le début d'une quête à la recherche de ma propre histoire, celle que j'ai enfouie dans le brouillard de mes très jeunes années. Elle semble enterrée à jamais puisque mes parents et presque tous ceux de leur génération ne sont plus là pour m'en donner les détails. C'est le début d'une plongée, à l'aveuglette, sans bouteille d'oxygène ni tuba, comme celles qui nous enchantaient et nous effrayaient à la fois, jadis, lorsque notre père nous faisait découvrir les fonds sous-marins sur la côte du Cap Bon. La mer semblait limpide en surface tant que les rayons du soleil en faisaient chanter les bleus indigo et les verts émeraude. Mais elle s'opacifiait bien vite, dès les premiers mètres de profondeur. Un voile translucide se formait derrière lequel se devinaient les ombres mouvantes d'algues, de bancs de poissons et de nuages et d'où pouvaient émerger, qui le savait ?- des créatures hostiles, murènes ou requins, peut-être même le Léviathan qui avala Jonas, dans les temps lointains…

Je comprends très vite qu'il faut m'équiper un tant soit peu pour descendre à de telles profondeurs et m'entourer de précautions pour ne pas disparaître dans les entrailles du monstre. J'ai besoin de guides pour éviter les caprices de la mémoire et les mirages des interprétations. Mais par où commencer ?

2- Edouard et Marguerite

Me voici bientôt sur la route des Hautes Alpes. A mi chemin entre Montpellier et le Queyras que nous arpentons chaque été depuis notre mariage, je m'arrête à la ferme de ma sœur Elisabeth. Bâti à la sueur de son front et de celle de son mari, aujourd'hui décédé, ce gîte de la montagne provençale abrite toute la mémoire de notre famille. Veuve sans enfant, ayant exercé le dur métier de chevrière, elle a développé depuis quelques années un goût prononcé pour la psychogénéalogie, goût qui lui a conféré le rôle de gardienne des archives parentales à la mort de notre mère, en 2003. Avec méthode et ferveur, elle a reconstitué un gigantesque arbre illustré de visages, instantanés de vies multiples, et a déjà exploré quelques-uns des secrets de nos deux lignées qui ont, d'après elle, pesé très lourd dans sa propre trajectoire.

Cette première étape est motivée par le souvenir d'une histoire dont elle avait retrouvé les bribes et qui pouvait avoir une relation avec la tornade de Jérusalem. Un bien immobilier juif avait été acheté en janvier 43 par nos grands parents paternels, en pleine période de déportation massive. Sa restitution en 45, après le retour d'un des propriétaires, plongea leur foyer dans une situation financière et sociale périlleuse. Je n'ai pas, jusqu'alors, tenté de creuser cette affaire sans doute pour ne pas ternir l'image tutélaire que je garde de ce grand père : un homme cultivé et plein d'humour, attentif à ses petits enfants, chantant en toute occasion des cantiques de l'Armée du Salut ou des refrains du scoutisme dont il était un des membres fondateurs en France et où il comptait de nombreux amis. Grand amateur de nature, il habitait en lisière du bois de Vincennes et possédait des ruches dans son jardin. Il nous impressionnait dans son costume d'apiculteur, lorsqu'il allait parler à ses abeilles pour récolter un miel de marronniers dont je n'ai jamais oublié le goût. Je ne voulais pas connaître non plus, les ombres de cette grand-mère, haute en formes et en couleurs, dont je goûtais fort la tendresse lorsqu'elle nous prenait sur ses genoux pour nous consoler d'une chute ou d'une contrariété. J'aimais la pétulance de ses propos, la vivacité de ses répliques et l'audace qu'elle montrait à s'adresser sans complexe aux humbles comme aux puissants, contrastant avec le calme imperturbable de mon père et surtout la réserve timide de ma mère.

Malgré cette lamentable affaire, je ne peux toujours pas imaginer mes grands-parents comme des affreux « collabos » ou même simplement comme des égoïstes qu'indiffère le malheur des autres. Ce que je sais d'eux me montre qu'ils n'étaient ni l'un ni l'autre, possédant tous deux des valeurs humanistes ancrées dans la foi protestante réformée, même s'ils avaient fini à force d'ambition, par épouser les codes de la moyenne bourgeoisie parisienne. Mon grand-père était issu d'une famille rurale immigrée, venue de Suisse tenter sa chance à Paris. Ma grand-mère faisait partie d'une fratrie de dix enfants dont le patriarche exerçait le beau et difficile métier de pasteur, grand prédicateur devant l'Eternel, fondateur d'œuvres sociales à Courbevoie et à Auteuil, banlieues parisiennes qui abritaient au début du siècle des familles ouvrières : société de tempérance antialcoolique, accueil d'orphelins et enfants maltraités. Ils ne roulaient pas sur l'or au début de leur mariage en 1909. Et pourtant, la vague naissante des mouvements de jeunesse français, scoutisme et union chrétienne de jeunes gens, avait permis à mon grand père de monter une entreprise coopérative de matériel de camping et de sport, puis de créer une fonderie, devenant fabriquant de moteurs électriques et de constructions métalliques. Signe visible de cette ascension sociale inespérée, il avait pu offrir à sa famille dès les années 20, un petit château dans la campagne normande, qu'il avait dû revendre ou plus probablement brader peu avant la deuxième guerre mondiale. Car, avant la grande crise de 1929, son idéalisme combiné à la malveillance d'un de ses associés à qui il semblait avoir rendu de grands services, le contraignit à déposer le bilan de sa société. Il devint alors salarié d'une banque protestante, durant quelques années. Mais, rattrapé par certains de ses créanciers, il fit seize mois de prison dont il fut libéré au début 1937.

Elisabeth me met entre les mains des lettres étonnantes qu'il écrivait du fond de sa geôle à l'une de ses nièces, avec laquelle il entretenait des relations affectueuses. Il échangeait des impressions pleines de finesse sur les nombreux ouvrages que sa solitude lui permettait de lire et relire, donnant ça et là des conseils à sa correspondante, jeune professeur de littérature *« afin de contribuer très modestement au développement culturel de notre éminente et distinguée membre de l'enseignement !* » Il lui confiait ses doutes et ses espoirs, méditait sur ses convictions religieuses et ses opinions politiques, étonnamment pacifistes et universalistes, préfigurant la mondialisation des idées et des combats non violents de la fin du XXème siècle. Il commentait en particulier, les écrits d'un groupe de jeunes intellectuels dits « non-conformistes des années 30 ». Réunissant des écrivains comme Robert Aron, Claude Chevalley, Arnaud Dandieu, Daniel-Rops, Jean Jardin, Alexandre Marc et Denis de Rougemont, ce mouvement s'inspirait notamment de Kierkegaard, Proudhon, Nietzsche, Péguy, et se caractérisait par une orientation personnaliste sur le plan philosophique, et fédéraliste sur le plan social et politique. Edouard avait l'impression qu'ils échafaudaient des théories abstraites, éloignées des réalités actuelles. Celles-ci *« ne sont émises qu'en vue d'une transformation sociale, matérielle, égoïste, étroite et qui, par la création de cellules corporatives, ne peut qu'engendrer la lutte et l'envie ».* *« Nous sommes,* affirme-t-il, *plus que jamais et demain encore plus, tributaires les uns des autres. L'avenir n'est pas dans un rétrécissement des cellules d'invention humaine, mais au contraire dans leur élargissement... »* *« Nous sommes toi et moi dans la vérité »,* s'adressait-il à sa nièce, *« en déclarant que seule la transformation des cœurs humains permettra la réalisation du royaume de Dieu sur la terre. Seule cette transformation fabriquera les hommes de bonne volonté nécessaires mais en attendant, sur le plan humain, seules l'application de théories larges, aérées, préconisant l'abolition des frontières humaines et la fraternisation des peuples peut avoir une chance de faire son chemin dans la réalisation du plan du Bonheur humain voulu par Dieu. Les conceptions étriquées qui nous ramènent aux luttes du Moyen Âge sont irréalisables et les applications humaines qui en ont été réalisées en Italie ou en Allemagne sont vouées à des catastrophes ! »*

On ne pouvait être plus clair sur le refus par mon grand père, de tous les nationalismes, les fascismes et les pestes noires, rouges ou brunes qui s'abattaient sur l'Europe en ces années d'entre deux guerres... De même, la lecture d'un reportage intitulé « Indochine SOS » et le courage de la journaliste Andrée Viollis dénonçant les exactions des forces coloniales en Asie du Sud Est, le soulevaient d'enthousiasme : *« Extrêmement intéressant, passionnant, qu'il faut que toi, ton frère et ta mère le lisent à tout prix. Vous me remercierez de vous l'avoir fait connaître et le ferez connaître autour de vous ».* Deux ans plus tard, en 1938, son fils aîné Roger, qui sera bientôt mon père, était nommé comme fonctionnaire des finances en Tunisie... Avait-il eu l'assentiment d'Edouard pour tenter ainsi l'aventure coloniale en Afrique du Nord ?

Par ailleurs, en pleine ascension du Front populaire, il ne craignait pas de faire l'éloge des socialistes les félicitant d'avoir pris des mesures favorables aux plus démunis parmi les Français. Il citait ces lois et décrets de mémoire, ce qui prouve qu'il avait une connaissance approfondie des avancées du droit du travail, bien avant son incarcération ! Il évoquait l'adoption en 1892 de la réglementation du travail des enfants, des jeunes filles et des femmes, la suppression en 1900 des équipes alternantes qui empêchaient les membres d'une même famille de se rencontrer, les premières mesures d'hygiène dans les usines et ateliers édictées en 1893, l'institution du repos hebdomadaire et des huit heures de travail journalier en 1906, etc. Après cette énumération très précise, il concluait : « *Toutes ces mesures furent l'initiative des socialistes et jamais celle des Bourgeois, des capitalistes et de l'Eglise. Catholiques ou protestants ne faisaient que regretter l'état de choses antérieur. Ils assuraient aux victimes que de grandes félicités seraient leur partage après leur mort mais qu'en attendant, il fallait se résigner à souffrir et continuer à travailler dans de mauvaises conditions pour permettre à la Bourgeoisie de continuer à s'enrichir !* »

Ainsi se préoccupait-il de la marche du monde, tout en restant discret sur les événements politiques récents : les lettres étaient systématiquement ouvertes, puisqu'un tampon officiel : « les timbres-poste et les billets de banque sont rigoureusement refusés » barre chacune des pages. Mais à l'occasion d'un commentaire littéraire sur Henri de Monfreid, il faisait allusion à la montée des fascismes en Italie et en Espagne. Plus loin, les lettres de Mai, Juin, Juillet 1936 ne parlent pas directement du Front Populaire, des soubresauts de la grande grève ni de la nomination de Léon Blum. Mais ce sont dans ces lettres-là où il exposait le mieux son inclination socialiste et universaliste. Le 4 mai 1936, le lendemain de la victoire des forces de

gauche, il commentait le livre de Robert Aron, auteur de
« Dictature de la Liberté » : « *Malgré ma meilleure volonté, je
crains bien qu'il me soit impossible de faire miennes leurs
conceptions de redressement toujours construites sur
l'existence des patries actuelles. Tant qu'il y aura solution de
continuité entre les villages, les provinces et le monde, par
l'existence d'un ensemble de peuples se réclamant d'intérêts
propres, contraires à ceux du voisin, toutes conceptions pour
l'établissement de la paix et du bonheur humain ici-bas seront
vaines. Les guerres et les maux actuels continueront.* »

Et, oh, surprise pour moi, sa petite-fille qui ai toujours lutté
contre les inégalités de genre et les violences intrafamiliales, il
défendait des positions très féministes pour l'époque, que je
n'avais pourtant jamais entendu professer clairement dans ma
famille ! A l'occasion d'un exposé que sa nièce devait faire sur
les femmes et le travail, il consacrait deux longues lettres à la
condition féminine dont il déplorait les injustices criantes. Il lui
conseillait la lecture de nombreux articles et livres : entres
autres, un cours d'un certain Barthelemy, professeur à l'école
des Hautes Etudes sociales, des études « *remarquables* » de
Suzanne Grimberg sur la constitution, le tome X de la Nouvelle
encyclopédie Française de A. Monzie qui contient « *un
magistral exposé de la duchesse de Rochefoucauld sur le vote
des femmes* », le numéro spécial de la revue Esprit du 1er juin
1936 dont un article s'intitule « *La femme aussi est une
personne* ». Il recommandait aussi « *certains romans tels ceux
de Jacques Bridel, lauréat du prix interallié pour « Les jeunes
ménages », etc...* » Il encourageait sa nièce à visiter le fond
documentaire du Musée Social de la rue Las Casas ainsi qu'à
prendre contact avec les grandes associations
féministes : l'Union pour le vote des femmes, fondée par Mme
Chotard, association dont il avait fréquenté la bibliothèque
mais dont il critiquait la ligne nettement « *réactionnaire,
opinion que je me suis faite par l'examen de ses doctrines* ». Il
lui préférait « *l'association dirigée par Mme Brunschwig,*

l'Union Française pour le Suffrage des Femmes, d'un caractère nettement politique radical-socialiste». Il déclarait posséder dans la bibliothèque familiale le compte rendu d'un congrès de l'alliance internationale des femmes, tenu en 29 ou 30 sur la question de l'entrée des femmes dans les carrières juridiques... Enfin, il rappelait la mémoire des pionnières comme Maria Vérone ou Louise Weiss et sa revue « *La femme nouvelle*».

Il conseillait à sa correspondante de pas oublier dans son exposé de rappeler les «précurseures» du mouvement féministe en France *« Eugénie Neboyet qui dès 1848 dirigeait en France le Club des Femmes, Maria Desraimes en 1868-72, et la grande Louise Michel, etc.»* et de rendre *« un hommage aux vivantes : Yvonne Netter, Mme Duclos catholique féministe...»* Quelle culture, quelle ouverture d'esprit, quelle liberté de jugement pour un homme de cette époque, participant de ce milieu bourgeois et protestant, dont il connaissait de l'intérieur les défauts et les qualités... et qu'il rendait responsable de sa propre déréliction !

Car, lorsqu'il abordait avec beaucoup de pudeur, l'affaire qui l'avait conduit à ce séjour à la prison de la Santé, il se décrivait comme un *« homme vilipendé par des jaloux et des hypocrites »* auréolés d'honorabilité et de pratique religieuse, tandis qu'ils répandaient autour d'eux calomnies et mensonges. Mais il ne s'attardait jamais sur ses détracteurs qu'il décrivait comme des malheureux, détruits par leur propre haine, *« dont les mobiles ne peuvent être recherchés que dans les obligations dont ils (lui) sont tous redevables».* Sa plus grande déception venait du fait que ses accusateurs faisaient partie de ce milieu réformé, de l'Eglise dont il était lui-même un membre très engagé *« milieu où plus que partout ailleurs, l'homme se montre double et où tout est prétexte à justifier le pharisaïsme colossal de l'époque, cependant riche en idéologies et en enseignements généreux (Eclaireurs, UCJG) mais combien pauvre en amour effectif et vivant de l'homme pour l'homme. »* *« Malgré toutes ces tristes expériences,* écrivait-il plus loin, *je reste quand même attaché à cette caricature d'Eglise mais dans le passé comme dans le présent et plus certainement dans l'avenir, je reste en communion d'impatience avec tous les révoltés, tous les déçus, tous les inexaucés, tous les vaincus et les damnés de ce monde, car en toute justice, ceux-ci sont plus près du Royaume de Dieu que tous ces sépulcres blanchis qui chaque dimanche font monter à Dieu dans nos temples des louanges hypocrites !* »

De ses conditions de détention, il ne livrait pas grands détails, se plaignant seulement du froid qui régnait derrière ses murs. *« Il me faut bien trouver sinon le bonheur, mais tout au moins accepter avec reconnaissance les avantages et les faveurs qui sont mon lot dans la situation particulière où je me trouve. Entouré comme je le suis de votre affection à tous, tenu au courant des événements familiaux et généraux, habitué que j'étais déjà de part ma surdité à vivre en moi-même,* (effectivement il souffrait depuis l'enfance d'une otospongiose, maladie des osselets de l'oreille interne qui ne bénéficiait pas encore de traitement efficace) *je suis plus à même que beaucoup d'accepter la vie qui m'est imposée. Je n'ai jamais su m'ennuyer. Je trouve toujours une occupation, gymnastique en tout genre, chants et cantiques populaires, correspondance, lecture, visites de Margot* (son épouse) *et des enfants, des avocats et des liquidateurs, réception des mandats qui ont l'avantage de me faire sortir une demie heure chaque fois, etc. font que la journée passe et je suis moi-même surpris de la rapidité d'écoulement des heures, quoique n'ayant pas de montre. Si j'ai froid, je me réchauffe en faisant briller mon parquet* (Détail surprenant pour un homme habitué à être servi par sa très fidèle employée de maison, répondant au fier prénom de Victoire !) *et le soir, de par ma volonté, je chasse les papillons noirs qui viennent m'assaillir et je m'endors en pensant à vous tous…* ». Il comparait son existence actuelle à celle des Chartreux d'un couvent qu'il avait visité quelques mois auparavant avec son fils André : « *A part les offices, je suis dans leur cas. Réveil à 6 heures, promenade, déjeuner, etc, etc. Je pense souvent à eux. Mon imagination travaillant, je me représente vêtu de blanc et chantant les matines ou les vêpres, comme les moines de Briqueluc…»*

Il restera dix-huit mois enfermé entre ces murs inhospitaliers, mais gardant en permanence l'esprit ouvert sur les soucis de sa famille – dont les plus grands étaient l'ostracisme et le rejet que pouvaient subir ses enfants à l'école ou dans la paroisse du fait de sa situation.

Sa dernière lettre date du 24 janvier 1937. J'ignore le moment exact où il a enfin été libéré, jour vers lequel convergeaient toutes ses espérances : « *Ah combien la liberté me semblera bonne, lorsqu'elle sera recouvrée ! Il faut passer par l'épreuve actuelle pour apprécier le soleil, le printemps les arbres et les fleurs. L'espoir de revoir toutes ces belles choses atténue la laideur de celles du temps présent…»* Gardant son optimisme jusqu'au bout, le jour de son anniversaire, après un an de détention, Edouard pouvait écrire : « *Oui ma chère Germaine, nous nous réunirons à nouveau le 12 novembre autour de la table de famille mais n'y seront conviés que les fidèles. Les mêmes joies nous seront accordées et plus fort que jamais. Nous chanterons le passé, le présent et l'espérance du futur…»*

A sa sortie de prison, il ne fut pas question de se relancer immédiatement dans une nouvelle entreprise. Un de ses beaux-frères lui proposa un modeste emploi salarié dans sa société d'assurances, qu'il fut bien heureux d'accepter. Son procès gagné, les indemnisations du préjudice subi et la mise en vente du « château » familial de Sainte Honorine allaient lui permettre de régler ses dettes et d'assurer le quotidien de sa famille. Probablement aussi de placer ce qui lui restait d'économies dans cette désastreuse affaire de l'immeuble du Bd Sébastopol, pour en retirer la rente sécurisante de plusieurs loyers. Cet immeuble bourgeois de cinq étages, qu'il acheta au nom de sa femme en janvier 1943, pour la somme non négligeable de deux millions et demi de francs, (environ 300 000 euros d'aujourd'hui) jouxte celui de la société d'assurances dont il était devenu le gérant. Sans doute une affiche de la Mairie de Paris, doublée d'un concierge complaisant, en avait-elle informé ses voisins. L'affaire fut conclue grâce au zèle des administrateurs mis en place en toute « légalité » par la loi dite d'aryanisation, votée par le Gouvernement de Vichy, le 21 juillet 1941, relative aux entreprises et biens ayant appartenu à des Juifs absents ou disparus.

Comment mon grand père qui professait tant de belles idées généreuses, montrait un grand souci des pauvres et des opprimés et vivait sincèrement sa foi chrétienne, avait-il pu accepter une telle compromission ? Comment s'était déroulée la transaction, avec quelles pressions de la part de son beau-frère, avec quel assentiment de la part de son épouse qui signa tous les documents ? Certainement pas antisémites comme en témoignent les lectures et les lettres écrites en prison, je les suppose ignorants comme beaucoup de leurs contemporains, du sort réel des juifs envoyés en Allemagne après la grande rafle de l'été 42. Mes grands parents firent preuve d'une inconscience qui nous laisse aujourd'hui pantois. Cependant une page prémonitoire d'une des lettres de l'hiver 35-36 m'amène une bribe de compréhension. « *Mais qu'est-ce que le bonheur ?* » s'interrogeait Edouard. « *Ce dernier est-il fait seulement des satisfactions recherchées par les hommes à jamais inassouvies ? Le bonheur est-il l'apanage de ceux qui occupent le haut de l'échelle sociale, de ceux qui chaque dimanche vont au culte, en un mot qui font profession de conformisme ? Certainement non.* » (Cette dernière locution est soulignée de sa main). « *Par expérience je n'ai jamais rencontré d'homme parfaitement heureux mais ce que je puis affirmer, c'est que le bonheur est fait uniquement « de la paix du cœur »* et de l'absence de sentiment d'envie, d'où découle *nécessairement la charité sous toutes ses formes. Cet état de calme nécessaire à la vie intérieure est beaucoup plus fréquent qu'on ne le croit chez les modestes, les misérables, ceux que l'on peut considérer quelquefois comme le rebut de la société, également chez un grand nombre de malades. »*

« Mais, et c'est là le hic de la question. Cet état d'acceptation dans l'épreuve, d'insouciance du lendemain, de confiance absolue en Dieu qui chaque jour nourrit les petits oiseaux, les humains peuvent l'accepter pour eux-mêmes mais se refusent systématiquement de l'accepter pour ceux qu'ils aiment. C'est là le point névralgique et incompréhensible. Seul apparaît ici-bas avoir droit à ce bonheur relatif, celui qui rejette dans cette vie les responsabilités. Tel qui accepte personnellement de vivre frugalement exige pour ses enfants, ses proches, de devenir conformiste, de gravir les échelons sociaux, d'abandonner ces qualités de calme, d'absence d'inquiétude qui leur étaient personnelles et sèment dans le cœur de ceux qu'ils aiment l'égoïsme, l'envie, le désir des passe-droits. En résumé, ils refusent à ceux qu'ils aiment de vivre aux côtés de Dieu comme ils en ont vécu eux-mêmes. Ils veulent non pour eux mais pour ceux qu'ils aiment, forcer le sort, et c'est alors qu'inévitablement le Diable - image facile que tu comprends – entre en jeux (sic) avec toutes ses conséquences. »

Paroles ô combien éclairantes ! Ainsi, Daddy, notre si aimable grand-père, c'est donc pour assurer l'avenir et la sécurité de ceux que tu aimais, que tu as laissé le Diable agir de la sorte au sein de ton foyer…

Mes grands parents seront ruinés par cette opération et resteront moralement effondrés lorsqu'ils apprendront après la guerre, de quelles atrocités ils se sont fait inconsciemment les complices. A l'époque où ma mémoire a pu engranger leurs images, ils étaient tous deux des retraités à l'allure surannée. La période de vaches maigres survenue après la guerre les faisait dépendre de leur dernier fils, André, plus doué pour les affaires, plus pragmatique que son père et soucieux de leur conserver le train de vie confortable auquel ils avaient été habitués. Edouard, retiré de la vie active, isolé par sa surdité croissante, s'évadait dans une passion de collectionneur de timbres et de marques postales. Marguerite - Mammy pour ses petits enfants - racontait inlassablement les grandes heures de leur vie commune, leur première voiture achetée en 1911, les voyages au bout du monde, les séjours aux sports d'hiver, les vacances sur les plages normandes, etc.

Mais dès que la conversation à table abordait des questions financières, elle changeait de ton et se mettait à parler anglais pour que nous, les petits, restions sagement dans l'ignorance des préoccupations des grandes personnes. De là vient peut-être mon faible goût pour les langues étrangères en général, et pour l'anglais en particulier que je n'ai jamais pu parler « fluently » et qui à l'oreille, m'a toujours paru être une bouillie de sons totalement brouillés…

Cette histoire de biens juifs achetés puis restitués était bien entendu restée confidentielle et n'aurait jamais resurgi sans les recherches de ma sœur Elisabeth, désirant faire toute la lumière sur l'origine des nombreuses blessures de sa vie. J'avais toujours écouté ses révélations d'une oreille distraite, persuadée qu'elles ne me concernaient pas et qu'il valait mieux vivre au présent le moins mal possible les événements qui nous étaient impartis, tout en préparant sereinement l'avenir de nos enfants. Et voici qu'elles me reviennent en boomerang à la lecture de l'histoire de la petite Sarah, dont le frère meurt en juillet 42, enfermé dans un faux placard de l'appartement familial, pour échapper aux policiers mandatés par René Bousquet, alors que de nouveaux occupants ont déjà pris possession des lieux !

Peut-être Elisabeth a-t-elle raison ? Peut-être suis-je aveuglée par l'affection que je portais à mes grands-parents ? Peut-être devrais-je avoir le courage de réviser les clichés que je désire garder d'eux : ce vieillard souriant à la barbe blanche entremêlée de poils roux, dont j'ai accompagné comme jeune médecin, les derniers jours. Et surtout cette femme dont je porte en deuxième position le prénom fleuri, volubile et primesautière, enrobée de rondeurs moelleuses, au visage plutôt ingrat derrière ses verres épais, mais si chaleureuse, si pleine de vie que je ne peux la rendre responsable du poids si lourd dont j'ai senti mes épaules broyées au sortir du tunnel de Yad Vaschem…

Ma décomposition était-elle due au fantôme de cette propriétaire spoliée et de sa famille ? Fallait-il creuser plus loin cette piste ? Je me suis approchée là d'un tel précipice que rapidement je fus tentée de rebrousser chemin. J'ai eu peur de découvrir quelles conséquences dramatiques ce faux-pas de mes grands-parents avait pu entraîner. Mes parents, habitant Tunis, coupés durant de longs mois par l'invasion allemande de toute information venant de France, n'avaient sans doute pas été mis au courant de cette transaction douteuse et probablement, jamais ensuite, mes grands parents ne s'en étaient vantés. Comment de si loin, aurais-je pu hériter de ce bagage encombrant, au point qu'il eut déterminé mon orientation professionnelle ? Tout au plus m'a-t-il conféré une sensibilité à cette période de l'histoire, que j'ai explorée par mes lectures dès mes premières années d'étude et qui ne m'a jamais vraiment quittée, malgré mes points aveugles et mes réticences à me pencher consciemment sur le sort réservé aux enfants de la Shoah.

J'ai buté longtemps sur cet événement, c'est évident. J'ai attendu plusieurs mois avant d'éprouver le désir d'en retrouver les traces exactes. Une visite au Mémorial parisien de la Shoah et une autre aux Archives de la Ville m'ont donné quelques pistes. La propriétaire de l'immeuble Mme veuve Lucie Picard, née Lévy, n'habitait pas sur place mais elle a bien été déportée vers Auschwitz, par le convoi du 21 septembre 1942 au départ de Pithiviers, et elle est décédée, (gazée ?) dès son arrivée, le

25. Sans doute, faisait-elle partie des victimes de la rafle de Juillet 42 et a-t-elle été parquée durant ces trois jours maudits, en face de notre futur appartement de jeunes mariés...

- Cela suffirait, affirme Elisabeth, à expliquer notre manque total de curiosité par rapport à l'histoire chargée de la rue Nélaton. Rien ne peut se dire autour de tout ce qui peut révéler un coin du secret. Parler du Vel d'Hiv aurait obligé à revisiter cette période et révéler ce que nos aïeux avaient vécu, alors chut !!

C'est un neveu de Lucie, Pierre Lévy qui en 1945 vint réclamer la restitution de son bien et l'arriéré des loyers perçus pendant trois ans à mes grands-parents, comme le montrent les minutes du procès. Mais nous n'avons aucune autre information sur cet homme. Et dans la liste des personnes habitant l'immeuble et recensées en 1936, ne figure aucune autre famille juive, et donc aucun enfant ayant pu subir l'infamie de la rafle et de la déportation. Au sous-sol du Mémorial de la rue Geoffroy L'Asnier, consacré aux enfants déportés, j'ai tout de même retrouvé la trace de deux adolescentes, Charlotte et Huguette Lévy-Picard de seize et quinze ans, déportées avec leur oncle Pierre Lévy par le convoi n°69 en Mars 1944 et mortes à Auschwitz elles aussi. Est-ce qu'il s'agit bien du même Pierre survivant de l'holocauste et des petites filles ou des petites nièces Lucie ? Je n'ai pas réussi à le savoir, mais cela importe-t-il vraiment ? Jeunes filles du passé, vous étiez belles et fraiches dans vos robes d'écolières, posant pour l'éternité. Un jour peut-être, en saurais-je plus sur votre vie, si courte, arrêtée par la barbarie de la grande Histoire, à l'orée du printemps, si loin de votre foyer ? Mais vos deux visages couleur sépia affichés sur le mur des enfants, m'ont paru bien effacés, bien lointains, sans rapport avec mon histoire, celle d'une enfant née en 1942, à Tunis, devenue pédiatre, et partie exercer son métier en Afrique à l'époque des Indépendances.

Fausse piste, me suis-je déclarée. Le secret est ailleurs, et c'est probablement un secret de tendresse et de mort, qui m'a, comme une vague, portée vers les enfants en danger de l'autre côté du monde et que les remous du mémorial ont transformé en tsunami.

3- Henriette et Roger

Le zona guéri, l'efflorescence de l'émotion passée, je ressens dans mon corps une fatigue intense, persistante qui m'annonce la nécessité d'un renoncement aux activités humanitaires que nous avons entreprises, Hubert et moi, depuis notre mise à la retraite. Suis-je encore tourmentée par les vieux démons de l'Afrique que je n'ai pas, en vingt ans de pratique, réussi à apprivoiser, ou hantée par l'appel incessant des enfants en danger ? Toujours est-il que, régulièrement, je m'envole vers des pays où sévit l'épidémie de SIDA pour former des équipes de soins, des sages femmes et des collègues à l'usage des antirétroviraux et aux méthodes de prévention de la transmission de la mère à l'enfant. Depuis 1996, j'ai appris à manier ces traitements extrêmement efficaces mais complexes, qui demandent une observance parfaite pour enrayer la multiplication du virus et donc l'évolution de l'infection vers le stade du sida et vers la mort. Les enfants vivent et grandissent, certains deviennent adultes, se forment à un métier. Joie extraordinaire lorsqu'une de mes petites patientes, déclarée perdue une décennie plus tôt m'annonce qu'elle est devenue mère et que son bébé est indemne du VIH !

Dès 2001, après la conférence de Durban qui, après un bras de fer avec les laboratoires pharmaceutiques, donne aux populations du Tiers Monde accès aux trithérapies, je veux faire profiter de ces découvertes les mères et les enfants du Congo, du Cameroun, du Togo et de Djibouti. Je réponds à l'appel de Christine K. une femme exceptionnelle, séropositive qui a monté une association de soutien aux familles concernées et me demande l'aide de l'Appel, une ONG dont j'ai fait la connaissance lors de mon séjour au Congo. Un parrainage thérapeutique se met en place : les enfants peuvent recevoir leur traitement antiviral et des suppléments alimentaires, ce qui permet leur retour à l'école et un nouvel espoir de grandir. Hubert accepte de s'occuper des aspects financiers. Et chaque année, nous organisons une mission avec quelques parrains pour rencontrer nos partenaires africains et visiter chacune des familles soutenues. Quel bonheur de retrouver des enfants aux joues rebondies, ces orphelins au regard grave mais confiant, au sourire lumineux ! Quelle joie d'entendre ces mères et ces grands mères nous raconter comment, grâce au soutien qu'elles reçoivent de l'association, elles ont retrouvé à la fois leur dignité, une nouvelle famille dans l'association et les moyens de sortir de la pauvreté !

Mais pour la première fois en ce mois de février 2009, effectuer cette nouvelle mission me semble une tâche à la limite de mes forces. Je traîne misérablement ma lassitude et souffre de la chaleur. Je me sens incapable d'écouter, de réconforter et de conseiller quiconque. La saleté des lieux m'apparaît insupportable, j'ai la nausée en entrant dans certaines cours où les eaux usées et ordures forment un immonde cloaque. Personne ne songe à faire les travaux nécessaires même si les enfants du voisinage tombent les uns après les autres, terrassés par des crises de paludisme ou par des gastro-entérites. Le fatalisme des pauvres et la négligence des puissants me révoltent. Je n'en peux plus ! Les impressions négatives s'accumulent, le feu sacré qui me fait courir là où je me sens utile est en train de vaciller. Il est temps que je me repose et que j'accepte ma fragilité. Tant que je n'aurai pas compris ce qui m'est arrivé à Jérusalem, je ne serai pas à l'abri d'une nouvelle alerte, accident ou maladie qui viendrait me dire : n'est-il pas temps de ne plus t'exposer à ces situations d'impuissance ?

Dès mon retour du Burkina Faso, je choisis une aide en la personne d'un psychanalyste, rassurant et expérimenté, devant lequel je viens déposer ma perplexité, mes doutes, mes interrogations, mes angoisses du moment et du passé, mes rêves et mes insomnies. Pendant six mois, nous tenterons de démêler ensemble l'écheveau de mes choix, de dérouler les fils de mes souvenirs, de dénouer les pelotes de la mémoire et de la culpabilité. Parcours chaotique, ardu, mouillé de larmes :

- Mais sur qui pleurez vous ainsi ? De qui n'avez vous jamais fait le deuil ? Voulez vous me parler de ce visage d'enfant qui vous a arrêté au seuil du mémorial, à qui vous a-t-il fait penser ?

- Il ressemblait étrangement à celui de mon petit frère Christian, à l'âge où je le prenais encore dans mes bras pour lui raconter les histoires de nos livres d'images. Son sourire moqueur laissait augurer les mille et une « bêtises » que sa place de petit dernier l'autorisait à inventer sans crainte du châtiment paternel ! Mais Christian est mort à quarante deux ans, en pleine maturité, abîmé par une vie désordonnée, nourrie au lait empoisonné de la fausse liberté qu'ont goûtée les enfants de Woodstock…

- Essayons de remonter patiemment dans les souvenirs de votre enfance et des deuils que vous avez vécus…

Avant de trouver les mots justes me permettant de cheminer à rebours dans le passé, je repasse en mon for intérieur le nom de tous les proches qui, comme Christian, avaient rendu leur tablier à l'existence pour s'échapper par la « porte étroite » sans espoir de retour : 1953, Roger Labarde, mon grand père maternel ; 1961, Roger, mon père ; 1963, Geneviève, ma jeune sœur ; 1965 et1973, Edouard puis Marguerite, mes grands parents paternels dont je viens de relater l'histoire mouvementée ; 1991, Henriette, la grand-mère maternelle qui m'a transmis ses talents d'artiste et de pédagogue ; 1993, Yves, mon frère aîné... Et deux ans plus tard, le suicide de Christian ! Je peux ajouter à cette liste, Thérèse, notre mère qui s'éteint brutalement sans crier gare en 2003 et le 1er janvier 2007, Ossian, ce petits-fils qui n'a pas eu le temps de voir le jour. Ce n'est pas tout à fait « Dix petits nègres » selon le roman célèbre d'Agatha Christie, c'est le grand jeu de la vie et de la mort, la ronde des amours et des deuils, mais qui sera le prochain ? Moi peut-être... Ces disparus proches, ceux de mon histoire, entrent dans la danse avec tous les petits dont j'ai vu se clore les yeux, avec toutes les femmes d'Afrique et d'ailleurs, mortes en couches ou d'infections non maîtrisées, avec tous ces hommes, jeunes et vieux, qui ne savaient pas les protéger et donnaient eux aussi un jour, son congé à l'existence dans un dernier combat inutile, une dernière provocation ou un dernier souffle empuanti d'alcool, de kif ou de tabac... Est-ce l'accumulation de ces défunts, ceux que le silence pudique familial a enfouis dans les cœurs et ceux que le médecin ne pouvait exprimer à haute voix, qui résonne et me frappe aujourd'hui de plein fouet ? Ou bien, en est-il un, un seul, que j'aurais oublié et dont l'ombre s'est réveillée, mystérieusement, dans le tunnel du mémorial, frôlant de ses ailes mes joues inondées de larmes ?

- Pouvez-vous rechercher quand et comment vous avez découvert la réalité de la mort ?

- Lorsque Roger, mon grand père maternel meurt à Villejuif d'un cancer de la peau, j'avais onze ans et ne savais pas encore que la mort peut frapper ceux que l'on aime de si près...

J'ai découvert beaucoup plus tard, la légende de cet autre grand père, humble et secret, qui a accompagné mes premiers pas et mon départ dans la vie, grâce à un petit opuscule rédigé par son épouse, ma grand-mère Henriette, à l'occasion de ses quatre vingt dix ans.

Automne 1914. La nuit s'était abattue sur l'Europe depuis un certain 2 Août. Elle était institutrice à Piriac lorsque Roger, fils de sa directrice vint y séjourner, en convalescence de blessure de guerre à la bataille de l'Yser près d'Ypres. Il sympathisa très vite avec la jeune enseignante. Blessé à la tête, puis à l'épaule et au poumon, il mit à profit son temps de cicatrisation pour entrer à l'Ecole d'Aspirants de Joinville et correspondre avec sa jeune fiancée. En 1916, ils décidèrent *« malgré conseils et objections diverses »* de se marier : *« mariage de guerre, sur fond de tristesse à cause des séparations et des dangers continus ».* Nommé aspirant, chef de section, il retourna au front, participa à la bataille de la Somme et reçut la croix de guerre. Ma grand-mère décrit un homme apprécié de ses soldats, qui parlait à ses hommes simples comme un chef éclaireur l'aurait fait à ses garçons… Thérèse, ma mère, naquit en septembre 1917 et lui donna l'occasion d'une permission mais en 1918, il fut intoxiqué par l'ypérite et évacué. Cet événement fait partie de la légende familiale car son salut fut considéré comme un miracle, dont il se sentira redevable toute sa vie. En effet *« cette émission de gaz fut terrible et dura huit heures. Vaincu par la fatigue, Roger s'endormit avec son masque, ce qui lui sauva la vie, alors que tous ses camarades de tranchées ne purent le supporter et eurent les poumons gravement brûlés. »*

Est-ce l'origine de la crise spirituelle qui le conduisit à changer de religion puis à s'expatrier en Algérie dès la fin de la guerre ? Ce breton de famille très catholique – oncle curé en Anjou, et tante religieuse, sœur de la Sagesse à Nantes - se convertit au protestantisme qu'il avait connu durant son adolescence, grâce à deux séjours linguistiques en Angleterre. *« Il souhaite changer d'horizon,* déclare pudiquement Henriette dans ses mémoires *et fait une demande pour un poste à Sétif.* » J'ai toujours supposé qu'il avait eu besoin de mettre une certaine distance entre lui et ses parents, probablement choqués par sa nouvelle orientation religieuse. Toujours est-il qu'en 1920, il entraîna dans son aventure géographique et spirituelle sa jeune femme agnostique et leurs deux filles. Thérèse était à peine âgée de trois ans, Annick, la seconde, encore un bébé. Ils tentèrent de s'adapter à cette petite ville du « bled » algérien, mais devant la dureté des conditions de vie, ils préférèrent demander leur mutation pour Tunis. Bientôt ma grand-mère y créait les premières classes d'école maternelle et se passionnait pour son métier. Elle décrit les transformations très nombreuses qui s'inspiraient des méthodes nouvelles, beaucoup plus actives et personnelles que celles que l'Ecole Normale lui avait transmises. Elle obtint de la Direction de l'Enseignement les crédits nécessaires pour renouveler le matériel : « *tables pour 6 enfants, petites chaises à la taille voulue, classes peintes de couleurs gaies, casiers individuels pour les fournitures personnelles : lettres mobiles, boites d'aquarelles, pâte à modeler, etc...* » Elle loua un piano pour faire danser les enfants et organisa des fêtes costumées, pour la grande joie des petits et des grands. Un préau magnifique avec colonnes en marbre blanc, assez commun en Tunisie, donnait un air de château de contes de fées à la cour de récréation qu'elle fit planter de giroflées roses et mauves et de géraniums grimpants. Elle fit participer les petits au désherbage et aux plantations mais leur offrit aussi un bac à sable et quatre balançoires toujours occupées ! Toutes ces idées semblent très banales aujourd'hui mais dans les années trente, elles passaient pour avant-gardistes, d'autant plus qu'elles s'adressaient autant aux petits musulmans, juifs, siciliens, maltais, français de toutes confessions et origines, à l'image de la population bigarrée de la Tunisie à cette époque. Roger, de son côté exerçait son métier de professeur de mathématiques au collège

Alaoui, pépinière de la future élite tunisienne. Il en deviendra le directeur après la seconde guerre mondiale.

J'ai des souvenirs très précis de ce beau bâtiment de style mauresque avec sa façade blanche et bleue, ses fenêtres en arcades, ornées de volutes en fer forgé. Je revois la courbe arrondie de celles de la salle de bain, située au premier étage de l'appartement de fonction des mes grands-parents. J'aimais me blottir dans l'encoignure, pour observer l'animation de la rue d'Arles, m'imaginant qu'un des jeunes et beaux élèves lèverait les yeux vers la princesse éplorée, en tomberait éperdument amoureux et s'empressait de la délivrer du dragon qui la retenait prisonnière ! Je revois sa grande cour plantée de jacarandas qui la tapissaient de fleurs mauves à l'automne, ses couloirs propices aux courses de patins à roulettes, au grand dam des professeurs gênés par nos exclamations mais qui n'osaient invectiver les petits-enfants du directeur. Je pourrais redessiner les yeux fermés le plan de leur maison jouxtant le collège, où j'ai passé tant d'heures tendres et paisibles, à lire, dessiner, écouter les chansons à la mode et surtout fouiner dans les trésors que ma grand mère avait accumulés durant sa vie d'institutrice : une énorme collection d'images, bien classées dans des volumes cartonnées, des dizaines de livres d'enfants dont les illustrations m'emmenaient dans un univers enchanté, des contes de tous pays mais surtout de Bretagne dont elle était restée amoureuse. Ceux là, peuplés de korrigans, de diables et de fées maléfiques, de revenants et de sortilèges me fascinaient et provoquaient des frissons de peur et de jouissance mêlées. Dans le jardinet, planté de chèvre feuille, de géraniums et de gueules de loup, se promenaient Jujube, magnifique chat d'une blancheur immaculée aux yeux vairons, l'un bleu l'autre vert, et Réglisse son compère tout de noir poilu. Tout au fond de la verdure, se cachait une cabane où Henriette avait entreposé une grande partie de son matériel pédagogique. Nous y dénichions mes sœurs et moi des tissus, des perles, des plumes, des papiers crépons de toutes couleurs, de quoi recréer des univers fantastiques et nous déguiser en fées, en fleurs, en princesses et en sorcières au gré de nos lectures et de notre imagination...

Roger et Henriette étaient tous deux très engagés dans le scoutisme unioniste, mouvement d'inspiration protestante qui constitua le socle de nos valeurs familiales. Mes quatre grands-parents, mes deux parents, mes frères et sœurs, mon mari, mes quatre enfants et deux de mes petits enfants, soit cinq générations en ont apprécié la pédagogie géniale ! Nous y avons acquis ce mélange d'altruisme et de goût des responsabilités qui forgent les trames de nos vies respectives. Mais il serait trop long d'en décrire tous les souvenirs heureux et les aventures parfois risquées que ce mouvement nous a largement offert !

Revenons à Roger Labarde puisque c'est lui qui, le premier - du moins je le croyais - m'a enseigné la réalité de la mort. Durant la deuxième guerre mondiale, à la surprise de tout son entourage, il se réengagea aux côtés des Alliés. Agé de plus de cinquante ans, père de famille et déjà grand père, il partit rejoindre les forces françaises libres à Camberley, en Angleterre, après la libération de Tunis en 1943. *« C'est le moment des V2 où des quartiers entiers de Londres sont détruits,* écrit Henriette. *Ensuite il fait campagne en France, avec le 12^è et 20^è corps américains. Je me retrouve avec les mêmes angoisses qu'en 1918. Dans ce grand appartement de l'Ecole Normale où maintenant je suis seule, les heures sont interminables...»* Roger termina la guerre avec le grade de Commandant. En 1945, il retrouva sa famille et reprit ses activités au collège, dont il fut un directeur aimé et respecté de tous, élèves, enseignants et personnel administratif, jusqu'au « factotome » tunisien qui ne tarissait pas d'éloge sur Monsieur Labarde !

Dans les premiers souvenirs que je garde d'Henriette, datant de la fin de la guerre, elle avait pris sa retraite pour mieux se consacrer à sa famille qui s'est agrandie de toute notre fratrie… J'adorais remonter la rue d'Arles, en sortant de l'école, située au coin de la rue du Quatrième Zouave, pour courir au collège, frapper la main de cuivre qui ornait le battant.

- C'est toi, ma petite Joëlle ? me lançait Zohra, la domestique tunisienne, en m'ouvrant la porte, entre, ta grand-mère est dans son atelier. Tu peux la regarder peindre mais ne la dérange pas !

Zohra m'impressionnait avec son visage tatoué de signes cabalistiques. Les lobes de ses oreilles pendaient, déchiquetés par les lourds anneaux d'argent. Les paumes de ses mains avec lesquelles elle confectionnait de si bons gâteaux au miel et aux dattes, étaient décorées de motifs ocre rouge compliqués. Elle nous permettait de nous asseoir dans sa cuisine, la regarder repasser avec le vieux fer en fonte, garni de braises. Pour nous tenir sages, elle nous confiait le M. à café en bois, dont j'entends encore le crissement, mêlé au chant de la bouilloire posée sur le feu… Henriette s'extrayait de son chevalet, sur lequel elle avait ébauché le vase de cuivre garni de seringas et de lilas, qui orne aujourd'hui la chambre à coucher de notre chalet dans le Queyras. Elle repliait sa boite de couleurs à l'huile, qu'elle m'a léguée beaucoup plus tard et dont j'ai parfois fait usage, bien que sans véritable talent ni passion pour cet art conventionnel. Elle nettoyait ses pinceaux à l'essence de térébenthine dont l'odeur m'écœurait un peu, les essuyait soigneusement avant de les déposer en bouquet, dans un pot de faïence bretonne.

- Viens, ma petite Joëlle, j'ai de nouvelles images à te montrer, mais avant, que veux-tu pour ton goûter : sirop de menthe ou de grenadine ?

Hélas, ces pages sereines empreintes de joies familiales seront de courte durée. C'est à cette époque que remonte le souvenir très vif d'un de mes premiers cauchemars : je me retrouve dans l'entrée de l'appartement, dont une des portes donne directement dans le salon et l'autre dans le couloir. Je perçois un bruit sourd, comme le ronronnement d'un moteur qui augmente progressivement d'intensité et j'aperçois un nuage grisâtre qui glisse sous la porte et prend bientôt la forme d'une masse gélatineuse, translucide. Je tente de m'enfuir vers le couloir mais la porte est fermée, la masse grossit de plus en plus, le bruit devient insupportable, provoquant en moi l'angoisse d'être englobée, avalée par ce monstre. J'éprouve une sensation d'étouffement tandis que je sors de mon sommeil, en hurlant. J'avais onze ans et mon grand père allait mourir, mais personne ne le savait encore...

Car, presque du jour au lendemain, tout bascula. Roger présentait de drôles de « boutons » sur le visage et les bras qui ne guérissaient pas. Henriette, ma grand mère, écrit : *« Son visage change, la tempe devient rouge et boursouflée. Nous sommes très inquiets. Il prend l'avion pour Paris et je pars le rejoindre. Il voit un docteur qui lui dit d'entrer d'urgence à Villejuif... »* On n'employait pas encore ouvertement le mot cancer, mais le lieu où il fut hospitalisé révélait la gravité et le pronostic à l'époque désastreux de sa tumeur maligne, probablement un mélanome. Henriette qui écrit pour sa postérité, se répand en notes édifiantes mais reste pleine de pudeur sur sa propre souffrance : *« Le pasteur Vianney vient souvent voir Roger et prier avec lui. A la Pentecôte, en famille avec M. et Mme Randegger* (mes grands parents paternels entretenaient visiblement avec Roger des liens d'amitié)*, il dirige un service de Sainte Cène. Le pasteur Boegner,* (Président du Conseil National de l'Eglise Réformée, dont les déclarations courageuses en faveur des juifs dès 1941 sont aujourd'hui bien connues) *vient aussi le voir. Agenouillé près du lit, il récite le psaume 121. « L'Eternel veillera sur ton départ et ton arrivée » Minutes émouvantes. Une joie pour Roger, la venue de sa petite fille, Geneviève, huit ans, venue seule de Tunis pour voir son grand père et représenter la*

famille de Thérèse. Roger l'appelle « son petit député ».
Quand la petite vit son grand père à peine reconnaissable avec
ses pansements, elle lui sourit avec affection, mais de grosses
larmes lui coulaient sans même qu'elle s'en rende compte...
(Geneviève est ma sœur cadette la plus proche, née deux ans
jour pour jour après moi, aussi brune que je suis blonde.
Geneviève, fauchée dix ans plus tard par une méningite,
rejoindra très vite son grand père dans le séjour des morts...)
Durant ces mois douloureux, quand tout espoir est perdu,
avant mon départ du soir vers 19h30, nous faisions la prière.
Au début, Roger prie et sa prière est un remerciement à Dieu,
pour la journée passée, pour ma présence continue auprès de
lui, il intercède pour les malades de l'hôpital isolés. Souvent il
termine par « Que Ta volonté soit faite ». Il se dégage de ses
paroles une impression de paix et d'abandon total à Dieu. Plus
tard quand il ne peut plus parler, j'essaie de le remplacer mais
je ne sais pas comment prier, je ne peux que supplier,
demander aide et pourtant je tiens à être un soutien pour mon
cher malade, alors que dans le livre de concordance prêté par
le pasteur Vianney, je lis des versets sur la foi, la patience, la
confiance. Parfois il me demande : « Relis moi ce verset ! »
Sans doute étant seul, le méditait-il. Le 2 juin 1953, mon si
cher compagnon de route s'éteignait et j'étais près de lui. »

Cette après-midi là, à Tunis, je m'en souviens très clairement,
nous étions réunis en famille devant le poste de radio du salon,
pour écouter le reportage animé du couronnement de la reine
Elizabeth d'Angleterre. Chacun y allait de son commentaire ou
de sa plaisanterie quand le téléphone sonna. Je ne sais qui de
mon père ou de ma mère se précipita mais leurs visages
fermés, leurs murmures puis le geste sec d'éteindre l'émission
nous firent comprendre que quelque chose de grave était arrivé.
Nous n'en saurons rien avant le lendemain soir. Vite expédiés
au lit, sans l'histoire habituelle du coucher, nous sentions la
tristesse envahir la maison. Au réveil, nous partîmes pour le
lycée de la rue Jules Ferry – j'étais déjà en sixième - en menant

profil bas devant le mutisme de notre mère. Dans la matinée, je fus appelée chez la surveillante générale : « Votre mère n'est pas venue donner ses cours ce matin. Savez-vous pourquoi ? Est-elle souffrante ? ». Je bredouillai, très gênée : « Non... je ne sais pas... Elle ne vous a pas téléphoné ?... » Non seulement, elle n'avait pas pu nous annoncer la mort de notre grand-père mais elle s'était avérée incapable de prévenir sa directrice ! Silence, silences que nous avons retrouvés à chacun de nos deuils...

Deux mois s'écoulèrent avant que notre grand mère Henriette ne revînt à Tunis, après avoir subi une large ablation du sein droit, une tumeur maligne ayant été décelée peu après l'inhumation de Roger dans le cimetière de Champtoceaux, pittoresque village du bord de Loire où s'était établie sa famille. Je me souviens de notre première visite au collège Alaoui, après son retour, dans une atmosphère de tristesse feutrée, pour venir l'embrasser. Impossible de trouver des mots de consolation, ni même de geste d'affection trop prononcée, toute effusion de tendresse étant incongrue dans notre famille. Nous n'osions pas l'approcher de trop près et entourer son cou de nos bras, de peur de réveiller la douleur de sa cicatrice et celle plus grande encore de son veuvage. Je me souviens seulement de sa silhouette sombre assise toute droite dans le fauteuil de son bureau et de la remarque un peu sèche de ma mère, lorsqu'elle s'aperçut qu'Evelyne notre sœur aînée, croyant faire plaisir à sa grand-mère, avait revêtu pour l'occasion une jolie robe, cousue par les doigts agiles d'Henriette. Coquette, oui, mais de couleur rouge vif, pas du tout convenable en cette période de deuil !

`

4- La Tunisie, ma terre natale

- Vous étiez encore une enfant, comment voyez vous cette période de votre vie ?

- L'existence que mes parents nous avait offerte était simple, heureuse, encadrée par une éthique solide, incarnée dans le scoutisme et empreinte de la liberté de pensée chère aux protestants qui l'avaient défendue au péril de leur vie, dans maintes circonstances. La lumière des paysages tunisiens, le foisonnement des idées et des jeux de notre famille nombreuse ainsi que la chaleur des relations amicales nous vivifiaient, nous structuraient dans un bonheur de vivre, sans histoire, apparemment...

Dans mon enfance, je n'avais rien perçu des obscurités et des violences de la colonisation. La Tunisie m'apparaissait comme un pays plus cosmopolite que la France où nous passions une partie de nos grandes vacances. Nous avons grandi dans un milieu d'enseignants dont le but était d'ouvrir à la connaissance l'esprit du plus grand nombre d'enfants de toutes origines. Au collège Alaoui dont mon grand père était le Directeur ou au lycée de filles Armand Fallières où ma mère enseignait les lettres classiques, nous fréquentions des enfants français mais aussi des musulmans, des juifs autochtones depuis des millénaires, des maltais, des siciliens et bien d'autres nationalités du pourtour méditerranéen. Nos professeurs évitaient de nous faire sentir des rapports de hiérarchie, d'exclusion ou de stigmatisation des uns par rapport aux autres. Mon père, avait aussi une haute idée de ses fonctions. En tant de directeur des crédits au ministère des finances, il soutenait toutes sortes d'entreprises agricoles, artisanales et commerciales dans le but de développer ce pays qu'il avait adopté dès sa nomination en 1938. Il nous emmenait souvent avec lui dans les tournées de visites de ses partenaires qui pouvaient être indifféremment français ou tunisiens de souche, juifs ou musulmans : nous étions reçus par des céramistes du Cap Bon, des propriétaires de domaines agricoles, des hôteliers d'Hammamet ou des pêcheurs de thon de Sidi Daoud... Nous l'admirions d'être aussi à l'aise avec l'artisan potier de Nabeul, portant chéchia et djellaba qu'avec le riche ami de l'entourage du bey coiffé d'un fez à pompon, qui nous faisait admirer ses orangeraies, ou avec le prieur en aube blanche des moines de Thibar, producteurs d'un délicieux vin rosé dont on le régalait, lors du repas pris à l'ombre des arbres du domaine Saint Joseph... Pour nous enfants, les injustices de la colonisation se résumaient à des différences de classe sociale, car on se fréquentait volontiers entre personnes du même niveau économique, les pauvres se contentant de charité teintée, je l'avoue, d'un certain mépris pour leur ignorance et leur fatalisme...

La révolte nationaliste qui prit corps dans les années 50 avec la montée du Neo-Destour, le parti indépendantiste qui amena peu à peu Habib Bourguiba au pouvoir, transforma notre paradis en un territoire plein de dangers dont il fallait se garder, sans que soit remis en question dans nos jeunes consciences le bien fondé de notre présence sur le sol natal. Nous étions persuadés du caractère transitoire de ces troubles, mes parents gardant une confiance inébranlable dans la capacité de collaboration et d'intégration dans une Tunisie qu'ils avaient contribué à façonner.

Témoigne de leur prise de conscience tardive le démarrage de la construction de notre « maison de Carthage » en 1954. Celle-ci avait été rêvée par nos parents, dans l'espoir fou d'une réconciliation entre colonisateurs et colonisés qui leur aurait permis de conserver leurs postes, sous un nouveau statut. Terminée en été 54, nous ne l'habitâmes que deux courtes années car les « événements » avaient vite anéanti cette espérance. L'intransigeance des nationalistes tunisiens et celle en regard, de Jean de Hauteclocque, le Résident Général Français qui appliquait une politique répressive sans concession, précipitèrent l'imminence du départ de tous les fonctionnaires français. Nous avons mes sœurs, mes frères et moi vécu cette période de troubles dans une certaine inconscience, car les parents à cette époque ne partageaient pas comme aujourd'hui, leurs soucis à haute voix devant leurs enfants. Pourtant dès 1952 nous avions entendu les rumeurs autour de l'attentat à la grande Poste de Tunis, et de l'assassinat en décembre de la même année du leader syndicaliste tunisien Farhat Hachet, dont le nom revenait en boucle dans les conversations entre adultes que nous captions malgré tout. Une explosion de bombe au plastic s'était produite à deux pas de chez nous – nous habitions encore le quartier de Montfleury - et avait détruit la boulangerie où nous allions chercher notre pain. Nos parents avaient alors demandé à Yves de quitter sa chambre du rez-de-chaussée trop exposée, pour dormir à l'étage, le pensant ainsi plus en sécurité…

Un peu plus tard, puisque nous avions emménagé à Carthage, je me souviens aussi des conséquences de la crise du canal de Suez en Juillet 56 où le dimanche, ne pouvaient circuler dans Tunis et sa banlieue, par souci d'économie de carburant, que les BéBés taxis, petites Renault 4CV de couleur jaune. Cette mesure autoritaire rendait impossibles nos grandes promenades hebdomadaires où nous retrouvions avec grand plaisir nos amis pour une plongée sous marine au large de Kélibia dans le cap Bon, une escapade dans les forêts d'Ain Draham ou une déambulation dans les ruines d'Utique près de Bizerte… Nous étions « condamnés » à rester à Carthage ou à prendre le train vers Tunis, (petit tortillard côtier nommé pompeusement TGM - Tunis Goulette Marsa - à l'instar du PLM de la métropole !) pour une séance de cinéma ou une visite chez notre grand mère !

Et lorsque je pioche parmi les souvenirs de nos derniers mois en Tunisie, l'émotion est encore vive de ce jour d'octobre où l'avion des cinq chefs de la rébellion algérienne fut détourné par l'administration coloniale française, et contraint de se poser à Alger où ils furent tous « coffrés » ! On ne parlait que de Ben Bella à l'époque mais il voyageait en compagnie des autres « Fils de la Toussaint » Khider, Lacheraf, Boudiaf et Aït Ahmed. Odile E., une amie très proche et moi, nous revenions de Tunis par le fameux TGM, - j'ai oublié la raison qui nous avait incitées à nous rendre en ville, ce lundi-là - et nous n'avions pas remarqué d'effervescence particulière parmi les passagers. Pas de Smartphone pour communiquer la nouvelle ! Mais à l'arrivée en gare de Sainte Monique, notre destination, nous avions eu la surprise de voir le visage anxieux de notre père se profiler à la descente de notre wagon…

- Venez les filles, ne vous attardez pas, les nouvelles ne sont pas bonnes ! Je vous attends depuis une heure, vos mères sont très inquiètes…

Alors seulement, nous entendîmes les clameurs et vociférations d'une foule en colère, scandant des slogans hostiles à la France, qui remontait l'avenue que nous devions emprunter puis traverser pour regagner notre maison, située à deux cents mètres de la gare, distance que nous avions l'habitude de parcourir à pied, bavardant et flânant chemin faisant. Que se passait-il donc ? Nous nous engouffrâmes dans la voiture garée à proximité du quai. Roger au volant ne quittait pas son air soucieux : « Je vous expliquerai plus tard, il n'est pas bon de traîner dehors aujourd'hui ! »

Le déni fut levé quand, en 1955, se déclara le fibrosarcome de la cuisse qui allait emporter mon père après cinq ans de lutte, d'espoir puis de rechute. Le cancer avait été décelé, par une pesanteur, un simple pincement à l'aine, ressentis à la suite d'une de ces grandes virées du dimanche, sur les pentes du Zaghouan, où il nous initiait à l'escalade. Négligés au départ par cet homme sportif et courageux, ces symptômes avaient fini par durer trop longtemps pour être honnêtes. Après les examens nécessaires, à Tunis puis à Paris où son médecin l'avait adressé rapidement, le diagnostic était tombé comme un couperet. Premier patient à bénéficier de la bombe au cobalt (expression qui me remplissait d'une crainte quasi sacrée) il avait connu une rémission prolongée qui lui avait permis d'aménager lui-même le bouleversement du départ définitif de Tunisie et notre réintégration en France.

Dès le début de la rentrée scolaire 1956-57, quatre de mes frères et sœurs avaient été envoyés en France, inscrits au Lycée de Versailles et internes dans un foyer dirigé par un ami des mes parents. Elisabeth, Christian et moi avions eu la chance de rester trois mois de plus en Tunisie. Mais le 22 décembre, nous embarquions avec nos parents dans l'avion qui nous arrachait définitivement à tous nos amis d'enfance, à notre pays natal et à Agapè, la maison de Carthage avec vue panoramique sur le Golfe de Tunis.

La déclaration d'Indépendance nous obligèrent donc à quitter notre terre natale si lumineuse et hospitalière et à fêter tristement ce Noël 1956, si froid, si gris, chez mes grands parents à Vincennes. La famille disloquée s'était réfugiée quelques mois en région parisienne, le temps d'attendre une nouvelle affectation, perdue dans les méandres des ministères de l'Outre-mer et des Finances. Après des mois d'immobilisation et de traitement intensif pour mon père, et une période prolongée de vaches maigres, les salaires de nos deux parents ayant été suspendus, nous avions pu nous installer au Havre où il avait été nommé Conservateur des Hypothèques. Il avait repris avec un courage exceptionnel son métier de contrôleur des finances, ses diverses activités au sein de l'Eglise et sa passion pour le sport nautique. Il attribuait sa « guérison » qu'il pensait bien établie, à sa foi en Dieu. Il avait noué une amitié profonde avec un pasteur « guérisseur », Robert F. qui imposait les mains et priait pour les malades, avec de bons résultats sans doute, puisqu'il avait réussi à subjuguer mon père. Mais une rechute survint vers la fin de l'année 60, après une brouille définitive avec ce pasteur dont l'orgueil spirituel et l'appétit de pouvoir n'étaient plus compatibles avec les convictions et l'honnêteté de mon père. Je sais maintenant combien le corps réagit aux agressions psychiques et aux événements douloureux, tels que deuils, séparations ou trahisons. La première attaque avait eu lieu à l'occasion de notre départ de Tunisie, pays que mon père avait chéri et qui le rejetait. Départ appesanti par les manigances d'un collègue qui avait mené contre lui de basses manœuvres destinées à le supplanter dans le poste qu'il espérait en France. Il n'a pas résisté à la deuxième qui réduisait à néant l'amitié et la confiance qu'il avait placées dans cet homme charismatique mais à l'orgueil dévoyé.

Déjà traumatisée par notre retour en France, vécue comme une émigration forcée, je ferai en ce mois de mai 61, l'expérience de la séparation d'avec un être qui faisait partie intégrante de ma personne, comme racine et tronc de l'arbre de ma vie, comme fondateur de mes convictions.

Mais dans un processus de refoulement identique à celui que je reprochais tant à ma mère, j'occultai assez rapidement toute nostalgie de l'enfance en Tunisie, liée à cette présence paternelle si rassurante, pour me plonger corps et âme devant la vie nouvelle qui s'offrait à moi. Je n'ai jamais fait partie d'un groupe d'anciens élèves du lycée de Tunis ou de Carthage ni d'une association de pieds noirs dont l'orientation politique me rebutait. J'ai perdu de vue la plupart de mes amies tunisoises et n'ai pas vraiment cherché à les retrouver. Signe d'indifférence ou plutôt de résilience ? Je crois que je n'avais nulle envie d'aller fouiller dans cette plaie qui risquait alors de ne jamais cicatriser. Il me restait tant à voir, à faire, à découvrir. Munie de solides étayages, l'avenir ne m'a jamais angoissée, il fallait m'y projeter sans regrets inutiles...

Ce n'est qu'en rassemblant tous ces souvenirs autour de la recherche d'une enfant défunte, doublement disparue, que des bribes me reviennent à la mémoire et que j'ai de nouveau envie de revoir les lieux où j'ai grandi... En mai 2014, c'était donc hier, j'entreprends le voyage avec Elisabeth, non pour un temps de tourisme et d'évasion, mais dans le seul but de retrouver les traces de notre histoire familiale. Surprise et émerveillement absolus, nous nous retrouvons dans le jardin luxuriant d'Agapè, invitées par l'Ambassadeur de Suisse, nouvel occupant de notre ancienne villa et curieux d'en connaître l'histoire... Nous redécouvrons aussi avec une grande émotion l'appartement du collège Alaoui, où nous avons passé tant d'heures tendres et paisibles, grâce à l'amabilité du directeur actuel, très honoré de recevoir les filles de Roger Labarde dont le nom est gravé sur une plaque de marbre avec tous ceux des directeurs successifs de l'établissement sous le préau de la cour principale.

A cette occasion nous faisons une importante découverte, pouvant éclairer les événements dramatiques de ces années cinquante, en particulier la maladie et la mort de notre grand père. En1952, plusieurs élèves et professeurs du collège Alaoui avaient été impliqués dans une tentative de soulèvement contre les Français. Dans une salle du collège réservée à l'association des anciens nous pouvons lire avec émotion un document signé de la main de l'Inspecteur d'Académie faisant état de la répression sévère qui s'était abattue sur eux, les condamnant à plusieurs années d'emprisonnement. Le nom de notre grand père n'apparaît pas mais nous relions immédiatement cet événement au cancer qui devait l'emporter un an plus tard. Avait-il été profondément choqué par la violence de la réaction de l'administration française, ne laissant aucune place à l'écoute et à la négociation ? Lui qui avait affronté en première ligne l'horreur des deux guerres mondiales était devenu un pacifiste convaincu et les méthodes expéditives des colonisateurs l'ont sans doute rempli de honte... Avait-il compris que son rêve d'une Tunisie adulte et réconciliée n'était qu'une illusion ? A-t-il alors « choisi » - si l'on peut employer ce mot pour les mouvements qui labourent notre inconscient et s'inscrivent dans notre corps - de ne pas voir la destruction de toute l'œuvre de sa vie, par l'impossibilité d'établir un dialogue respectueux entre les deux cultures ?

Ce voyage ne me permet pas d'avancer très loin dans ma recherche aux confins de la vie et de la mort des enfants, mais il m'offre la guérison de cet arrachement du pays de mes racines. Car là-bas, de retour « chez moi », ma mémoire et mon cœur s'ouvrent comme les valves d'un coquillage échoué sur le sable des années, laissant surgir un djinn porteur d'une lampe magique, celle qui donne le pouvoir de voyager dans le passé ! Les années ont chassé la douleur de la perte, reste la lumière d'une enfance interrompue...

5- *Dix huit ans*

Interrompue, non pas le jour du départ de Tunisie, mais l'année de mes dix huit ans... année fatidique où comme Paul après sa chute sur le chemin de Damas, des écailles me tombèrent des yeux et où je dénouai les liens qui m'empêchaient de devenir adulte.

- Parlez-moi de cette année qui semble avoir eu tant d'importance pour vous.

- J'ai eu dix-huit ans en Octobre 1960. Depuis un an, j'avais quitté le foyer de mes parents situé dans la banlieue du Havre, pour rejoindre la faculté de médecine de Rouen. Je sortais d'une année de PCB (physique, chimie, biologie) qui était alors la « prépa » aux études de médecine. J'habitais dans un foyer d'étudiantes, perché au quatrième étage au dessus du restaurant universitaire, en plein centre ville. J'y avais noué des relations de camaraderie, avec au moins deux d'entre elles dont je me souviens du visage mais pas du nom. L'une était bretonne, l'autre normande, nous nous retrouvions dans le coin cuisine du foyer pour bavarder et rire, nous sortions parfois ensemble le soir au cinéma ou en scooter dans la campagne environnante. Ces deux amies eurent le rôle avantageux d'avoir peuplé ma solitude et combattu ma timidité, face aux études difficiles qui m'attendaient. Face aussi à la découverte des « garçons » que je côtoyais de plus près, après plusieurs années de fréquentation d'un lycée de jeunes filles et de scoutisme féminin. J'avais bien deux frères, mais Yves, l'aîné était parti de la famille plusieurs années auparavant pour faire ses études à Paris puis à Lausanne et le second Christian n'avait que huit ans. Depuis notre « exil » en France, je me consumais d'un amour platonique et non avoué pour un beau jeune homme blond que j'avais laissé là-bas, dans le pays ensoleillé et riche de tant souvenirs heureux où j'étais née et où j'avais grandi pendant quatorze ans. La nostalgie de ce visage, de la mer bleue illuminant notre fenêtre, des palmiers et des bougainvilliers en fleurs, mais surtout la nostalgie de notre famille nombreuse et unie, lorsque le dynamisme de notre père n'avait pas encore été altéré par la maladie, ni l'humeur de notre mère par les soucis financiers, m'avait empêchée de m'ouvrir à d'autres horizons et aux joies habituelles des jeunes de mon âge. J'avais déjà assumé beaucoup de responsabilités vis à vis de ma fratrie puisque depuis le départ des grands, Yves et Evelyne, j'étais devenue l'aînée. Ma mère comptait souvent sur moi pour garder les quatre plus jeunes Geneviève, Odile, Elisabeth et Christian au retour de l'école, pendant qu'elle faisait ses courses ou était retenue à un conseil de professeurs. Je m'étais aussi enrôlée comme monitrice d'école biblique, où je développais mes talents d'artiste, de conteuse et d'animatrice de groupes d'enfants, et participais à un clan d'Eclaireuses où je cherchais vainement à retrouver l'ambiance enthousiaste du groupe scout que j'avais connu en Tunisie. Je m'ennuyais dans les « surprises parties » et autres boums, plus ou moins arrosées et rythmées par les chansons des Beattles ou des yé-yés, musique que je trouvais profondément débilitante ! Les railleries des garçons à la mue incertaine me semblaient toutes aussi stupides que le braiement des ânes. Mon corps et mon apparence me paraissaient assez peu dignes d'attention, n'ayant aucun goût pour la séduction envers ces individus bruyants, paillards et vulgaires à qui devait s'identifier tout « carabin » digne de ce nom. A cette époque, la guerre d'Algérie faisait rage. Je crois deviner maintenant que, sous ces provocations bravaches, se terrait une panique de l'échec qui les aurait envoyés sur le front des djebbels, faire la chasse aux « fellaghas » et se faire tuer au fond d'un maquis, pour une cause qu'ils n'étaient pas prêts à défendre.

Cet été là pourtant, nous avions fait Evelyne et moi, une « tournée » chorale dans les Cévennes avec un groupe de jeunes de la paroisse protestante parisienne du Luxembourg dont ma sœur aînée était l'un des piliers de l'accueil étudiant. J'y avais rencontré Bernard, un grand gars du Nord, au sourire et aux propos généreux. Un jour, lors d'une halte entre Quissac et Monoblet, alors que nous étions assis dos à dos, à califourchon sur un tronc d'arbre couché au bord du chemin, il m'avait pris la main et m'avait murmuré la douceur qu'il ressentait à cette caresse. Il avait éveillé en moi une sensation si agréable que je l'ai prise aussitôt pour une déclaration d'amour. A la fin du camp, nous avions échangé nos adresses, - il étudiait à Paris - je ne sais plus dans quelle faculté - avec la promesse de nous revoir dès que possible et de nous écrire. J'ai eu le temps de le présenter à mon père, dans la clinique chirurgicale où il s'était fait amputer en janvier 61, le cancer ayant rechuté à l'automne. J'avais 18 ans, François 21, nous étions tous deux complètement inexpérimentés dans les choses du sexe et de l'amour, maladroits dans notre relation naissante, mais idéalistes et convaincus que nous étions faits l'un pour l'autre. Cela ne me plaisait pas trop d'habiter la petite ville du Nord, berceau de sa famille mais il était prêt à trouver du travail là où il faudrait pour me rendre heureuse. Nous échangions déjà sur nos goûts, nos aspirations, le sens que nous voulions donner à nos vies et nous nous projetions sur notre futur couple. Car il n'était pas question dans le milieu protestant de l'époque, de nous « fréquenter » sans promesse de fiançailles - et sans retenue dans nos rapports intimes : la pilule n'existait pas et faire un enfant, si jeune et hors mariage me terrorisait suffisamment pour m'éviter de perdre le contrôle de mes sensations. Mes études de médecine étaient prioritaires !

Mais tout s'est gâté subitement entre nous et de façon assez inattendue pour moi. Lors d'une de nos rencontres à Paris, dans un de nos chastes enlacements, il m'avait susurré à l'oreille une question qui m'a laissée interdite : « Si nous nous marions, tu me diras tout, n'est-ce pas ? » Lui dire Tout ? TOUT ? Mon cœur n'a fait qu'un bon : « Dire tout à quelqu'un, à un homme que je connais à peine ? Quelle est cette prétention, cette obligation à tout dévoiler, alors que moi-même, je me connais si peu ? Cette effraction involontaire dans mon intimité, dans ce qui m'apparaissait absolument inviolable, même par celui que je croyais aimer, a déclenché chez moi une réponse immédiate, non réfléchie, qui a fusé presque sans le vouloir : « Non ! »

Non, je ne pouvais pas, je n'aurais jamais pu m'engager à cela, c'était trop, et pour moi ce n'était pas cela l'amour. J'aimais mes parents, et je ne leur disais pas « tout », grands dieux, même si j'avais confiance en eux et qu'ils me faisaient confiance. Quelque chose d'essentiel, de secret, de caché n'appartenait qu'à moi, mystère propre à chaque humain, qu'il fallait respecter sous peine de disparaître dans la volonté de l'autre… Bien sûr, je ne pouvais pas m'exprimer ainsi, je ne « savais » pas ce qui m'avait poussé à répondre non, si fermement.

Je n'avais fait que pressentir la difficulté sinon l'impossibilité de conjuguer harmonieusement le désir érotique, fusionnel et captateur avec l'amour inconditionnel que les chrétiens nomment l'Agapè, chanté dans l'hymne que l'apôtre Paul adresse aux Corinthiens. *« L'amour prend patience ; l'amour rend service ; l'amour ne jalouse pas ; il ne se vante pas, ne se*

*gonfle pas d'orgueil... il supporte tout, il fait confiance en
tout, il espère tout, il endure tout...»*

Immensité et perfection de l'amour de Dieu comme un infini
d'horizon vers lequel nous courons mais qui se dérobe sans
cesse... Néanmoins, il est offert à notre contemplation pour
nous apprendre que l'autre, le bien aimé avec qui nous désirons
parcourir le chemin de la vie, reste lui aussi un horizon
inatteignable. On ne peut l'enfermer dans notre désir sans tuer
l'amour même. J'ai décrit plus tard, dans mon âge mûr
comment l'amour est d'abord le respect total du mystère et de
la liberté de l'autre et non cet accaparement de l'un par l'autre
que les amants ressentent si fort, jusqu'au jour où ils
s'aperçoivent que les bras sont devenus les barreaux d'une
prison qu'ils rêvent alors de briser. Ainsi, dans la
contemplation de l'agapè, l'éros peut-il se transformer en une
amitié amoureuse qui s'approfondit de jour en jour et traverse
les tempêtes sans sombrer...

Bernard n'a pas supporté ce « non » et tout triste, m'a déclaré :
« Ce que tu viens de dire est grave, restons en là, disons-nous
adieu ». Adieu Bernard, tu n'as été dans ma vie qu'un météore,
sympathique certes, éveilleur de sentiments et de sensations
agréables, mais non, décidément, nous n'étions pas faits l'un
pour l'autre. En mai, à la mort de mon père, il avait déjà
disparu de mes pensées. Hubert, celui que je choisirai plus tard
comme compagnon de toute une vie, respectera totalement mes
choix, mes désirs, ma liberté, mon secret intime. S'appuyer sur
son épaule me révèlera cette sorte d'amour bienveillant et
fidèle que les livres ignorent trop souvent. Bien que, moi-
même je n'aie pas su ou pu toujours être aussi généreuse pour
lui, bien que j'ai souffert souvent de ses silences et de sa
réserve, cela fait plus de cinquante ans que nous vivons en
amitié profonde et que nous avons réalisé presque toutes nos
promesses et nos espérances...

J'étais donc entrée en Septembre dans la première année de mes études médicales. Je ne savais pas encore quelle orientation j'allais choisir, je savais seulement qu'il fallait que je cravache dur pour réussir, même si j'avais des facilités pour retenir les innombrables détails de notre anatomie, les arcanes de la physiologie et la liste impressionnante des « questions » au programme de l'externat, premier véritable concours de notre cursus médical. Les professeurs se faisaient un malin plaisir de nous provoquer sans cesse, pour nous dégrossir sinon pour nous faire fuir en courant vers d'autres disciplines moins exigeantes. Qui peut oublier ce maître de travaux pratiques en « anapath », qui jouissait véritablement de notre mine verdâtre et de nos haut-le-cœur, lorsqu'il nous dévoilait sa collection de cadavres baignant dans le formol ? Ou lorsque nous nous penchions sur le bras ou la jambe à disséquer d'un individu obèse, allongé dans toute sa nudité, sur la table de marbre où se pratiquaient les autopsies, aussi froid dans sa rigidité cadavérique qu'il avait dû être chaud et bon vivant... Moi qui n'avais jusque là vu que le sexe de mon petit frère, je découvrais sur les cadavres cet organe flaccide avec stupeur et un dégoût que j'ai mis un certain temps à surmonter, avant de le contempler plus tard, in vivo, dans toute sa vigueur ! A l'époque, le sexe ne s'étalait pas comme aujourd'hui, sur tous les écrans. Les films érotiques se bornaient à des baisers mouillés et à des décolletés féminins un peu trop pigeonnants. La télé-réalité n'existait pas et j'ignorais tout de la pornographie. Mais quoi, ce dont mes camarades masculins étaient si fiers, ce qui faisaient d'eux des hommes, l'objet de tous leurs soins, de leurs plaisanteries et de leurs pensées, cela se résumait donc à çà, à ce petit bout de chair informe, faisant tache blafarde parmi les poils de leur pubis ! Pas de quoi en faire de la littérature ni même le support de mes fantasmes...

Bien sûr, au cours de ces deux premières années de médecine, j'ai découvert bien d'autres mystères de notre corps, qui m'ont eux, émerveillé par leur finesse et leur complexité, au service de la vie et de l'évolution du monde vivant. Encore aujourd'hui, je me fais la remarque qu'aucune de nos machines électroniques, la plus perfectionnée soit-elle, ou la plus robuste, ne peut fonctionner comme notre corps, qui le fait humblement, sans crier grâce avant soixante dix ou quatre vingt ans... Mais à dix huit ans, je n'avais pas encore pris toute la mesure de ce cadeau inestimable, de ce joyau précieux et fragile qu'est notre corps, je dirai même, notre chair, au sens biblique du terme. Façonnée par l'amour de nos parents dans le creuset de l'utérus, elle est destinée à s'épanouir, à jouir et à travailler pour cultiver le jardin de la création, puis peu à peu à se flétrir pour se reposer enfin et féconder la terre dans une ultime participation au cycle éternel de la vie. Déjà, cette année là, dans les services de médecine interne, j'avais pu constater combien tant d'humains accordent si peu d'attention à ce cadeau divin. Des femmes labourées par des grossesses multiples et non désirées se faisaient avorter, à coup de sondes malpropres et d'aiguilles à tricoter, souffrant ensuite le martyre dans des fièvres purulentes ou des hémorragies nauséabondes – l'avortement était encore un crime, et les avorteuses complaisantes risquaient la peine de mort par décapitation. Merci, Simone Veil d'avoir mis fin à ce calvaire ! Des hommes, jeunes ou vieux, s'imbibaient d'alcool et de tabac au point d'en devenir des outres pleines d'ascite. Le foie rongé de cirrhose, vomissant le sang de leurs varices œsophagiennes, ils réclamaient encore à grands cris, leur ration de toxique que leur refusaient les dignes religieuses qui officiaient comme infirmières à l'Hôtel-Dieu de Rouen.

Cela me rappelle le premier décès auquel j'ai assisté en direct lors d'une visite du patron, qui se déroulait selon un cérémonial totalement prévisible : en tête le chef de service, suivi de ses assistants, la plupart imbus d'eux mêmes, puis de ses internes déjà auréolés de la connaissance qui leur conférait à eux, le droit de prescrire. L'infirmière en chef, cornette déployée comme la voilure d'un navire de haute mer, tenait en main le registre où toutes les paroles du maître s'inscrivaient, telles les dix commandements sur les tables de la loi.

A l'arrière, la foule des externes et des stagiaires dont je faisais partie, était encadrée par d'autres sœurs chargées de rabattre sur le patient allongé dans son lit, le drap qu'on avait déplié d'un geste ample, pour montrer aux ignorants que nous étions, qui le ventre ballonné, qui la plaie suintante ou la jambe enflammée, ou encore comment tâter une rate hypertrophiée ou prendre les pouls fémoraux et pédieux. Personne n'avait eu souci de la pudeur et de la gêne du malade, habillé d'une courte tunique de toile blanche et rugueuse qui cachait à peine le bas-ventre.

Cette fois là, sous mes yeux écarquillés, une femme, cinquantaine fatiguée, que le maître avait ausculté en hochant la tête une minute auparavant, suffoqua, poussa un cri et rejeta la tête sur l'oreiller, le regard fixé sur une souffrance indicible. La troupe continuait pourtant la visite sans s'affoler : le maître la savait probablement condamnée, ce n'était plus de son ressort. Je m'attardai au pied du lit, laissant une certaine distance entre les autres blouses blanches et moi, prête, dans mon impuissance totale, à lui porter secours mais comment ? Une religieuse s'approcha du lit, prit la main de la mourante et récita une prière. La patiente s'apaisa, son corps se détendit, un dernier gasp, une dernière lueur dans ses yeux et puis plus rien... La mort était passée et l'avait déjà emmenée sur d'autres rivages. Je fis un sourire à la religieuse qui avait sorti son chapelet et fermait doucement les paupières de la morte et je partis, flageolante, rejoindre les autres, étonnée de leur indifférence. J'avais appris que dans ce geste aussi humble, prendre la main et réciter une prière était contenue toute l'humanité et la compassion due aux mourants. Mais je suis longtemps restée révoltée contre l'attitude de ceux qui devaient nous montrer l'exemple et nous apprendre à être de bons médecins. La mort était donc si banale, dans cet univers ? Ou bien cette absence de réaction cachait-elle la honte de leur impuissance ?

Cette année là, celle de mes dix-huit ans, j'ai donc reçu mes premières leçons d'amour, de vie et de mort, enseignement que je n'ai cessé de rechercher durant les cinquante années suivantes.

6- *Roger, mon père*

- Vous avez évoqué la fin de vie de votre père, c'est bien cette année là qu'il est décédé ?

- Oui, avec ce premier contact avec le monde hospitalier, je découvrais la souffrance de femmes et d'hommes inconnus, et surtout celle des enfants, qui eux aussi, à ma grande stupéfaction pouvaient mourir de leucémie, de cancer, de pneumonie ou de poliomyélite. Mais chaque fois que je revenais à la maison, je replongeais dans la souffrance de mon père dont la santé déclinait rapidement.

Je n'ai pas tout de suite pris conscience de la gravité du mal dont il souffrait. Il avait déjà « guéri », quatre ans auparavant, pourquoi pas de nouveau cette fois ci ? La médecine saurait bien trouver la solution ! Hélas, la médecine n'avait trouvé comme remède que l'amputation et la désarticulation totale de sa hanche. Elle n'avait même pas su calmer correctement les douleurs intolérables qui survenaient par crises et qui le laissaient hagard, au fond de son lit, aussi pâle et défait que ses draps froissés. Chaque week-end de cet hiver et de ce printemps là, je le trouvais toujours plus essoufflé – des métastases pulmonaires s'étaient très vite développées après l'opération - mais il tenait à me montrer les progrès qu'il faisait pour marcher avec sa nouvelle prothèse. Il échangeait avec moi sur les « cas » que je rencontrais à l'hôpital, suivait attentivement la progression de mes connaissances, partageait avec moi certaines de ses lectures. Il m'avait vu emprunter dans sa bibliothèque le beau livre d'Anne Philipe « Le temps d'un soupir » qui évoquait les derniers instants de Gérard, mon acteur fétiche, et m'avait murmuré : « Prends-le mais ne le montre pas à ta mère ! » Il « savait » donc la réalité de sa mort et la regardait en face, avec l'aide de la littérature et de sa foi, mais voulait protéger son épouse. Mais je sais aujourd'hui combien elle a souffert du silence réciproque, béance entre eux, maintenue ouverte comme une plaie qui s'infecte…

Ce fut Claude Villey, son ami d'enfance, médecin gynécologue installé au Havre, le dernier de quatre frères d'une éminente famille rencontrée sur les plages normandes où ils se retrouvaient chaque été dans les années 30, qui osa le premier me parler sincèrement. Un jour où, par hasard, je voyageais en sa compagnie, de retour vers Rouen après un dimanche où mon père avait particulièrement souffert, il finit par m'avouer dans un pathétique haussement d'épaule, que la situation était perdue et que la médecine ne pourrait plus rien pour lui. Encore cette fois là, je n'y ai pas cru. Mais je réalise maintenant, que mon statut d'étudiante en médecine, l'autorisait à s'adresser à moi comme à une collègue, en osant me dire la « vérité », ce qu'aucun médecin ne faisait alors devant un mourant et sa famille. J'ai refusé momentanément ce poids et cet honneur rendu à mon avenir. J'étais simplement la fille de ce père que j'aimais et que j'admirais profondément, je ne pouvais pas me résigner à le perdre. Si la médecine était impuissante, mon amour, ma foi, mes prières seraient efficaces !

Aucun mot n'avait été échangé avec ma mère sur la réalité de la mort et sur les informations qui lui avaient été données. Les gestes furtifs d'affection – un bouquet de fleurs des champs cueilli par Christian, une très belle lettre écrite par Evelyne, la gentillesse de Geneviève cherchant à rendre service dans la maison, l'intention louable de Yves de participer au culte à ses côtés – tentaient d'alléger la lourdeur du silence et des regards plombés de tristesse. Je n'ai vraiment compris qu'après son décès, survenu quarante ans plus tard, combien Thérèse s'était enfermée dans la solitude, en s'interdisant de montrer à ses enfants son inquiétude et sa souffrance. En effet, j'ai eu la surprise de trouver un jour dans ma boite aux lettres, un paquet de lettres écrites de sa main et datées de ces mois terribles du printemps 61. Elle les avait adressées à ses amis, le pasteur Paul Dombre et sa femme Jeannie qui avaient accompagné notre famille dans les débuts de notre installation au Havre. Entre temps, ils avaient été nommés à Nîmes. Paul très âgé, n'avait pu assister aux obsèques de sa vieille paroissienne et amie et avait eu la touchante attention de me réexpédier ce courrier. A sa lecture bouleversante, j'ai véritablement découvert le cœur profond et sensible de cette femme devenue si rigide, si froide, si anesthésiée de toute émotion qu'elle nous semblait parfois aussi lointaine qu'une étrangère...

Le 13 Mars 1961, elle se confie ainsi à son cher pasteur : « *Ainsi Dieu nous a fait la grâce de quelques semaines (entre l'amputation et la rechute pulmonaire) et maintenant c'est la soumission totale qu'il nous demande. Je ne suis pas révoltée, je ne pose pas le traditionnel Pourquoi ? Il nous a beaucoup donné l'un à l'autre, à l'un par l'autre, et maintenant, il va nous être beaucoup redemandé.* »

Hélas, je retrouve sous sa plume, cette théologie du Dieu incompréhensible qui donne et qui retire le bonheur et l'amour, dans un échange de don et de dette, digne d'un marchand de tapis ! Faisant écho à la prière de Job, « L'Eternel m'a donné, L'Eternel m'a repris, que Son Nom soit béni ! », c'est encore l'image de ce Dieu dispensateur de vie *et* de mort dont l'homme est prié d'accepter la Volonté, que j'ai retrouvée souvent au chevet de parents révoltés ou écrasés par la mort de leur enfant... Ah que ce dieu là m'est difficile à aimer et à vénérer ! Je lui préfère de beaucoup Celui qui envoie au Christ agonisant dans le Jardin de Gethsémané, un ange pour le consoler et que seul le médecin Luc peut entrevoir à ses côtés...

Ma mère fait tomber ses dernières défenses lorsqu'elle continue : « *Je ne me révolte pas, mais j'ai peur, lâchement peur. Peur de la souffrance à laquelle j'assisterai, quand il comprendra ou quand on lui apprendra. Peur de la séparation déchirante, peur de mes responsabilités futures, surtout peur de la vision terrible de la mort. Je veux croire que Dieu nous viendra en aide. En ce moment, la sérénité de Roger est désarmante... je compte sur vous pour réfléchir : faut-il ou non le prévenir ? Qui le pourrait mieux que vous ? Vous avez été notre pasteur et vous le restez.* » Et dans la lettre suivante, destinée à sa chère Jeannie, sa douleur s'amplifie : « *J'ai relu plusieurs fois votre si bonne lettre du 26, qui me rend très proches votre présence et votre affection. Merci d'atténuer la terrible impression de solitude que j'éprouve chaque jour un peu plus car chaque jour nous rapproche de l'échéance que vous savez.* »

« *Jusqu'à quand faudra-t-il jouer la triste comédie de la « fausse espérance » ? La vraie est en Dieu, ne vaudrait-il pas mieux nous en remettre entièrement, tous deux ensemble à Lui ? Personne ne veut le reconnaître avec moi, je dois donc être dans l'erreur de le penser, mais il me semble que Roger et moi ne parlons plus le même langage, même dans la prière.* »

De mon côté, durant l'hiver 61, je vivais aussi très seule la souffrance et l'angoisse de perdre mon père. Je m'étais rapprochée d'un groupe animé par le père Fleury, dominicain, aumônier des étudiants catholiques. Bientôt mes nouveaux amis m'entraînèrent au pèlerinage de Chartres, grande manifestation étudiante, analogue à ce qu'on appelle aujourd'hui les JMJ. De tous les coins de France convergeaient vers la cathédrale, en car puis à pied, des cohortes de jeunes, alignés en rangs de huit à dix, pour une méditation d'un texte biblique ou d'un thème théologique et une partage de leurs découvertes au rythme de la marche. Quelques haltes permettaient de souffler mais les quarante kilomètres furent parcourus en deux jours, avec diner frugal et coucher spartiate dans une école de la région. A l'arrivée, la lumière à travers les vitraux, le fracas des grandes orgues et l'odeur d'encens firent s'évanouir des dizaines d'étudiants peu habitués à un tel effort d'endurance. Mais nous étions fiers d'être rassemblés par milliers dans ce haut lieu de la culture chrétienne de France et de chanter notre amitié, nos joies et nos peines. Dans le trajet du retour, le père Fleury proposa de réunir nos intentions de prière pour une ultime intercession. Je me souviens avoir demandé « l'aide de Dieu pour tous ceux qui souffrent ». Plus tard, ce prêtre bon et compatissant organisa une messe pour le repos de l'âme de mon père, que je jugeai totalement inutile pour lui, persuadée qu'il était entré sans problème « dans la joie de son Maître », comme l'annonçait le faire part de son décès. Mais pour moi, ce geste m'apporta une véritable consolation car tous mes amis rouennais me manifestèrent leur affection, beaucoup plus que n'ont pu le faire les membres de ma famille, tous écrasés par le chagrin.

Mais j'anticipe. En rentrant le dimanche soir du pèlerinage, le 2 Mai 1961, je trouvai sur le bureau de ma chambre, un mot griffonné par ma voisine qui avait décroché le téléphone commun au foyer : « Ton père est mal, ta mère demande que tu rentres au Havre » L'écriture était si déformée que j'ai cru lire : « Ton père est mort » ! Paniquée, je courus à la gare, persuadée que je ne le reverrai plus, me sentant horriblement coupable des moments si intenses passés avec mes camarades.

Mais le soir même, je m'entretenais encore avec lui, alors que sa respiration était devenue si courte et douloureuse qu'il pouvait à peine se faire entendre. Il s'enquerrait du permis de conduire que j'avais remis à plus tard, devant le passer le lendemain matin, à Rouen. Mais surtout, il s'inquiétait de

l'influence possible de ce père dominicain sur mes
convictions religieuses qu'il craignait de voir basculer vers le
catholicisme. C'était avant Vatican II, et l'Eglise romaine était
pour lui restée l'adversaire numéro un de la liberté de
conscience et de la laïcité. Professant la nécessité pour obtenir
le salut, des rites et des mérites, des bonnes œuvres et de la
confession, de la récitation du chapelet et de la présence
obligatoire à la messe, à moins que, horreur des horreurs, l'on
ne l'obtienne en achetant des indulgences, cette Eglise, pour
lui, maintenait ses fidèles depuis des siècles dans la culpabilité
et l'infantilisme ! Il y opposait fermement sa foi en l'amour
gratuit de Dieu pour ses créatures, pécheresses mais
pardonnées, selon la formule de Luther. C'est d'ailleurs la
dernière parole que j'ai entendue de sa bouche :

« Souviens toi, toujours, Joëlle, que Dieu t'aime,
gratuitement » Après m'avoir murmuré ces mots, avec grand
peine car il ne respirait plus que par saccades, il s'est endormi
sous l'effet de la morphine.

Il est mort cette nuit là, vers trois heures du matin.

Un monde avait passé, la nuit s'était définitivement appesantie
sur notre jeunesse. Un autre soleil se levait pour nous, bien
assombri de nuages et nouvelles épreuves. Ma mère avait
décidé de quitter le Havre, de se rapprocher de sa sœur Hélène
et de son amie Marguerite E. dont le mari était mort
brutalement d'une septicémie, quelques années auparavant, à
Carthage, dans les bras de Roger. Ils habitaient Marseille,
Thérèse demanda sa nomination, oubliant dans son chagrin, la
solitude que cet éloignement allait provoquer pour ses ainés :
Evelyne en Sorbonne à Paris, Yves à l'EPFL de Lausanne, et
moi en faculté de médecine à Rouen. Après avoir perdu notre
principal soutien, nous serions à la rentrée de septembre privés
de la présence de notre mère et de nos jeunes frère et sœurs. Il
n'était pas facile de « descendre » dans le midi pour un week-
end. Pas de TGV, pas d'autoroute et bien sûr pas de Ryanair ou

autres vols à bas prix… Si Evelyne restait proche d'Henriette, notre grand-mère maternelle, chez qui elle habitait à Antony, nous n'avions plus, Yves et moi, de famille à proximité. Nous ne pouvions rejoindre Marseille que pour Noël ou Pâques et entre temps nous « débrouiller » comme nous le pouvions avec notre chagrin et nos copains…

- Quels étaient vos sentiments à l'égard de vos parents ?

- J'ai ressenti la mort de mon père, doublé du départ au loin de ma mère, comme un abandon, comme une énorme déchirure, proche d'une trahison. Comment avait-il pu nous quitter, laisser sa femme et ses sept enfants encore mineurs ? Mais comment se révolter, comment exprimer sa colère lorsque la personne aimée est morte d'un cancer dans d'atroces souffrances ? J'ai mis trente ans à me l'avouer, au décours d'une pneumonie qui m'avait laissée encombrée de glaires purulentes. En expectorant, j'eus soudain l'impression de recracher tous ces mots de rage et de tristesse que le silence maternel et la solitude avaient bloqués au fond de mes poumons. Sans doute n'ont-ils pas tous été évacués car il vient parfois me visiter dans mes rêves : il n'est pas mort, il est parti et a refait sa vie ailleurs, il a même d'autres enfants qui viennent me narguer et me dire combien ils sont heureux d'avoir un père aussi attentif. Avec au réveil, ce goût de nostalgie : et si c'était vrai, il serait aujourd'hui centenaire… mais ma vie aurait-elle été si différente ?

Nous n'avons presque jamais pu évoquer son souvenir avec notre mère. D'un accord tacite, nous évitions de la faire souffrir en évitant les sujets de tristesse et les regrets. Quelle eut été son humiliation de laisser devant nous couler des larmes ! La photo de son époux, au sourire à jamais immobile, trônait sur l'armoire ancienne du salon, rappelant à tous qu'il avait été le maître de ce foyer mais aucune parole ne nous a jamais été dite sur la joie d'avoir été sa femme ou sur l'amour qu'il nous portait… « Tu comprends, me dit mon jeune frère

Christian quelques jours avant son suicide, ce matin là, personne ne m'avait averti du décès de papa. C'est mon copain d'en face, avec qui je faisais du vélo dans la rue qui me l'a annoncé ! Et ensuite, pendant toutes ces années, pas un mot, pas un geste pour me dire qui était cet homme ! Je n'ai même jamais su s'ils s'aimaient vraiment... » Il faisait de ce silence la source principale de sa détresse et de sa vie sans repère.

Ma mère avait pris cependant l'initiative pour le trentième anniversaire de sa mort, de nous envoyer à chacun un signet où figuraient la date et la photo de Roger – la même que celle du salon. Au verso la copie d'une phrase manuscrite, de son écriture ferme et rapide : « *Réjouissez vous et soyez dans l'allégresse, votre récompense sera grande dans les cieux.* » Mais comment mes jeunes frère et sœurs pouvaient-ils se réjouir, alors que leur père avait doublement disparu et avec lui, ces mots de réconfort et de foi qui auraient pu nourrir leur adolescence ?

En réponse à ce précieux cadeau, Evelyne et moi avons prié notre mère de mettre par écrit les souvenirs de sa vie partagée avec son mari afin qu'une trace soit conservée pour sa descendance et surtout pour lutter contre l'aggravation progressive de l'état dépressif de Christian, dont nous avions subodoré la cause profonde. A notre grand étonnement, elle accepta cette proposition, sans doute avec la sensation qu'elle pourrait ainsi aider son fils à se remettre debout. Elle s'attela à la tâche, sans se départir de sa discrétion. Car au lieu de rédiger seule ce petit opuscule, elle reprit contact avec de nombreux amis et parents en demandant à chacun de transmettre un ou deux épisodes marquants, laissés par Roger dans leur mémoire, se contentant de mettre en ordre ces différents témoignages et d'y ajouter des commentaires chronologiques, sans insister sur les émotions, joie ou douleur, qu'elle-même avait pu ressentir. Ainsi est né « Vivant dans nos cœurs » publié à cinquante exemplaires, offerts à tous ceux qui y avaient contribué. Mais hélas, pour Christian, il était trop tard, comme il me l'avoua lui-même, il ne s'est pas senti concerné par cette histoire et par ces mots trop pudiques pour réveiller en lui la réalité de ce père, resté pour lui un inconnu.

Le temps a fait son ouvrage, il a effacé la tristesse et la révolte, comme la vague laisse mourir son écume sur le sable. Reste une profonde gratitude pour l'image de ce père, ni héros ni banal, que le livre-mémoire de son épouse a bien entendu rehaussé de toutes sortes de hauts faits que nous aurions pu ignorer. Il est, avec toutes ses ombres et ses lumières, une partie de moi, forte et dense, qui m'a structurée et m'a offert les grandes lignes de mon projet de vie.

7- Le Kibboutz Amir

Après cette évocation du deuil paternel, j'aimerais évoquer un autre épisode important de l'année de mes dix huit ans qui fait écho avec la visite dans le jardin de Yad Vachem, prologue de cette descente en moi-même : mon premier voyage en Israël avec un groupe de jeunes de Montbéliard encadrés par un pasteur prénommé Blaise-Pascal, comme le penseur préféré de mes années lycéennes.

Ce voyage était prévu avant la mort de mon père. Je l'avais organisé moi-même, ayant le grand désir de découvrir la terre où avait vécu Jésus et marcher sur les traces qu'il n'avait pas manqué de laisser sur les bords du lac de Galilée ou à Jérusalem. J'étais aussi fort curieuse de l'expérience des kibboutzim et profondément admirative des juifs survivants de l'holocauste et de leur « résilience ». Bien sûr, ce mot n'existait pas encore, il a été mis à la mode beaucoup plus tard par l'un d'entre eux, Boris Cyrulnik, mais il traduit bien ce que j'éprouvais. J'étais fort ignorante en histoire contemporaine mais ces sujets avaient été abordés bien des fois à la maison ou à l'école biblique. Pour une de mes tantes, Odette, très férue d'Ancien Testament, ce retour des juifs dans leur Terre d'origine préfigurait le retour du Christ promis pour la fin des temps ! Tout cela était pour moi encore très flou et ce n'est que quelques années plus tard que j'ai compris ce qui avait été occulté derrière cette implantation sioniste. J'ai découvert combien les palestiniens avaient été lésés et méprisés, à la fois par la communauté internationale, par leurs voisins arabes et par les responsables israéliens, pour en arriver à l'immense gâchis actuel, creuset du fanatisme islamique et de toutes les guerres menées au nom de la lutte contre le terrorisme !

Je suis partie tout le mois de juillet, encore meurtrie par mon deuil récent mais enthousiaste et persuadée que l'amitié du groupe, la terre de Jésus et l'eau du Jourdain pourraient soigner ma peine. Comment avais-je financé ce voyage ? Je ne me souviens plus. J'avais dû économiser sur la pension que me donnaient mes parents pour vivre à Rouen car je suis sûre de n'avoir rien demandé de plus à ma mère. Celle-ci se débattait dans les problèmes de succession, de déménagement, d'achat d'une maison à Marseille et de frais de pension pour les étudiants Evelyne et Yves, sans compter la scolarité des quatre plus jeunes. J'avais dû aussi gagner un peu d'argent en faisant un remplacement d'infirmière scolaire dans un internat de Rouen, où j'allais de temps en temps faire des permanences de nuit.

Ce fut pour moi un vrai voyage initiatique. Nous travaillions durant la semaine dans le kibboutz Amir, situé à la frontière de la Syrie et du Liban, juchés sur des échelles à la cueillette de pommes puis à l'unité de conditionnement des fruits. Nous avions bénéficié d'un accueil chaleureux de la part de ses habitants, des émigrés polonais et lituaniens pour la plupart, fiers de nous faire découvrir le fonctionnement de leur petite communauté agraire, où tout se partageait y compris l'éducation des enfants ! Le week-end, nous parcourions la Galilée, nous rencontrions aussi sous l'impulsion de Blaise Pascal, des personnalités chrétiennes et arabes qui tentaient de nous ouvrir les yeux sur la situation précaire des palestiniens. La dernière semaine fut consacrée au désert du Néguev, - ah, la promenade en bateau, dont la fenêtre vitrée s'ouvrait sur les fonds poissonneux de la mer Rouge, à Eilat ! - et à la visite de Jérusalem. En 61, il n'était pas possible de visiter la vieille ville et les « lieux saints » car un mur hérissé de barbelés séparait hermétiquement la partie arabe de la zone israélienne. Cette visite fut donc très décevante pour moi. En 2008, quand j'y retournai dans un tout autre contexte, les seules traces qui m'ont vraiment émue furent le jardin des oliviers et l'escalier qui monte de la vallée du Cédron que Jésus traversait et grimpait tous les jours pour se rendre de Béthanie où il logeait chez Lazare, Marthe et Marie vers l'esplanade du Temple où il enseignait les foules. Le reste, cette mosaïque d'églises et de monuments ne sont que les témoins de nos divisions et de notre incapacité à être les serviteurs de ce « Prince de la Paix » qui a voulu réconcilier les hommes entre eux par amour pour leur Père.

De retour à Paris en Août pour préparer mon concours de l'externat, j'ai lu d'un seul trait l'évangile de Luc pour m'abstraire de l'obscurité du métro et me retrouver sur les berges du lac, à Tibériade, assise sur la colline des Béatitudes ou dînant dans la maison de Simon, toute embaumée du parfum qu'a répandu Myriam sur les pieds de son maître bien aimé…

J'avais appris là bas que la lutte est nécessaire pour retrouver le courage de vivre dans la dignité, après avoir tout perdu : mon pays natal, mon amour et mes amitiés de jeunesse, mon père et ma vie familiale. Les juifs en 1945 avaient perdu bien plus que moi, leurs racines, leur identité, leurs familles entières dans la fumée des camps de concentration.

En Israël, ils vivaient le fusil à la main pour se défendre des attaques de leurs voisins, ils cultivaient leurs champs avec une détermination qui avaient déjà fait fleurir une partie du désert, mettaient une espérance folle dans leurs enfants qu'ils éduquaient à la dure, comme des pionniers. Je ferai comme eux ! Je me battrai pour réussir ma vie et j'en ferai quelque chose de beau, j'en ferai une œuvre d'art, oui, pour être digne de la confiance de mon père et pour être fidèle à ce Jésus que j'aimais déjà comme un grand frère, comme un ami intime sinon comme un Dieu !

Cinquante ans plus tard, alors que je me penche sur cette année charnière, je découvre au fil des lignes qui réveillent ma mémoire comme on feuillette les pages d'un livre oublié, combien elle a été déterminante. Combien elle a forgé mes ambitions, mon caractère et mes convictions. Toute ma vie était déjà en bouton, chaque pétale commençait à se dessiner, avant de se déplier au fil des ans pour former aujourd'hui une fleur presque fanée mais dont le parfum est encore odorant et les couleurs encore chatoyantes et subtiles, comme celles de mon rosier thé, encore bien florissant cet automne.

8- Geneviève, Yves et Christian,

la fratrie morcelée

- Vous avez évoqué aussi la mort précoce d'une de vos sœurs…

- Oui… Nouvelle catastrophe familiale, en juin 1963, dix ans presque jour pour jour après la visite qu'elle avait rendue à son grand père à Villejuif, ma sœur Geneviève, de deux ans ma cadette, déclarait brutalement une méningo-encéphalite foudroyante… J'étais cette année là en stage de neurochirurgie à la Salpêtrière. Dès les premiers symptômes, ma mère me lança un cri d'alarme et me demanda de descendre de toute urgence à Marseille pour suivre l'évolution de la maladie. J'eus juste le temps de rester un après-midi et une soirée à son chevet, alors qu'elle avait déjà sombré dans un coma profond. Quelques heures pendant lesquelles défilèrent toute notre vie commune, elle la brune, moi la blonde, nos fous rires et nos disputes, nos confidences et nos choix divergents. Elle voulait être magistrat, juge d'enfants, je voulais être médecin, pédiatre. Elle venait de réussir brillamment sa première année de droit, et moi le concours de l'externat de Paris. Elle penchait pour des convictions de droite, j'avais découvert les idées généreuses du PSU… La lecture de la Bible restait cependant un pont solide entre nous. Nous nous promettions quelques discussions passionnées !

Las, ce jour caniculaire de juin 63, les yeux fixés alternativement sur son visage ravagé par les convulsions et sur la perfusion qui me semblait passer trop lentement, je caressais son bras et son poignet en lui murmurant : « Geneviève, ne t'en va pas, reste parmi nous, il y a tant à vivre et à créer, je t'en prie, ne nous quitte pas, toi aussi… » Soudain, le patron arriva, suivi de sa cohorte d'élèves et d'infirmières, et se mit à disserter sur l'électroencéphalogramme : « Voyez ces ondes lentes et ces pointes ondes subintrantes, c'est un état de mal, inaccessible au traitement classique. Le tracé est caractéristique d'une encéphalite de Hurst. Cette jeune fille n'a aucune chance de survie, ne faites rien de plus… » Il jeta un regard vers sa surveillante qui cherchait depuis un moment à lui faire signe, en me désignant.

- Professeur, voici la sœur de la malade. Nous lui avons donné une blouse car elle est étudiante dans le service du Pr Lebeau à Paris.

Je vis changer l'expression du mandarin, confus d'avoir laissé tomber un diagnostic aussi dramatique dans mon oreille.

- Excusez moi Mademoiselle, je n'étais pas prévenu de votre arrivée, je n'ai pas l'habitude d'être aussi brutal avec les membres de la famille ! Venez avec moi, je vais vous expliquer la situation.

L'entrevue en tête à tête fut courte, il ne fit que confirmer ce que je savais déjà et que je refusais de toutes les fibres de mon être : ma sœur allait mourir et nous n'y pouvions plus rien… Je retournai aux côtés de Geneviève pour attendre, ma main posée sur la sienne, le dernier soupir.

- Et vous êtes seule, à ce moment là ? Où est votre mère ?

- Ma mère ? Elle était restée tapie dans sa maison. Evelyne ma sœur aînée était retenue à Paris par la naissance de Pascal, son premier fils mais mon frère Yves était arrivé de Lausanne. Avec son amie Marguerite E., et sa sœur Hélène, ils l'entouraient et tentaient de lui donner de l'espoir. Elle ne supportait pas l'hôpital, la maladie, le corps abîmé, les perfusions et les attentes anxieuses. Elle ne savait pas consoler ni caresser, elle était comme un animal blessé qui s'enfuit loin du lieu de l'hallali. Elle avait toujours eu l'horreur de la chair et de la corruption. Elle n'était donc pas présente au chevet de sa fille à l'hôpital, mais fort soulagée de ma venue, moi qui étais censée ne pas craindre la confrontation avec la mort. Je fus aussi la seule de la famille, deux jours plus tard à venir reconnaître le corps avant la mise en bière et dire adieu, - remettre à Dieu ? - la plus belle et la plus secrète de nos sœurs... Je ne pleurais pas, j'avais le cœur sec comme un roc, puisque tous s'appuyaient sur moi, même lors de la cérémonie qui rassembla toute sa promotion et les jeunes de l'Eglise avec qui elle avait prévu de partir en Allemagne cet été là. Effondrée, sidérée, j'avais décidé de ne plus penser, de ne plus rien exprimer... Je pris seulement le temps d'une pause dans le jardin de l'hôpital, au cours de ma veillée funèbre, pour écrire une lettre à Jean Pierre L. l'un de mes camarades, devenu psychiatre plus tard, dont il me fit ce commentaire : « Tu ne voulais pas pleurer, certes, mais dans ta lettre, tu saignais comme une amputée ! »

Le mystère est resté entier sur ce drame et les « raisons » que Geneviève pouvait avoir de nous quitter si vite. Bien sûr, il ne s'agissait pas de suicide ni de prise de risque délibérée. L'encéphalite de Hurst ou leuco-encéphalite aiguë hémorragique est une maladie encore mystérieuse dont débattent encore les spécialistes, qualifiée de catastrophe immunitaire toujours mortelle. Ses causes ? Encore confuses : précédée parfois d'une atteinte virale ou bactérienne souvent broncho-pulmonaire, elle se présente comme une réaction violente du système immunitaire qui détruit la substance blanche (d'où le suffixe de leuco) et s'épanche en de multiples hémorragies, ne laissant aucune chance de survie à la personne qui en est atteinte. Pour notre sœur, la maladie survint comme un coup de tonnerre dans un ciel clair. Mais, si l'on se réfère à une correspondance intime et mystérieuse entre toutes les dimensions de notre être, à quelle tempête intérieure, ignorée de tous sauf peut-être d'elle–même, Geneviève faisait-elle face ?

Plus tard, bien plus tard, un de nos amis, féru de tarots et de sciences parallèles évoquera à notre grande surprise, la possibilité d'une grossesse non désirée, ayant mis Geneviève dans une situation d'écartèlement insoutenable. Pourquoi pas ? En y réfléchissant avec Elisabeth, c'était en effet une éventualité mais nous ignorions à peu près tout des relations amoureuses de notre sœur et les rares amies susceptibles d'en donner un témoignage étaient maintenant dispersées. De plus, bien des jeunes filles de l'époque s'étaient retrouvées dans la même situation sans en faire pour autant une maladie mortelle ! A moins que, bien sûr, elles n'aient eu recours à une aiguille à tricoter dont je connaissais trop bien la dangerosité et le pouvoir infectieux. J'ai beau aujourd'hui me creuser la tête, jamais personne, en particulier parmi les médecins qui se sont occupés d'elle durant ses dernières heures, n'avait posé la moindre question ni émis la moindre hypothèse allant dans ce sens. Et retrouver son dossier un demi siècle plus tard dans les archives de l'hôpital m'a semblé une entreprise bien aléatoire… Mystère donc que cette mort brutale, fauchant notre sœur comme un vulgaire brin d'herbe. Elle a emporté avec elle ses secrets et fait de notre mère une femme muette à tout jamais sur ceux qu'elle n'arrivait ni à oublier ni à pleurer.

En 65, enceinte de mon premier fils, Cédric, je ne pus assister aux obsèques d'Edouard, mon grand père paternel. Ni en 73, juste après la naissance de ma dernière, Aymone, née en Algérie, à celles de son épouse, ma chère grand-mère

Marguerite. Plus tard, en 91, c'est le tour d'Henriette, s'éteignant comme une lampe trop usée, dans une clinique de la région parisienne, repue d'années et condamnée à une perte progressive d'autonomie.

En 93, Yves, notre frère aîné, au même âge que notre père, nous quittait dans les souffrances d'un cancer de la vessie... J'ai évoqué dans *Frémissement de l'Aube* son courage face à la maladie, lorsque ce passionné de voile décida d'emmener sa femme et ses deux enfants en croisière en Galicie, lui tenant la barre, un mois avant son décès, le 31 Août. Mais, la vie nous ayant séparés très tôt, quelques mois avant notre départ de Tunisie, j'ai le sentiment d'avoir très peu connu mon frère adulte, en dehors des quelques visites que lui rendions lors de nos brefs passages à Paris, entre deux destinations exotiques.

J'ai retrouvé récemment le témoignage d'Elisabeth lors de la cérémonie de ses obsèques dans le Temple de Meudon. Elle avait partagé plusieurs années de vie commune avec lui dans l'appartement de la rue Nélaton que nous avions quitté pour nous installer en Algérie : « *Yves assumait beaucoup, agissait, organisait. Yves écoutait mais parlait peu de lui. Est-ce le poids des mots (maux) qu'il mettait sur les balances qu'il a collectionnées à la recherche peut-être d'un équilibre ? Ou est-ce le silence de la mer qu'il a parcourue avec tant de plaisir jusqu'à ses derniers jours, qui le réconfortait ? Yves m'apparaît aujourd'hui comme un arbre au feuillage persistant dont les racines sont restées frêles et que la tempête de la vie et de la maladie a déraciné trop rapidement.* »

Veillée d'armes, les derniers jours, nous nous relayions, ma sœur Odile, devenue médecin elle aussi, Claire son épouse, Hubert et moi à son chevet. Tout convergeait vers une tristesse morne et grise : soins palliatifs quasi inexistants, atmosphère lourde de non-dits et de regrets d'une vie professionnelle tronquée, absence totale d'accompagnement spirituel et encore une fois, le regard intérieur désespéré de notre mère, raide et droite dans son tailleur sombre. La boule compacte qui arrêtait tous ses mots derrière sa gorge se lestait d'une nouvelle charge… Seule consolation pour elle et pour nous, les mots du pasteur Michel Bertrand méditant les paroles du psalmiste « Si je prends les ailes de l'aurore et que j'aille habiter de l'autre côté de la mer, Ta main me conduira et Ta droite me saisira. »

« Le psalmiste le savait bien : la mer est ce lieu où les repères habituels disparaissent et s'estompent, c'est le lieu de la tourmente et de la peur sauf si le marin sait, quelques soient les circonstances d'où il vient et où il va. Ainsi en est-il de l'Amour de Dieu qui conduit nos vies malgré les épreuves et les tourmentes, les jours de creux de vagues. Il est Lui notre Seigneur, le cap de nos existences. Celui qui sait le but et la durée du voyage, Celui qui ouvre nos routes et qui les accompagnent jusqu'au port où lui même nous attend, et où nous savons que nous retrouverons tous ceux que nous avons aimés »

Et comme si la coupe n'avait pas été bue jusqu'à la lie, deux ans plus tard disparaissait à son tour Christian, le petit dernier, le « chouchou », le fils prodigue jamais revenu de ses départs sur la route ! Vies soufflées, l'une après l'autre, les unes encore beaucoup trop jeunes, les autres dans l'accomplissement de leurs jours, faisant grossir la poche de larmes qui ne pouvait couler. Moi, le médecin, je me devais toujours d'être forte, de réconforter et d'apaiser… Elle, c'était notre mère et elle voulait rester digne !

Lorsqu'un vieil ami de mon frère m'appelle ce jeudi 14 Septembre 1995, j'étais rentrée de l'hôpital, avec une angoisse au ventre car je savais que Christian allait mal. Il était sorti de la clinique psychiatrique où il avait été hospitalisé pour la énième fois. Sa femme avait décidé de le quitter, épuisée par ses accès de violence et ses fugues répétées. La semaine précédente, j'avais traversé la France pour aller le visiter et tenter d'écouter sa souffrance. Je l'avais laissé désemparé, mais, apparemment désireux de reprendre ses activités vétérinaires, il avait décliné mon invitation à venir se reposer chez nous quelque temps.

La veille, donc le 13 Septembre, il m'avait appelée pour me dire son intention d'en finir.

« Je n'en peux plus, je ne veux plus vivre ainsi ...»

- Mais, Christian, tu m'as dit combien ton père t'avait manqué, combien tu avais souffert de son absence... Tu as une grande fille, que tu as adoptée et deux enfants encore très jeunes, plus jeune que tu ne l'étais lorsque papa est mort. As-tu pensé à eux ?

- Bien sûr je ne cesse d'y penser, mais...

- Tu es trop malheureux ?

- Oui, et surtout je ne serai jamais un bon père pour eux !

Cette affirmation me laissa sans voix, comprenant la profondeur de son désarroi et de son sentiment de dévalorisation. Plutôt que mal exercer sa fonction paternelle, il préférait les remettre aux soins de leur mère qu'il aimait et admirait comme il me l'avait avoué la semaine précédente. « J'ai aimé profondément deux femmes, ma mère et Annie. Et je n'ai pas su le leur montrer, je les ai déçues... »

En larmes, j'essayai encore de retarder sa décision, dont il ne me donna aucun détail bien sûr. En vain, car bientôt il raccrocha en me disant : « Au revoir Joëlle, merci d'être venue me voir et m'écouter, tu m'as fait ouvrir les yeux sur bien des choses que j'ai manquées... »

Le sachant suivi régulièrement en psychiatrie, j'espérais encore que ses médecins sauraient le protéger. Je cherchai aussi quelqu'un à prévenir, pour lui demander d'intervenir et empêcher le geste fatal. Hélas, sans téléphone mobile à l'époque, il me fut impossible de joindre Annie, la mère de ses enfants et je ne connaissais pas le nom de ses amis proches. Je rédigeai une lettre à son intention, le suppliant encore au nom de tous les siens de changer de route mais elle n'arriva jamais à destination.

Car le lendemain, la voix dans le combiné était lente, rauque, chargée de tristesse. « Mme Nicolas ? Vous êtes bien la sœur de Christian ? J'ai le regret de vous informer que nous l'avons trouvé mort ce matin. Un suicide, oui, sans aucun doute... » La douleur, le regret, le remords toutes ces émotions propres aux deuils brutaux, refirent surface et m'envahirent. Et puis, presque immédiatement : Comment dire à notre mère cette nouvelle et prononcer les mots du malheur ? Encore une fois, c'est moi qui étais en première ligne, chargée de l'annonce ! Nous décidâmes Hubert et moi, de la faire de vive voix et nous partîmes le lendemain matin, sans la prévenir de notre venue. Tant pis si nous devions l'attendre quelques heures devant sa porte, si elle n'était pas chez elle, je me devais d'être là, à ses côtés quand ce nouveau coup l'atteindrait !

Hubert m'accompagnait et sa présence me réconforta durant le trajet vers Marseille.

- « Christian a choisi de nous quitter !»

Un énorme silence chargé de tous ses autres silences accueillit mes pauvres mots. Prononcés à voix basse, je les murmurai à genoux devant le fauteuil où maman s'était affalée en nous voyant arriver, la mine défaite. Elle en resta pétrifiée comme moi, je l'ai été, ce 12 octobre 2008, devant ce visage d'enfant familier, à l'entrée du trou noir vers lequel on me propulsait malgré moi.

Oui, toutes ces douleurs de sœur, de fille et petite-fille, je les ai portées, je les ai éprouvées mais la plupart sont postérieures à ma vocation et elles ne concernent que des adultes. Si vives soit-elles, elles n'expliquent pas la sidération et le tremblement au mémorial et l'anéantissement de mes forces qui a suivi. Elles sont probablement entrées en résonnance avec d'autres pertes, d'autres morts plus anciennes dont je n'aurais gardé que quelques traces illisibles… et qui ont dû être accueillies par ma mère avec le même silence, destiné à en colmater la blessure.

II- Les rêves

Sur l'onde calme et noire où dorment les étoiles,
La blanche Ophélia flotte comme un grand lys,
Flotte très lentement, couchée en ses longs voiles…

Arthur Rimbaud

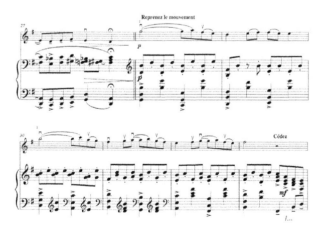

1- *Ophélie*

- Votre mémoire n'ayant pu retrouver les faits, les événements ayant disparu dans le brouillard, vous pourriez faire appel aux rêves. Peut-être vous fourniraient-ils quelques éléments ?

- Oui bien sûr, d'autant que depuis une quinzaine d'années, un thème survient de façon récurrente, que j'ai voulu attribuer tantôt à ma proximité avec les enfants malades, tantôt aux événements familiaux. La première fois est datée de façon très précise, en mars 1994 car je l'avais interprété comme prémonitoire de la séparation du couple de mon fils aîné, dont l'annonce officielle nous fut faite quelques jours plus tard. Je n'ai pas gardé en tête tous les détails de ce rêve, survenu au petit matin d'une nuit blanche, mais seulement les dernières images :

« Je me promène sur la berge d'une rivière lorsque j'aperçois le corps d'une jeune fille dériver à fleur d'eau. Ses longs cheveux lui masquent le visage de sorte que je ne discerne pas ses traits. Les remous de l'eau contribuent à rendre floue son image qui, peu à peu disparaît dans les profondeurs, laissant ses mèches dorées, telles des algues, onduler en surface. Je contemple ce spectacle, incapable de lui porter secours de quelque manière, avec la seule préoccupation d'identifier cette Ophélie… Est-ce ma fille cadette, à l'ample chevelure aux reflets roux ? Est-ce ma belle-fille qui semble partir à la dérive depuis quelques mois ? N'ayant jamais porté moi même les cheveux longs, je retins cette dernière hypothèse lorsque notre fils vint nous révéler quelques jours plus tard, que sa jeune épouse n'habitait plus avec lui depuis quatre mois, ayant laissé à sa charge leur fille, Héloïse, âgée de dix-huit mois...

Mais depuis ce premier avertissement, d'autres enfants noyés sont revenus périodiquement me visiter en rêve. Je suis sur une plage ou sur une côte rocheuse. Des enfants se baignent à quelques pas de moi, ou voguent dans une barque. Une énorme vague survient, mettant ces enfants rieurs en grand danger, le bateau s'éloigne et disparaît au loin. Ou bien je me retrouve en promenade au bord d'une rivière, tenant une fillette par la main. L'enfant lâche ma main et tombe dans un trou d'eau. D'autres variantes sont possibles mais toujours, un (ou une ?) enfant se noie tandis que d'autres survivent. Je me sens à chaque fois dans un sentiment d'impuissance absolue car malgré mon désir, je suis trop loin d'eux pour réaliser le sauvetage ou bien mes gestes de réanimation s'avèrent inefficaces, à moins que je ne me réveille avant d'avoir pu agir, ne serait-ce que pour appeler les secours.

Dans tous les cas, il m'est impossible d'identifier ces enfants. Tour à tour, j'imagine que ce sont quelque petit africain que mon métier m'a donné de soigner sans que j'aie pu le guérir, ou certains enfants de ma famille : ma petite-fille que sa mère a finalement emmené à l'autre bout du monde, quelques années après le divorce, une petite nièce qui vient de naître avec un handicap, la fille d'une amie hospitalisée pour une leucémie, etc... Je m'aperçois qu'insensiblement, j'évoque toujours pour décrire l'enfant qui se noie sous mes yeux, une figure féminine, une fillette ou une jeune fille. J'essaie en vain de dessiner les traits d'un visage connu mais il se dérobe toujours me laissant dans l'angoisse et la perplexité : qui es-tu, toi, l'inconnue qui me fait signe depuis l'abîme où tu as disparu ?

Ces rêves sont devenus si répétitifs, si présents à mon esprit qu'un jour, je m'en suis emparée pour réaliser une « œuvre d'art ». Au cours d'une formation ouverte à des grands-parents, Brigitte B., l'animatrice, nous avait proposé de réaliser un collage à partir de photos découpées dans des magazines : « Illustrez le mieux possible qui vous êtes et quel sens vous donnez à votre vie ». J'ai égaré le fruit de ce travail mais je me souviens avoir représenté une farandole d'enfants jouant dans la mer, submergés par une énorme vague. Sur la rive, j'avais disposé trois éléments piochés au hasard dans la collection de photos des magazines mis à notre disposition : une bougie allumée, une forme féminine fantomatique, enveloppée d'un long voile blanc, et une main ouverte. Foi, espérance et charité, me suis-je donnée comme explication... Aujourd'hui, je sais qui a guidé mon cœur et mes mains. Mais ce jour là, j'étais encore habitée par l'un de ces rêves d'eau et de mort.

- La mort par noyade d'une enfant qui vous hante, ne serait-elle pas liée à l'un de vos propres souvenirs ?

Une autre hypothèse a alors surgi : l'enfant qui se noie, ne serait-ce pas moi, cette part de moi-même, fragile, dépendante, partie à l'autre bout du monde, soigner et guérir des enfants au risque de se perdre ? Par deux fois, dans mon existence, j'ai réchappé de justesse à la noyade. La première reste un souvenir très vivace et se situe pendant l'été 1948. J'en ai retrouvé la date exacte, en feuilletant un carnet de notes de mon père. Comme à leur habitude, les étés où ne rentrions pas en France pour les vacances, mes parents louaient en Juillet et en Août, une maison à proximité d'une des plages de Tunisie, devenues très touristiques depuis, mais à l'époque fréquentées par les seuls résidents européens et quelques pêcheurs autochtones : La Goulette, Salambô, Le Kram, Gammarth, La Marsa, Hammam-lif...

Cette année là, nous séjournions à Bordj Cédria sur la côte Sud du Golfe de Tunis, au pied du Bou Kornine. La façade ouest de la maisonnette, trouée de fenêtres aux volets verts, donnait sur une immense plage de sable. Au delà du jardin, de chaque côté, s'étendait une garrigue parfumée de tamaris et de mimosas. Nous y avions découvert, caché dans les taillis, un flotteur d'hydravion rouillé, datant de la guerre, dont nous avions fait mes sœurs et moi, un repaire pour nos jeux peuplés de fées, d'ogres et de korrigans. Nos parents nous laissaient très libres de nos mouvements, beaucoup plus que les parents d'aujourd'hui, et cette liberté nous convenait fort bien. Notre mère déjà en charge de six enfants dont un bébé de sept mois, ne nous rappelait que pour les repas ou la douche du soir. Pourtant la mer était traitresse... Par grand vent, il était impossible d'y accéder mais même par temps calme, des tourbillons et des courants pouvaient nous happer. Evelyne, Yves et moi, « les trois grands », nous avions appris à nager, mais pour moi, âgée d'à peine six ans, ce n'était encore que barbotage et nage du petit chien ! Nous avions l'interdiction de nous aventurer seuls dans l'eau, sans la surveillance d'un adulte. Comment ce jour là, avons-nous pris, Yves et moi, le risque d'enfreindre la consigne ? Sans doute, la lumière était-elle trop éblouissante, la chaleur de l'après midi trop étouffante, le clapotis du ressac sur le sable trop lancinant... et les parents trop occupés à leurs affaires ou à leur sieste ! Un ami, peut-être simplement une relation professionnelle de mon père, était venu passer la journée au bord de la mer. Ma mère lui avait proposé de monter se reposer dans une des chambres du haut, en attendant l'heure de la baignade familiale fixée vers seize heures, après la période de digestion. On craignait toujours l'hydrocution si l'on se baignait trop tôt après le repas. Avec le prestige du frère aîné et le frisson de la désobéissance, Yves m'avait entraînée cette après midi là vers les premières vagues. Nous avancions lentement dans l'eau, sans les habituelles manifestations de joie bruyante, pour ne pas alerter les parents. Soudain le sol se déroba sous mes pas, je perdis pied, je m'enfonçai doucement et vis scintiller mille étoiles de soleil que la surface de l'eau, vue par en dessous, décomposait en gerbes irisées. J'eus le sentiment d'assister à un spectacle magnifique et serein, sans toutefois perdre conscience que j'étais en train de me noyer. Remontant d'un coup de talon à la surface, entre deux respirations, j'apercevais mon frère dans la même situation périlleuse. Puis je redescendais dans un jet de bulles, aspirée par un tourbillon. Jusqu'à quand pourrions-nous tenir ? Toute la scène était enveloppée d'un merveilleux silence. Cette absence totale de panique et de cris m'étonne encore, à moins qu'il ne s'agisse des émotions paisibles et lumineuses d'une expérience de mort imminente, phénomène que j'ai bien étudié par la suite ! Soudain, une main ferme m'attrapa par le bras, une large silhouette se dessina à contre jour, l'autre main tenait déjà mon frère Yves, dont je pus entrevoir le visage dégoulinant et penaud.

- Petits garnements, quelle mouche vous a piqués pour vous jeter ainsi à l'eau ? Allez, c'est terminé, vous pouvez recracher ce que vous avez bu !

Monsieur Derosière – j'ai retenu son nom parmi les nombreux amis et connaissances de mes parents – nous avait aperçus du haut de la fenêtre du premier étage. Il avait d'un seul coup d'œil évalué la situation, dévalé quatre par quatre les marches de l'escalier extérieur et s'était précipité à l'eau, tout habillé, pour nous porter secours. Je le revois encore troquer son slip et son pantalon de ville trempés, contre un short de mon père, alors que j'étais consignée dans ma chambre jusqu'au soir pour me punir de mon imprudence, ce qui ne m'empêchait pas d'observer par la porte du couloir entrebâillée les mouvements – ou la nudité, petite curieuse ! - de notre sauveteur…

Le deuxième épisode se situe beaucoup plus tard : janvier 1988, Pointe Noire, Congo. Depuis plusieurs mois, j'étais tombée sans oser me l'avouer, orgueil de « superwoman » oblige, dans une dépression larvée qui m'empêchait de goûter, ce dimanche-là, la suavité de la plage de Pointe Indienne, où nous nous évadions en famille chaque week-end. Après une semaine de travail épuisant, nous jouissions du calme de ce paysage exotique : au fond d'un petit golfe bien abrité, une grève bordée de cocotiers, ponctuée de petits cabanons de bois, loués pour une bouchée de pain par les villageois des environs aux coopérants et aux expatriés des compagnies pétrolières, florissantes dans ce pays. L'océan qui, sur des côtes plus sauvages se défendait de toute intrusion par un énorme rouleau de vagues et d'écume, venait ici après avoir buté sur la Pointe, lécher sagement le bord de la baie et rejetait sur le sable des coquillages, des crabes et des débris végétaux. Une énorme bille de bois, rescapée d'un flottage, échouée comme une baleine morte, était le seul témoin des fureurs dont il était parfois capable. Nos enfants y retrouvaient avec plaisir leurs meilleurs camarades de classe ou leurs amies plus intimes. Nous-mêmes jouions le jeu de la gaîté insouciante des français de l'étranger, en partageant nos pique-niques et nos bonnes bouteilles, nos conversations légères et nos compétitions de boules ou de scrabble, entre deux baignades ou séances de farniente. Jusque-là, ces plaisirs innocents m'avaient apporté une détente salutaire après des semaines éreintantes de combat contre la souffrance et la mort des enfants, contre le manque de moyens, la saleté des abords de mon service, la corruption du directeur de l'hôpital, la négligence ou le fatalisme des soignants. Mais ce jour-là, tout ce qui avait pu être une antidote à mon épuisement moral et physique m'apparaissait soudain comme insupportable, dérisoire, à cent lieux de la vraie vie, celle que j'aurais aimé vivre et qui se dérobait au fil du temps.

Voilà près de vingt ans que nous bourlinguions Hubert et moi, dans ces pays « en voie de développement », terme consacré, bien que la « voie » nous semblait s'inverser inexorablement… Voilà vingt ans que nous tentions de participer à leur croissance et à l'amélioration du bien-être de leurs habitants, de les inciter à sortir de leur dépendance et de leur pauvreté.

Voilà vingt ans que je me penchais sur des enfants fiévreux ou mal nourris pour les rendre souriants à leur mère, les voir grandir et espérer qu'ils prissent un jour en main les destinées de leur famille et pourquoi pas, celles de leur pays. Voilà vingt ans que je rencontrais des femmes épuisées par leur maternités, dures à la tâche et malmenées par leurs hommes et que je leur offrais un peu de chaleur humaine pour alléger leurs fardeaux et retrouver leur dignité. Enthousiaste d'abord, fidèle à mes idéaux ensuite, puis entêtée à tout maîtriser, je sentais à ce moment-là avoir dépassé mes limites.

Quelle présomption d'avoir voulu, avec nos faibles forces, changer le monde ! Quelle déception de constater qu'en vingt ans non seulement rien n'avait bougé mais tout s'était aggravé, tout s'était corrompu ! Las, je constatais avec amertume que nous étions devenus complices des prédateurs et des émissaires « françafricains » qui maintenaient au pouvoir des dictateurs complaisants pour mieux servir les intérêts industriels de la France.

Dans mon domaine aussi que d'espoirs anéantis ! L'hôpital où j'étais responsable de trois services d'enfants, pédiatrie, maladies infectieuses et néonatalogie, avait été considéré d'après les témoins d'une époque révolue, comme le joyau des structures de santé coloniales de l'Afrique centrale. Les grandes salles aérées, flanquées de vérandas de part et d'autre, avaient été conçues pour accueillir confortablement les malades et leur famille. Les sanitaires avaient fonctionné, le parc ombragé de grands manguiers et de flamboyants avait été si bien entretenu que l'on venait s'y promener le dimanche par plaisir, en visitant ses proches. Hélas, à mon arrivée dans ce nouveau poste, j'avais trouvé les lits défoncés, leur peinture écaillée et les ressorts des sommiers complètement rouillés. Les matelas n'avaient pas été renouvelés depuis des lustres, des chiens couverts de puces déambulaient dans les couloirs et l'arrière de mon service était devenu le dépotoir des déchets hospitaliers. L'eau n'arrivait qu'une heure par jour au robinet.

Le personnel était contraint pour se laver les mains d'apporter du domicile des bidons et du savon. Les toilettes irrémédiablement bouchées incitaient les parents et les malades à se soulager dans les « matitis », les herbes hautes qui croissaient derrière les tas d'ordures… Pendant quatre ans, j'avais tenté de remédier à cette incurie. J'avais fait appel à la générosité des amis de France, aux clubs services de la ville et à l'Appel, une association humanitaire que j'ai rejointe par la suite comme responsable de projet. Je mettais dans une caisse spéciale le montant des consultations que j'accordais aux expatriés et j'ai même « bénéficié » d'un don d'une cinquantaine de matelas neufs de la part de la première dame du pays, Mme Sassou Nguesso ! Elle s'appelait Antoinette et s'était émue de découvrir tant d'enfants amaigris sur les lits de la salle que j'avais aménagée pour les traiter et éduquer leur mères à leur préparer une alimentation plus équilibrée. « Mais Docteur, pourquoi sont-ils si malnutris ? » s'était-elle exclamé de façon ingénue. Dans son palais doré, elle ignorait les effets de la misère, de l'ignorance et des préjugés qui se combinaient pour faire mourir un enfant sur cinq avant l'âge de cinq ans dans son propre pays. La célèbre phrase de son homonyme française « Ils n'ont pas de pain ? Qu'on leur donne des brioches ! » résonnait dans ma tête, à la fin de sa visite…

Grâce à ces collectes, nous avions pu redonner aux murs lézardés un coup de peinture, nettoyer la fosse septique, amener des réservoirs d'eau, acheter quelques équipements indispensables. J'avais rémunéré deux jeunes chômeurs pour enlever les immondices et réclamé aux services de voirie de la ville d'ôter les bennes pleines à craquer des détritus abandonnés là, depuis la nuit des temps. Les herbes sauvages avaient été fauchées et une plantation de soja et de légumes était venue remplacer le champ d'épandage. Et tout cela, au grand dam du directeur de l'hôpital qui lorgnait d'un œil gourmand les fonds que je récoltais et en bavait de jalousie, quand il ne me mettait pas de bâtons dans les roues, devant les résultats que j'avais obtenus.

Mais pouvais-je vraiment être fière de ce combat ? Car un autre beaucoup plus grand m'était échu avec l'arrivée de l'épidémie de Sida. L'insidieuse maladie avait commencé ses ravages voici trois ou quatre ans et s'étendait dans le pays à une vitesse foudroyante. De nombreux adultes étaient déjà morts ou mourraient lentement dans les différents services de l'hôpital ou silencieusement chez eux, lorsque, découragée, la famille comprenait que les médecins n'y pouvaient plus rien. Les enfants, contaminés par leur mère pendant la grossesse développaient la maladie encore plus rapidement que les adultes. En quelques mois, ils présentaient les premiers symptômes : une toux tenace qui les asphyxiait peu à peu, une diarrhée résistante à tous les médicaments qui les déshydratait. Leur bouche se couvrait de « muguet », joli nom pour le candida albicans, mycose qui les empêchait de s'alimenter. Ils brûlaient de fièvre, des abcès se formaient sur leur corps décharné, et bientôt des troubles neurologiques les privaient de conscience. La liste de leurs souffrances était inépuisable puisque ces enfants étaient démunis de toute défense contre les infections et, dans ces milieux à l'hygiène défaillante, où régnaient la misère et la promiscuité, bactéries et virus en tout genre menaient la danse ... macabre !

Non seulement nous étions, mes collègues et moi, impuissants à guérir cette maladie, même si avec nos petits moyens et la persévérance des parents, nous tentions de soulager la douleur et d'apporter un peu de confort, mais horreur encore plus grande, nous étions responsables parfois de nouveaux cas. Beaucoup d'enfants nous arrivaient en effet, en urgence, complètement anémiés, privés de leur sang par un paludisme pernicieux ou par des parasitoses intestinales méconnues. Les parents, sachant que je prescrirai à coup sûr une ordonnance - non remboursée par une sécurité sociale inexistante dans tous les pays pauvres ! – préféraient le confier aux pratiques des guérisseurs dont les préparations et les dosages étaient rarement adaptés aux pathologies infantiles.

Il me fallait donc du sang à transfuser pour éviter le choc anémique et la défaillance cardiaque. Hélas, le sang était devenu un produit dangereux depuis que le SIDA avait fait son apparition dans la ville. Dix pour cent environ des donneurs étaient séropositifs et l'hôpital ne possédait pas encore des tests capables de les déceler. L'angoisse au cœur, nous prélevions tout de même dans une poche plastique le sang du père ou d'un parent proche de groupe compatible et nous l'injections goutte à goutte dans les veines du petit malade. Peu à peu, il reprenait vie, ses lèvres exsangues rosissaient, un sourire illuminait ses yeux. Mais dans quelques mois, qui savait s'il ne reviendrait pas, amaigri, fatigué, déshydraté, infecté à son tour par le terrible virus ? Aurais-je dû pour m'éviter ce poids de culpabilité, le laisser mourir de son anémie ? Depuis que je savais cela, que je pratiquais cet insupportable jeu de la roulette russe, je vivais dans cette alternative : faire vivre ou… faire mourir ! Le regard implorant de ces petits me poursuivait dans mes occupations familiales, mes moments de détente, comme ce matin là sur la plage de Pointe Indienne, dans ce dimanche ensoleillé…

La mer lisse et lumineuse m'offrait un miroir magique, derrière lequel soudain, je désirai passer pour oublier mon impuissance et mon désespoir. Je nageais, je nageais vers le large, vers la ligne d'horizon où mon cauchemar serait enfin aboli, où ma fatigue ne serait plus, où mes larmes s'uniraient avec l'eau, où l'océan me bercerait dans ses bras d'éternité. Je nageais vers le soleil qui jouait sur l'écume, vers le ciel qui attendait mon âme, comme celle de la petite sirène d'Andersen. Je nageais à perte de vue, à perte d'écoute. Rien ne m'atteignait plus de la vie paisible de la plage. Mes filles et leurs amies se pavanaient en bikini devant les garçons acnéiques, se confiant à l'oreille leurs rires et leurs émois d'adolescentes. Mon mari s'était replongé dans l'un de ses dossiers, mes amis buvaient une bière fraiche ou somnolaient dans leur chaise longue. Mais je les avais oubliés, gommés de mon esprit.

Soudain, un oiseau blanc lança son cri éraillé, à la verticale au dessus de moi. Voulait-il me prévenir du danger ? J'atteignais une zone plus agitée, la protection de la pointe rocheuse avait cessé et le vent faisait friser les flots en petites lames nerveuses... Est-ce ce frôlement d'aile qui me poussa à jeter un coup d'œil en arrière ? La plage était maintenant si lointaine que je ne distinguais plus les silhouettes de mes enfants ni le détail des paillotes, se détachant à peine de la verdure étoilée des palmiers. Quelle âme compatissante, quel guide invisible m'avait rappelé à ceux que j'aimais, à mes garçons partis en France poursuivre leurs études, à mes filles à peine écloses, au compagnon de mes joies et de mes doutes, à mes amis qui s'avéreraient être d'une fidélité à toute épreuve ? Mais, aurais-je encore la force physique d'atteindre la rive ? N'étais-je pas déjà trop éloignée pour faire demi tour ? Tirée par une voix inconnue, je m'y décidai pourtant. J'évaluai tant bien que mal mal les distances et me laissai porter par le courant qui me ramenait vers le cap sud, plus proche que le fond de la baie, là où un vieux bateau de pêche échoué n'en finissait pas de se désosser. Mes membres fonctionnaient maintenant comme les bielles d'un moteur, avec un rythme régulier, mécanique, mais de plus en plus poussif. Mon souffle se faisait rauque et l'air parvenait en sifflant jusque dans mes poumons. Mon esprit se vidait totalement pour se concentrer sur l'effort qui créait le mouvement. Encore quelques brasses, encore quelques battements de pieds, entrecoupés de pauses en position de « planche » sur le dos, bras en croix, le visage tourné vers le ciel... Le sable n'était plus qu'à quelques mètres lorsque j'aperçus Hubert, debout, immobile, venu à ma rencontre. Il m'avait donc cherchée, guettée avec anxiété, reconnue enfin dans le minuscule point que formait ma tête à l'horizon. Comment ? Je ne l'ai jamais su... Anticipant ma trajectoire, il avait marché le long du bord pour pouvoir m'accueillir à mon arrivée. Je m'affalai à ses pieds, à plat ventre de longues minutes, je repris mon souffle et mes esprits. Il m'aida à me redresser, me regarda longuement : « Ca va aller, maintenant ? »

Et sans un mot de plus, nous repartîmes la main dans la main, vers nos filles et nos amis qui ne s'étaient aperçus de rien !

Le soir même, je décidai de tout faire pour pouvoir quitter ce pays à la fin de l'année scolaire et nous réinstaller en France. Hubert me comprit même s'il n'était pas encore prêt à quitter un travail qui le passionnait. Risquer une période de chômage, représentait pour lui l'épouvantail absolu. Mais auparavant, je tentai d'agir pour que l'hôpital s'équipât du matériel indispensable à la détection des donneurs séropositifs. Deux objectifs que j'atteindrai, ce qui m'a ôté à tout jamais le désir de passer volontairement de l'autre côté du miroir... J'avais encore tant à vivre, à apprendre, tant de personnes à aimer, d'enfants à protéger !

2- *Thérèse*

- Et si nous cherchions du côté des noyades in utero ? Avez
vous fait une fausse couche, vous même ? Et votre mère ?

- Non, je n'ai pas connu cette expérience mais je me souviens y
avoir été très sensible lorsqu'adolescente, j'appris qu'une jeune
femme, catéchète qui me préparait à mon baptême, venait de
perdre son fœtus de quatre mois, après une grossesse attendue
dans la joie. Je n'en étais pourtant pas si proche. J'admirais sa
finesse et son intelligence, mais selon ma réserve coutumière,
je n'avais jamais eu avec elle de conversation intime. Pourquoi
cet événement reste-t-il marqué dans ma mémoire comme
empreint d'une émotion extrêmement forte ? J'avais pleuré
longtemps sur mon oreiller, avant de m'endormir, imaginant
combien ce couple devait souffrir, leur espoir mutilé par ce
coup de hache du destin. Pourquoi cette sensibilité à fleur de
peau, cette déchirure ressentie dans mon corps à peine pubère
et dans mon cœur ?

Quant à Thérèse, ma mère, rien ne me permet d'affirmer
qu'elle ait pu subir un avortement – et encore moins qu'elle ait
pu en provoquer ! Ses grossesses se sont succédées trop
rapidement pour qu'elles laissent place à un tel événement.
Peut-être entre les deux derniers de la fratrie, espacés de quatre

ans, y aurait-il eu une possibilité ? Mais bien qu'étant jusqu'à douze ou treize ans totalement ignorantes de la physiologie féminine, je pense que ma sœur aînée ou moi-même, nous en aurions gardé le souvenir. Mes parents auraient-ils pu garder le secret, sans que cela ne retentisse en rien sur leur comportement ? Comment ma mère ne se serait-elle pas confiée à l'une de ses amies ou à ses propres parents, sans que l'information, transmise comme tous les secrets de polichinelle, au dessus de nos têtes d'enfants, ne transpire d'une façon ou d'une autre ?

Oui je sais, au bout de six enfants, s'ils avaient décidé de recourir à une avorteuse clandestine qui, en ce temps là, n'étaient pas si difficiles à dénicher, nous n'en aurions jamais entendu parler tant l'acte était répréhensible et tant la culpabilité écrasait les femmes qui s'y risquaient quand même. Aujourd'hui encore, alors que les féministes de mon âge ont depuis quelques décennies, gagné la bataille du droit, et que le nombre d'IVG, réalisées en toute légalité ne diminue pas chez les jeunes femmes, parle-t-on de ces choses-là ? Non, pas beaucoup plus. Ce n'est même pas un sujet de confidences entre amies très proches. On préfère la discrétion, car comment évoquer les questions en suspens, comment dire ouvertement la souffrance du deuil, alors que la mort de l'embryon est banalisée, passée à la trappe ? Pourtant, je connais son existence pour avoir écouté certaines d'entre elles en consultation. Même si elles ne sont pas disposées à regretter leur geste, accompli en toute conscience des motivations et des dangers, elles visualisent souvent l'enfant qu'elles auraient pu faire naître : « Aurait-il ou elle les yeux bruns ou bleus ? A qui ressemblerait-il ou elle ? Et à chaque date anniversaire de la naissance présumée : « Il, elle aurait tel âge aujourd'hui… »

Alors pourquoi pas ? Le secret que je cherche et que mon rêve de noyade réactive, serait-il de cet ordre ? Ma mère, si peu maternelle et si peu frivole, a accepté son sort tant bien que mal. D'une élégance très sobre, mais soignée, elle avait une phobie de la saleté qui s'étendait à toutes les sécrétions corporelles et aux contacts physiques : pas d'embrassades avec les proches et les amis, pas de poignée de main avec un inconnu, lavages obsessionnels dès que l'on rentrait chez soi après une journée passée en ville, etc. Elle osait à peine manipuler les billets de banque qui avaient passé de poche en poche, et de mains en mains, et horreur suprême, des mains « arabes » qui n'utilisaient jamais le papier toilette ! Son dégoût s'étendait-il aux rapports que lui faisait subir mon père ? Certainement, elle en redoutait les conséquences et la faisait guetter chaque mois la survenue de ses règles. Leur disparition, signant le début d'une nouvelle grossesse, devait à la fois l'inquiéter et la soulager, tant elle détestait se garnir de ces serviettes hygiéniques en tissu éponge que nous voyions sécher sur la corde sans jamais oser lui demander à quoi ces chiffons pouvaient bien servir !

Les « petits » de notre fratrie ont certainement souffert plus que moi de sa froideur, de son manque de tendresse et de câlins. Mais ils ont sans doute gardé la trace, la blessure incicatrisable, de n'avoir pas été intimement désirés, bien qu'elle s'en soit toujours défendue. J'ai cependant du mal à penser que mes parents, tant pétris de culture chrétienne et de rigueur morale, ait pu faire la recherche d'une avorteuse et se soumettre à une intervention aussi dangereuse. Oui, trois ou quatre enfants, cela aurait suffi, mais savaient-ils comment les éviter ? Le sujet lui-même était tabou, où et comment dans leur milieu si pudibond, auraient-ils découvert et osé se procurer les moyens de contraception existant à l'époque ? Le préservatif était connu mais réservé aux rapports vénaux, le retrait était toujours possible, et ils y ont certainement eu recours mais son efficacité a toujours laissé à désirer ! Et lorsque le dernier enfant, Christian, est arrivé, garçon tant attendu après cinq filles, j'ai le souvenir d'une mère à nouveau souriante, détendue, prenant plaisir à le prendre sur ses genoux, à lui chanter des ritournelles ou à lui murmurer des mots doux.

Surprise pour moi et pour mes sœurs qui ne se souvenaient pas d'avoir bénéficié de tant d'attentions...

Si avortement, il y a eu, cela fera toujours partie des zones inconnues de la mémoire familiale puisque l'accès en est définitivement clos depuis sa mort brutale et solitaire, en janvier 2003, dans la résidence pour personnes âgées qu'elle considérait comme une prison dorée. Nous l'avions fortement incitée à y entrer trois mois auparavant, pour la rapprocher de notre foyer et éviter ainsi son isolement dans la grande maison de la corniche marseillaise qu'elle avait acquise après le décès de son mari. Après un trop-plein de deuils familiaux, quitter sa maison et son indépendance fut celui de trop. Profitant d'une petite semaine de repos que nous nous accordions Hubert et moi, après un trimestre éprouvant, elle a tiré sa révérence, un beau matin d'hiver, sans prévenir, nous laissant tous orphelins de mots et de tendresse. Elle est morte comme elle avait vécu, dans la discrétion et la distance, fourmi besogneuse, coupée de son corps et de son cœur, sans avoir jamais pu laisser couler ses larmes et vider les poches de tristesse qui s'étaient enkystées en elle : Roger, Geneviève, Yves, Christian, et qui d'autre encore, qui nous était caché ?

Je savais par mon expérience médicale que les mourants préfèrent souvent profiter d'un moment d'absence, même très court, de leurs proches, pour rendre leur dernier soupir. Comme si l'affection et la détresse dont ils se sentent entourés, les retenaient par un lien trop serré, qui ne demanderait qu'à se rompre et ne pourrait le faire que dans l'éloignement physique. Mais de quelles affres alors sont atteints ceux qui n'ont pu recueillir les dernières paroles, les derniers regards, l'ultime murmure, la main qui se desserre sur la dernière caresse ! Moi aussi, bien qu'elle ne m'ait jamais demandé de lui prodiguer des gestes d'affection et qu'elle se refusât à tout toucher caressant, je l'ai ressenti comme un vide, une frustration, une démission de ma part et une espèce de pied de nez de la sienne... Heureusement, la veille de son décès, un rêve m'a permis d'évacuer la culpabilité de notre éloignement pendant ses derniers instants.

« Je suis assise sur le canapé de mon salon et je vois entrer deux formes familières entièrement nues, le visage lisse et serein. Leur aspect m'intrigue car elles sont revêtues d'une peau brillante comme la neige au soleil ou comme la surface d'un lac au lever du jour. Je reconnais avec grand étonnement ma grand mère Henriette, tenant la main de ma mère. Je m'exclame : « C'est toi, Grand-Mère ? Tu n'es donc pas morte ? » Henriette sourit et répond calmement : « N'aie aucune crainte, Joëlle, je viens juste la chercher… »

Réveillée en sursaut, j'eus du mal à me rendormir. Le matin, au petit déjeuner, le rêve était si présent, si porteur de sensations visuelles et auditives précises que j'annonçai à Hubert : « Cette nuit j'ai rêvé que Mutti était morte ! » Mais la beauté et la sérénité de cette scène ne laissaient aucune place à l'angoisse ou à la tristesse. Le lendemain matin, nous sommes réveillés par la sonnerie du téléphone.

« Bonjour Madame, je suis la directrice de la Résidence et vous appelle de Montpellier. J'ai le regret de vous annoncer une mauvaise nouvelle. Nous avons trouvé votre maman sans vie sur le fauteuil où elle s'était assoupie pendant sa sieste… »

Cet événement était surprenant, inattendu, malgré son grand âge, car elle ne se plaignait de rien. Elle venait de passer les fêtes de Noël chez ma sœur aînée, au milieu de sa bande de petits-enfants, sans marquer de signe de fatigue. La veille de notre départ, elle m'avait préparé le déjeuner de midi dans la petit kitchenette de son appartement et nous avions parlé ensemble de notre courte séparation : « Ne t'inquiète pas, je t'appelle tous les jours et je reviens dans moins d'une semaine ! ». Cette mort soudaine lui avait évité la déchéance physique et mentale qu'elle redoutait tant, elle qui avait toujours tout maîtrisé, dans un souci de dignité qui ne laissait place à aucune faille, aucune dépendance. Combien je fus reconnaissante de ce rêve ! J'avais reçu l'assurance qu'en réalité, elle n'était pas seule dans sa chambre. Elle était attendue et accueillie par sa propre mère. Elle allait revêtir ce corps de lumière qui m'était apparu à la fois pudique et glorieux...

Et puisque j'écris aussi pour transmettre à mes enfants et petits enfants la profondeur de leur histoire passée mais toujours en devenir, d'une génération à l'autre, je ne peux passer sous silence ce que la cérémonie des obsèques nous a révélé. Alors que nous ressentions toutes, mes sœurs et moi, la souffrance des relations ambigües mère-fille, nous avons constaté qu'elle avait eu un grand rayonnement intellectuel et spirituel auprès d'anciennes élèves, venues de loin dans le temps et dans l'espace, pour lui témoigner leur respect et leur reconnaissance. Comme en témoigne le courrier reçu dans les semaines qui ont suivi, elle avait noué aussi de belles amitiés, lors de ses pérégrinations, de chaque côté de la Méditerranée, mais aussi du Havre, de l'Allemagne où elle se rendait presque chaque année, ayant appris cette langue sur le tard et au cours de toutes ses activités professionnelles, paroissiales, culturelles.

Personnalité riche, courageuse, tenace, et je peux le dire, résiliente car elle n'a jamais flanché malgré l'accumulation des deuils et séparations... Ah, pourquoi n'avons-nous retenu d'elle que son inflexibilité, sa rigueur et sa réserve, son côté « prof » de français, en quelque sorte, qui refoulait toute tendresse et sensibilité pour ne pas donner prise aux débordements de l'émotion ? Et pourtant son dernier message, dans une lettre à ses enfants écrite au moment où elle intégrait sa dernière résidence et se préparait à sa fin, était un message d'amour : « Aimez vous les uns les autres comme je vous ai aimés » nous exhortait-elle, peut-être pour conjurer les conflits de l'héritage, mais surtout pour exprimer enfin, avec les mots liturgiques de l'Evangile, l'affection inaltérable qu'elle nous avait si bien cachée...

3- Ossian

Quatre ans plus tard, un nouveau deuil me plongea dans un immense chagrin et une dernière révolte qui réveilla toutes les précédentes : colère, rage, tristesse infinie, impuissance et larmes, larmes gonflées de toutes celles retenues prisonnières de ma réserve, de mon orgueil et des convenances : un médecin, un pédiatre, ça ne pleure pas !

Oui, mais lorsqu'il s'agit de mon propre petit-fils, le fils de ma fille, la chair de ma chair...

Huit heures du matin, 1er janvier 2007, Assouan, en Haute Egypte. Nous sortions de l'hôtel pour embarquer sur une felouque qui nous devait nous mener sur l'île mythique de Philae, au programme d'un voyage dont je rêvais depuis mon enfance... Un SMS de Vérène, ma fille aînée « Maman, appelle moi dès que tu peux ! » Boule d'angoisse... Ma fille, si sage, si adulte, n'avait pas l'habitude de m'envoyer des SOS. Ce serait plutôt elle qui m'écoute et me soutient quand je flanche ou m'inquiète pour l'un de ses frères ou pour sa sœur ! Elle attendait un bébé pour le mois prochain, serait-il déjà né ? C'était un peu tôt, mais elle avait été récemment informée de la présence d'un placenta praevia, anomalie d'implantation qui empêche un accouchement par voie basse et fait craindre une grave hémorragie. Ses médecins avaient peut-être décidé d'accélérer les choses. Pourtant le premier janvier était une date improbable pour effectuer une césarienne. Que se passait-il ? Aucun signe prémonitoire ne m'avait réveillée cette nuit, aucune idée noire ne m'avait traversée depuis le début de sa grossesse... Au contraire ! Je revoyais la photo que mon écossaise – elle habite Glasgow depuis son mariage avec Alastair - nous avait transmis au cours de son sixième mois. En honneur à sa langue d'adoption, je l'avais intitulée « Belly » tant elle apparaît épanouie, comblée par son ventre luisant, la main tendrement posée sur le cœur de son bébé, belle à chanter de joie, magnifique comme Marie entonnant son hymne d'exaltation et de reconnaissance. Bébé si précieux, conçu après plusieurs tentatives infructueuses de FIV, il était investi par son père de toute la poésie des légendes celtes et de l'attente d'un monde restauré par la non violence et le respect de la création... Ce petit être, élevé dans la tendresse et baigné par les valeurs éthiques et la spiritualité de ses parents saurait bien le transformer, ce monde si abimé, si fragilisé par l'avidité humaine. Il saurait apporter à la terre sa part de justice, de beauté, de paix pour la faire refleurir...

Impossible de la joindre. La sonnerie retentissait dans le vide et une opératrice à la voix nasillarde cherchait à me faire comprendre dans un sabir anglo-arabe que ma demande était refusée. Mon portable neuf ne pouvait nous connecter, je n'avais pas pris un forfait valable à l'étranger. Je tapai fébrilement une réponse : « Je ne peux t'appeler dans l'immédiat, dis moi ce qui se passe » « Je ne peux pas te le dire comme cela, j'ai besoin de t'entendre ! » Le vide se creusa dans mon ventre. L'île de Philae se dessinait à l'horizon, crénelée par le temple d'Isis. « Impossible d'avoir accès à une cabine avant deux jours, nous sommes embarqués sur le Nil ! Essaie toi, de m'appeler »

Nous débarquons, je marchais derrière le groupe de touristes dans un état second, le doute n'était plus permis : « Maman, le bébé est mort cette nuit dans mon ventre, on m'opère demain matin !» Philae, sa beauté sauvage n'était plus que ruines, les fresques dédiées à la déesse, les grands piliers et les murs gravés de hiéroglyphes, tout tournait, tout s'effaçait. Ne restait qu'un grand trou obscur. Le miroitement du Nil, au loin, le striait de vagues serpentines sans pouvoir atténuer cette impression de chute, ce vertige qui me figeait au bord de l'abîme... Je passai les deux jours suivants, recroquevillée au fond de la felouque, remontant vers Louxor, incapable de faire autre chose que prier : Pitié Seigneur, aie pitié, Kyrie eleison, Kyrie eleison, Christe eleison... Je tenais la main de ma fille sur la table d'opération, je voyais le ballet des blouses vertes et les visages masqués qui l'entouraient, j'essuyais la sueur de son visage, je lui tendais le petit Ossian aux yeux à jamais fermés, petit faon de la forêt celte, perdu dans la nuit du temps. Dans un ralenti brumeux, elle le prenait dans ses bras, le berçait doucement. Alastair l'enlaçait et posait ses mains sur les siennes. Silence et immobilité. Le temps lui-même s'était arrêté. Médecins et sages femmes respectaient ce moment d'intimité où la douleur n'en finissait pas de brûler. Vérène allongeait son bébé dans le berceau d'osier qu'elle avait préparé pour recevoir son corps parfait mais sans vie... Elle nous enverra une image de cet instant. Le petit est enveloppé de langes sur lesquels elle a déposé des fleurs séchées, cueillies lors d'une de ses dernières sorties de l'été et conservées dans ses notes intimes. Image accompagnée de ces mots : « *Le bébé qu'Alastair et moi-même nous réjouissions d'accueillir à la fin février nous a quitté lundi matin alors que je m'apprêtais à commencer mon huitième mois de grossesse. En me réveillant ce matin-là, j'ai vite compris que quelque chose n'allait pas. Je ne pouvais plus percevoir de mouvement alors que je l'avais bien senti bouger dans la nuit vers 4-5h et qu'aucun signe la veille ne m'avait alertée. L'échographie deux heures plus tard a confirmé mes inquiétudes.*

Nous avons nommé notre bébé Ossian Nicolas McIntosh, du nom du barde guerrier de la tradition mythologique irlandaise. Ossian signifie 'jeune cerf' car dans la légende, sa maman avait été transformée en biche avant de lui donner naissance. Ossian a été délivré par césarienne mardi midi. La position de mon placenta ne permettait pas de donner naissance naturellement. C'était une opération difficile (on a tout de même « eu droit » à trois anesthésistes et deux chirurgiens), j'ai perdu pas mal de sang mais j'ai pu rester éveillée et Alastair était à mes côtés. Le moment où la sage-femme nous a mis Ossian dans les bras était particulièrement poignant. Nous avions mis au monde un magnifique petit garçon ; il était parfait et très beau (même les sages-femmes l'ont reconnu !) mais il nous avait déjà quitté. Les causes de son décès sont jusqu'à maintenant inconnues. Nous en serons peut-être un plus dans quelques semaines grâce aux résultats de l'autopsie mais les chances de réellement savoir ce qui s'est passé sont minces.

Nous avons pu passer vingt-quatre heures merveilleuses avec lui. L'équipe du service nous a donné la plus grande qualité de soins médicaux et un soutien émotionnel et psychologique exceptionnel. Nous en sommes très reconnaissants.

Nous avons dit au revoir à notre petit garçon mercredi midi. La photo jointe a été prise juste avant de le rendre à la sage-femme. Nous étions déchirés de tristesse. Il sera incinéré mercredi matin. Nous disperserons une partie de ses cendres au pied d'un rosier que j'ai planté cette année et qui donne une profusion de petites fleurs roses. Ce rosier s'appelle 'fairy' ou 'fée'. Notre jardin aurait été son jardin. Je sais qu'il aurait aimé y jouer. Nous disperserons le reste des cendres dans une rivière attenante à la maison où Alastair a passé son enfance sur l'île de Lewis. C'est là qu'il allait pêcher quand il était petit, là où il a emmené pêcher ses premiers enfants Catriona et Adam et là où il aurait bien sûr emmené Ossian.

Nous sommes tous les deux étonnés de la force d'amour que nous ressentons pour lui. L'existence et la courte de vie de cet enfant sont un don précieux et nous savons qu'il nous accompagnera tout au long de notre vie et dans notre engagement pour la planète et l'humanité.

Et puis pour finir, je voudrais dire que physiquement et émotionnellement, je m'en remets plutôt bien, en tout cas pour l'instant. On ne croirait pas que j'étais sur la table d'opération il y a moins de quatre jours. Je ne m'attends pas à ce que les mois à venir soient faciles mais le travail spirituel que j'ai entrepris depuis plusieurs années, de nombreuses amitiés solides et le soutien et l'amour d'Alastair vont m'aider à faire face à la mort de mon enfant. J'envisage de prendre les six mois de congés de maternité auxquels j'ai droit pour vivre pleinement cette expérience de deuil y compris voyager, prendre du temps pour lire, méditer, danser, pratiquer le yoga, marcher dans la nature et, qui sait, développer des talents cachés. J'avais de toute façon bien besoin de faire un break avec le Centre pour l'Ecologie Humaine avec lequel je travaille depuis près de dix ans. Je peux bien sûr reprendre le boulot plus tôt si l'envie m'en démange.

Je vous embrasse et vous souhaite une bonne année 2007. Pour nous, elle n'a évidemment pas bien commencé mais le deuil et la souffrance cachent des trésors insoupçonnés à qui sait se mettre en chemin pour les trouver… »

Temples et paysages d'Egypte m'ont semblé figés à jamais, dans la mort d'Ossian, unie à celle des pharaons et des peuples anciens. Notre felouque aux voiles rapiécées n'était pas la barque d'Osiris et ne menait vers aucune résurrection. Le soleil pâle ne m'a révélé aucun de ses bienfaits. Comme une automate, j'ai tenté de m'intégrer au groupe, dont la compassion sincère m'empêchait de me laisser engloutir totalement par mon chagrin.

Coïncidence curieuse : quelques mois plus tard, recherchant une iconographie de la Fuite en Egypte, que je désirais peindre, je découvre sur Internet une icône réalisée par Isaac Fanous dédiée à Sainte Vérène. J'apprends avec un étonnement presque amusé que Vérène était une jeune fille noble de Thèbes, vivant la fin du IIIe et au début du IVe siècle. Fuyant les persécutions commandées par l'empereur Doclétien, elle arriva à Milan, avec d'autres chrétiens, en suivant la légion thébaine (saint Maurice et ses compagnons). Elle émigra avec eux en Suisse où elle vécut en ermite, tout en guérissant de nombreux malades…

L'Egypte alors se fit moins sombre, la lumière de Philae brilla à nouveau, transparente, et je remis ma fille dans les mains d'Isis, déesse protectrice des enfants et guérisseuse, symbole de la féminité par qui s'accomplit le mystère de la vie…

Un rêve de paix, encore une fois, est venu me visiter au quarantième jour de la mort d'Ossian, la veille du jour où il devait naître si le monde avait voulu de lui, la veille aussi de la cérémonie d'adieu que ma fille et son époux avaient organisée à Glasgow pour nous et pour leurs proches.

« Je me retrouve planant comme un oiseau, au dessus de la surface de la mer d'où j'ai une vue plongeante sur une plage de sable fin. J'aperçois Vérène pédalant sur un vélo vers la ligne mouvante où les vagues viennent mourir sur la grève. Sur le porte-bagage, est fixé le petit panier d'osier où dort Ossian. Ma fille entre dans l'eau et continue à avancer sans peine. A cet instant, le panier se détache et au lieu d'être englouti par la mer, il s'élève et monte vers le soleil en suivant une trajectoire oblique, que j'aperçois sur ma droite. D'abord bien horizontal, il s'incline et du pied de la nacelle, coule une eau transparente qui tombe sur la tête de Vérène, la purifie et la guérit comme le ferait celle d'une source sacrée. Puis très lentement, la nacelle s'envole et disparaît, happée par la lumière qui m'éblouit et que je ne peux contempler… »

Petit Ossian, est-ce toi dont j'ai aperçu le visage figé dans la pierre du Mémorial Juif ? Je ne sais, peut-être simplement est-ce la musique de ta voix, celle que je n'ai jamais entendue, qui a pénétré la carapace que j'avais construite autour de mes émotions et a laissé sortir les ombres dansantes de tous les enfants défunts de ma vie... De ce deuil là, je garde une impression de douceur, de tendresse comme un battement d'ailes, comme la main de l'enfant Dieu enlaçant le cou de la Vierge Eleousia.

Au cours d'un atelier d'écriture, perchée sur le rocher du Caylar d'où je contemplais le large paysage du Causse, j'ai pu lui murmurer les mots que je retenais en moi depuis sa naissance. Il aurait eu dix-huit mois ...

L'animatrice nous avait donné ce dialogue comme source d'inspiration :

« Le temps n'existe pas mais moi, j'existe...

- Dis, grand-mère, c'est quoi exister ? »

« Vers toi, petit Ossian, pour toi s'envolent ces mots que je n'ai jamais pu te dire. Toi qui n'as pas voulu, ou n'as pas pu t'inscrire dans notre monde, toi pour qui le temps n'est plus qu'éternité, entendras-tu ce qui se murmure en moi, aujourd'hui ?

Tes parents t'avaient appelé à l'existence et nous t'avions attendu, émerveillés de cette nouvelle vie qui germait dans le ventre de notre fille... Te prendre par la main, sur les débuts de ton chemin, te faire découvrir la beauté du monde et celle des cœurs aimants, avec l'envie de la protéger, te désigner quelques obstacles à franchir et te garder des précipices, te faire percevoir la profondeur du visage de l'Autre et entendre l'appel des plus petits, et par dessus tout, te faire sentir le grand vent de la liberté, c'était tout notre désir...

Oui, j'aurais tant aimé te prendre par la main, car exister c'est d'abord et avant tout se mettre en marche, un pied après l'autre, pieds nus dans le sable ou chaussé de lourds godillots sur les sentiers escarpés de montagne. Marcher sans connaître le but, simplement avec l'espoir chevillé au cœur et à l'âme. L'espoir d'être accueillis sur une grève inconnue où l'écume de la mer vient déposer ses soupirs, l'espoir d'atteindre une cime d'où nous découvrons émerveillés les ombres et les lumières de paysages que nous venons de traverser, l'espoir d'une fête qui nous attendrait de l'autre côté du fleuve pour nous désaltérer de nos peines... Car sans espérance, notre vie ne serait qu'une errance dans un brouillard humide ou une nuit sans étoile.

Atteindre le sommet pour contempler la lumière, oui, mais mieux vaut pour avancer sans trébucher ne pas rester la tête dans les nuages en regardant le ciel ! Chaque jour, chaque instant, chaque seconde te sont offerts sur cette terre pour que, de la glaise qui salit tes chaussures, tu façonnes autant de perles, autant de gemmes qu'il te faut pour embellir ton existence et celles de tes proches...

Peut-être as-tu craint de ne pas trouver de chemin sur cette terre ensemencée par tes ancêtres mais tant abîmée par ses prédateurs qu'elle en est devenue incertaine, indéchiffrable voire dangereuse ? Les traces en sont tellement brouillées aujourd'hui qu'il t'a été impossible de choisir la voie qui te convenait, celle qui t'aurait rendu heureux, celle qui ne t'aurait pas détourné de toi-même et des autres, de toi-même et du monde ? Douce, j'entends ta voix me dire : « Dis moi, si tu le peux, grand-mère, quel était ce chemin de cantilène dont je n'ai pas découvert la porte ?

Je ne peux dire, petit cerf des cieux, quel aurait été ton chemin... Quelle direction aurait prise le martèlement de tes sabots au sortir de ton enfance. Tu l'aurais découverte peu à peu, grâce à l'amour déposé dans le cœur de tes parents. Ils t'auraient appris à reconnaître les chevaux sauvages qui entraînent les faibles dans des aventures sans lendemain. Ils t'auraient donné la nourriture et les forces pour escalader l'univers, surmonter les obstacles, écarter les vertiges, t'extraire des marécages et traverser les ponts au-dessus des abîmes. Car ton chemin, comme le mien, comme celui de tes proches n'était sûrement pas une autoroute droite et dure. Toute large qu'elle soit, elle ne conduit que vers des chimères. Non, le seul chemin qui vaille est une sente secrète et unique dont on devine à peine le départ sous une voûte coincée entre deux hautes tours. Il te faut pencher la tête, courber la nuque et faire quelques mètres dans l'obscurité pour qu'apparaissent les premières marches du raidillon qui grimpe vers le sommet du temps. Et très vite, si tu prends garde à écarquiller les yeux, t'apparaîtront tous les sourires que la vie a préparés pour toi. Observe sur ta droite la porte entrouverte d'un jardin de roses et de lilas. Et sur ce seuil où folâtrent les herbes sauvages, aperçois-tu la mésange qui te fait un signe d'amitié ? Ne prends pas trop vite cette voie de traverse, orgueilleuse nommée grand-rue, pour t'éviter l'effort de la grimpette. Et ne t'attarde pas non plus à fouiner dans ces ruines envahies par les ronces. Ce passé obscur ne t'appartient pas, laisse le à ceux qui l'ont vécu sans se préoccuper de ton avenir…

Ah, tu cours un peu trop vite pour mes jambes et mon souffle appesantis par l'âge ! Ralentis ta course car marcher sur un sentier rocailleux n'empêche pas de goûter le plaisir des sens. Ecoute, le coucou chante pour toi ! Aiguise ton regard et ouvre tes narines, l'érine et l'hélianthème déploient leurs corolles. Caresse la rugosité de la pierre et mets ta main dans l'anfractuosité où se cachent les mousses. Assieds toi au pied du grand fusain et mets ta respiration en harmonie avec celle du vent qui fait danser ses branches. Protège les jeunes pousses d'orchidées sauvages et ne cueille pas les bourgeons de l'aubépine. Mais tu peux savourer l'acidité de la groseille et la douceur de la prune. Allonge toi dans l'herbe et laisse tes pensées se parer des couleurs de l'arc en ciel ...

Voici que nous accueille à mi-pente la fraîcheur ombreuse d'une chapelle romane, halte bienheureuse de notre voyage imaginaire, où nous aurions marché main dans la main, toi et moi. Avançons vers le chœur, et juste sous la voûte du transept, au point précis où résonnent toutes les harmoniques, mêlons nos voix à celles des anges, dont les ailes frissonnent à nos côtés...

Aujourd'hui, je continue sans toi, mon chemin vers les hauteurs où souffle le vent du nord et éclatent les orages. Avec ton grand père, entourée d'enfants et d'amis, j'ai parcouru bien des contrées, désertiques ou forestières, pluvieuses ou ensoleillées. J'ai traversé quelques tempêtes et j'ai secouru quelques pèlerins égarés. J'ai planté de beaux massifs fleuris et j'ai rempli mon panier de fruits juteux. La traversée de mon temps n'est pas finie et j'ignore ce qui m'attend encore mais je marche avec confiance, dans l'espérance et l'amour qui m'ont portée jusque sur cette montagne.

Quel aurait été ton chemin, petit Ossian, envolé vers les nuages qui cachent à jamais ton visage ? Nul ne sait pourquoi tu n'as pas connu le temps qui t'aurait fait grandir. Mais qui sait ? Au bout de mon voyage, enfin, tu me souriras... »

Devant le psychothérapeute, j'ai égrené en une quinzaine de séances, complétées par la recherche de documents épars, une sorte de litanie de mes saints intimes. Mais je n'ai pas trouvé la réponse à la question posée à la fois par les émotions de Yad Vachem et par les rêves récurrents de noyade... L'été est bientôt là, avec sa période relâche. Ai-je encore besoin de cet accompagnement alors que mon thérapeute me suggère d'abandonner ma quête ?

- Je ne pense pas que vous pourrez retrouver par vous-même la trace de cette enfant noyée, cette histoire ne vous appartient sans doute pas, elle vient probablement de vos parents que vous ne pouvez plus interroger.

Alors que faire pour m'en libérer ? Je sor de cette dernière séance fort déçue mais prête à accepter de vivre avec une absence de réponse à mes multiples questions, dans une sorte de résignation à laisser les morts enterrer les morts, à consentir au repos de ceux qui nous ont précédés dans le Shéol, à les confier dans les mains du Seigneur, formule consacrée de ma culture protestante... Après tout, avec le sentiment d'être accompagnée par cette force mystérieuse que l'on nomme l'Esprit, je ne me sens pas complètement démunie pour traverser les difficultés que la vie réserve à chacun selon d'autres lois que le simple hasard.

Et si, après ce catalogue de malheurs, je profitais de ce temps de vacances pour faire par écrit, l'inventaire de tous les cadeaux que la vie m'a largement offert ? Jouer au « jeu du contentement » comme Pollyanna, l'héroïne préférée de mon enfance, en trouvant dans chaque situation présente un sujet de réjouissance, n'est-ce pas une excellente thérapeutique pour chasser les nuages noirs ou gris du passé ? Savourer et revivre les bonheurs de la vie, n'est-ce pas l'un des remparts que nous pouvons opposer au malheur et à la mort ?

III- Choisis la vie, afin que tu vives

Quand je marche dans la vallée de l'ombre de la mort,
Je ne crains aucun mal car tu es avec moi
Paume 23

1- Les enfants, mes maîtres

Aujourd'hui encore, je me pose la question : comment ai-je tenu, comment ne me suis-je pas effondrée dans l'abîme où s'enfonçaient les mères pleurant la perte de leur enfant ? Comment ai-je pu continuer à leur prendre la main, à leur tendre le mouchoir pour essuyer leur yeux, à rester debout auprès d'elles un instant avant de retourner à mes « vivants » ? Je nomme ainsi ceux que je pouvais encore soigner dans l'espoir de la guérison, ceux que je pouvais encore arracher à la mort, toujours présente avec sa faux et son rictus, cachée dans un recoin de la chambre d'hôpital, prête à entonner sa marche funèbre et à disparaître, le bébé dans les bras, vers le néant...

Cette question à peine formulée, montent en moi les images de ces instants suspendus, où le temps s'arrêtait mystérieusement dans le cercle formé par la mère, l'enfant et moi.

Parfois, les gestes du sauvetage suffisaient à éloigner l'échéance. La pose de la perfusion calmait les convulsions de la fièvre ou réhydratait le corps desséché par la diarrhée. L'injection salvatrice combattait l'œdème du larynx. L'aspiration, le bouche à bouche et la réanimation libéraient les voies respiratoires et apportaient l'oxygène aux centres vitaux. La nébulisation calmait la crise d'asthme. La transfusion recolorait la peau et régularisait les battements désordonnés du cœur... L'ardeur de la lutte, pied à pied, avec les moyens souvent très pauvres dont je disposais dans mes séjours africains et le bonheur des petites victoires quotidiennes étaient de profonds stimulants où je puisais les forces pour chaque jour me replonger dans le combat.

Au retour en France, j'ai redécouvert la puissance et l'efficacité d'une médecine qui n'avait cessé de progresser pendant mon éloignement et dont j'ai dû apprendre les nouveautés et les subtilités : moyens de diagnostic multiples et perfectionnés, chimiothérapie, médecine nucléaire, radiothérapie ciblée, méthodes sophistiquées de réanimation et de chirurgie, tout se combinait pour soigner de mieux en mieux et sauver la très grande majorité des enfants. J'étais fière de participer de nouveau à cette magnifique machine qu'était devenu le monde hospitalier en France – dont la fragilité face aux enjeux économiques d'aujourd'hui m'effraie d'autant plus. J'étais aussi comblée de satisfactions intellectuelles, les avancées scientifiques ne cessant de m'émerveiller et d'attiser ma curiosité.

Je reconnais avoir trouvé un étayage solide dans mon milieu professionnel, à l'hôpital et dans l'équipe de la Protection Maternelle et Infantile que j'avais rejointe dès mon arrivée à Montpellier. J'y ai fréquenté des collègues compétentes, efficaces et douées de qualités d'écoute remarquables, vis à vis de leurs patients mais aussi des nouvelles venues comme moi, faisant tout leur possible pour faciliter notre intégration.

Au CHU, dès le début de ma responsabilité de prise en charge des familles concernées par le VIH, j'avais pu convaincre mes supérieurs, chef de service et administration hospitalière, d'organiser une pratique pluridisciplinaire. Je m'étais donc adjoint, en plus de l'aide des puéricultrices, les services d'une psychologue et d'une assistante sociale, avec lesquelles nous avons mis en place une équipe solide. Au début de l'épidémie, à défaut de traitement efficace, elle assurait l'accompagnement psychologique et éducatif des familles et se formait aux soins palliatifs. Avec mes collaboratrices, je pouvais échanger mon questionnement vis à vis du silence maintenu par les parents devant leurs enfants au sujet de leur propre maladie et de leur mode de contamination. Je partageais mes interrogations lorsque je soupçonnais une maltraitance de la part de parents enfoncés dans la toxicomanie ou la violence. J'exprimais mes indignations devant les réactions de rejet et d'exclusion qui plombaient l'existence de ces familles. Avec elles, et avec d'autres collègues confrontés aux mêmes responsabilités, nous réfléchissions aux moyens d'améliorer l'écoute et la qualité de vie de nos petits patients et de soutenir les parents et tuteurs dans leurs tâches éducative et de soignante.

L'infection à VIH, pathologie apparue récemment en France dans des populations très vulnérables avait mobilisé de nombreuses associations de patients et incité les chercheurs à travailler en étroite collaboration avec les cliniciens. Il s'était donc constitué tout un réseau de personnes engagées dans la lutte, dont le courage et l'opiniâtreté ont eu bientôt raison du fléau. De l'exercice solitaire qui avait été le mien en Afrique, me débattant avec mes maigres forces contre la marée des décès infantiles, je trouvais dans ces lieux de rencontre la chaleur de l'espoir et l'effervescence des idées. Je me sentais épaulée dans mes travaux de recherche personnelle et participais à des enquêtes nationales qui donnaient une dimension supplémentaire à nos observations. J'ai tout appris de l'expérience des pionniers de la lutte contre la douleur des enfants et des soins palliatifs pédiatriques. J'ai admiré la résistance au désespoir des personnes vivant avec le virus. J'ai ressenti la force de toutes ces énergies mises au service de la victoire sur la maladie et sur la mort. Nous nous sentions pour certains engagés dans une course contre la montre : l'arrivée d'un traitement efficace parmi tous ceux que nous tentions tour à tour pour déjouer la mort annoncée... Ces traitements sont arrivés juste à temps pour en sauver quelques uns mais hélas trop tard pour les sauver tous...

Ceux qu'elle a emportés dans sa course, je peux affirmer que leurs sourires brûlent encore au fond de moi, comme autant de flammes dansant dans le souffle de la vie... Ces enfants, au seuil de leur départ, préparaient leur entourage, utilisant un savoir inconscient pour laisser d'eux des souvenirs lumineux.

Jeannot, sept ans, était atteint d'un cancer qui déformait complètement ses membres et son visage. Un jour, je m'approchai pour l'examiner mais le trouvant absorbé dans la confection d'un dessin, je m'assis en silence auprès de son lit. Je l'observai tracer de sa petite main diaphane une forme féminine avec un gros ventre, debout devant la porte d'une maison mauve et noire, aux volets fermés, dont la cheminée ne fumait plus. Je lui demandai doucement :

- Jeannot, qui est dans le ventre de la maman, d'après toi ? En mon for intérieur, je pensais qu'il se mettait en scène, dans le désir de revivre la période heureuse de sa vie fœtale. Il me regarda en coin, haussant les épaules : « Ben, maman, il faut bien qu'elle ait un autre bébé ! Comme çà, Léa, ma petite sœur, elle aura quelqu'un avec qui jouer ! »

La mère intervint alors :

- Oui, c'est bizarre, Docteur, il m'a dit plusieurs fois que je serai bientôt enceinte. Et puis vous savez, quand il me parle maintenant, j'ai l'impression qu'il a tellement grandi, c'est comme s'il était aussi sage qu'un adulte !

... Luc, huit ans, durant toute son hospitalisation, offrait aux médecins et aux puéricultrices, de merveilleux dessins, tendres et colorés, mettant en scène de petits personnages, Mr Courage, Mme Sourire, Melle Joyeuse etc. qui nous incitaient à nous conformer à cette belle humeur malgré l'évolution inexorable de son infection. Dans la phase ultime, il nous demanda de l'aider à réaliser un dernier souhait, celui de retourner vivre la fête de Noël dans sa famille, de l'autre côté de la mer. Contraire à toutes nos précautions pour qu'il vive un peu plus longtemps, ce projet pourtant se mit en place avec le concours de toute l'équipe. Il put vivre cette fête entouré de ses deux parents, de son frère ainé et de tous les amis à qui il avait offert ses jouets, puis il s'éteignit comme une lampe à l'huile usée, le premier jour de l'année suivante. Aujourd'hui, mes amis me l'ont dit, je ne peux parler de lui, sans que mon visage en soit tout éclairé...

La maman de Yannick, quatre ans, me fit appeler une nuit. Son petit était au plus mal, ses poumons étaient encombrés de glaires et il ne trouvait plus d'air pour respirer. Depuis des mois, nous soignions cet enfant, qui avait survécu à plusieurs infections graves et à une occlusion dont il avait été opéré, il y a quelques semaines. Lorsque j'arrivai à son chevet, le petit était allongé, son corps minuscule perdu dans le grand lit. Son regard fixé alternativement sur moi et sur sa maman, appelait au secours. La puéricultrice vérifiait la sonde d'oxygène puis la perfusion de glucose. La mère prostrée tout contre le visage de son enfant, lui caressait la main. Dès qu'elle me vit entrer dans la chambre, elle se redressa en criant :

- Docteur, faites quelque chose, il étouffe, emmenez-le en réanimation !

Je savais que cette nuit, tout était inutile, un virus redoutable s'était multiplié dans sa poitrine et aucun médicament, ne pouvait l'en débarrasser. L'intuber, le mettre sous respirateur artificiel ne pouvaient qu'aggraver ses souffrances sans obtenir le moindre résultat. Je me tournai alors vers la maman :

- Madame, vous seule pouvez l'aider maintenant, en l'autorisant à vous quitter...

- Je ne peux pas, me répondit-elle dans un sanglot, je ne veux pas, il est toute ma vie !

\- Puis-je alors vous demander la permission de lui parler ?

\- ...

\- Yannick, je voudrais te dire que tu t'es bien battu, tu as été vraiment très courageux pendant tout ce temps où nous avons lutté ensemble, toi, ta maman et nous. Mais si tu veux maintenant te reposer, tu as le droit, tu peux t'en aller pour ne plus souffrir...

A peine ai-je eu le temps de terminer ma phrase, Yannick ferma les yeux, sa poitrine se relâcha, sa bouche esquissa un sourire et il rendit son dernier soupir. La puéricultrice, saisie, interrompit son geste, me regarda, débrancha l'aiguille fixée au poignet et enleva la sonde nasale. Elle prit délicatement l'enfant et le déposa, lentement, dans un silence complet dans les bras de sa mère. Toutes les deux, nous nous recueillîmes devant le mystère et la déchirure de la mort, tandis que la mère sanglotait, serrant son enfant sur sa poitrine.

Deux ans plus tard, j'assistai au décès de la maman. Lorsque je pénétrai dans sa chambre d'hôpital, je vis qu'elle tenait dans sa main décharnée, Roquefort, la petite souris en peluche qui avait consolé et fortifié Yannick tout au long de sa maladie. Elle me reconnut et lentement, me dit dans un souffle : « Docteur, je suis contente que vous soyez venue. Vous savez, je vous en ai beaucoup voulu d'avoir parlé ainsi à mon petit Yannick. Mais maintenant, là où j'en suis, et là où il est, je sais que vous avez bien fait ». Elle était heureuse de le rejoindre là où il l'attendait.

Oui, tous ces enfants dont nous pouvions soulager la douleur et les tourments de l'agonie, tous ont été mes maîtres, mes grands frères et sœurs. Ils m'ont précédée dans cette période de fin de vie qui s'approche plus ou moins rapidement pour chacun de nous, même si nous tentons d'en repousser l'idée, de l'ignorer, de la traiter avec le plus profond mépris pour éviter d'en être accablés. Ils m'ont montré qu'à n'importe quel âge, ils devinaient le pronostic de leur maladie, ils en connaissaient l'issue et n'en n'avaient pas peur. Comme des adultes, ils envisageaient le moment de la séparation, ils accomplissaient les gestes qui permettaient de préparer le deuil et en atténuer les effets désastreux. Et pourtant ils n'étaient que des enfants très jeunes dont la brièveté de la vie semblait les rendre plus profonds, plus sages. Peut-être étaient-ils, dans cette proximité avec le mystère de la mort, naturellement en contact avec l'infini de cette énergie créatrice qui donne naissance à l'Univers et à chaque être vivant. Encore tout près de la Source, au lieu de courir comme les autres enfants insouciants, bondissant comme de jeunes torrents vers la rivière et la mer, ils creusaient la terre pour retrouver l'eau vive et en désaltérer leur entourage, sidéré par leur disparition prochaine…

Lorsque les médicaments antirétroviraux, après une longue période de tâtonnements, sont apparus, quelle joie d'en observer les effets sur mes petits patients dont personne autour d'eux n'espérait plus la survie ! Je les voyais reprendre des joues, ils me racontaient leurs nouveaux exploits sportifs et la reprise d'une vie scolaire libérée de la peur et de la honte d'être repérés et pestiférés. Les consultations n'étaient plus des moments de chuchotements à voix basse avec les parents ou les tuteurs, alternant les tensions indicibles avec la déposition de la détresse et des secrets de famille. Elles redevenaient des lieux de dialogue confiant et d'espoir. La vie dans toutes ses dimensions redevenait possible. Son souffle allégeait considérablement mon rôle de surveillance et d'accompagnement d'un traitement prolongé, contraignant mais terriblement efficace contre l'ennemi qui jusque là avait paru invincible.

Participer de plain pied à ce combat scientifique et humain était l'antidote de la désespérance et l'appui indispensable au travail de deuil, dû aux pertes répétées des parents ou des enfants que nous suivions, mon équipe et moi. Prises dans l'action et solidaires d'un réseau de lutte contre la maladie, nous pouvions surmonter nos sentiments d'impuissance et notre peine et nous donner sans réserve aux survivants qui eux, ont eu la chance de passer à travers les mailles du filet. J'ai vraiment goûté là au meilleur de ma profession : combattre le mal et la mort, écouter et accompagner ceux qui y succombent, atténuer leurs souffrances, les considérer comme vivants jusqu'au bout et se réjouir avec eux de la victoire, quand elle est au rendez vous. Cette victoire sur le VIH, enfin contenu par la trithérapie a été pour moi la revanche de toutes ces années d'impuissance. Elle m'a redonné confiance en l'humain, en son intelligence et en son désir de surmonter l'adversité, pour soi et pour les autres.

Toujours à l'affut, cet ennemi tuait encore beaucoup d'enfants de par le monde, mais là encore la lutte était déjà programmée. J'ai voulu y participer, dans la mesure de mes forces. Je suis repartie avec un bagage nouveau, former les médecins et les sages-femmes, appuyer les lieux où s'organisait la stratégie, concevoir des essais thérapeutiques, soutenir les associations de personnes séropositives, participer aux demandes de financement international et la répartition des fonds, etc. La tâche était considérable afin que les plus petits et les plus pauvres ne soient pas oubliés. J'ai accepté de répondre aux appels qui m'ont été lancés durant cette période pionnière où les femmes et les enfants d'Afrique accédaient enfin aux mêmes possibilités de prévention et de traitement que celles des pays riches.

Je ne peux m'enorgueillir de ces actions, car elles allaient dans la continuité parfaite de mon expérience et de mes compétences professionnelles : comment alors s'y soustraire, même si l'âge de la retraite avait sonné ? Certes, j'aurais pu, comme tant de mes concitoyens, désirer cultiver mon jardin ou voyager pour mon plaisir dans les paradis que la Terre nous offre encore - peut-être pour peu de temps... Mais comment pouvais-je oublier tous les enfants que j'avais vu s'engloutir dans la mort, faute de ces traitements ? Comment pouvais-je jouir des plus belles plantes et des plus beaux paysages que le Ciel a disposé pour notre plus grand plaisir, en oubliant la misère des villages sahéliens, décimés par la sécheresse et les ventres gonflés des petits malnutris de Côte d'Ivoire, du Congo ou de Madagascar ?

Je leur faisais du bien, certes, du moins à certains, je leur apportais une goutte d'eau pure dans le cloaque du malheur. Mais je calmais ma conscience aussi, et avec elle l'angoisse de mon impuissance et de ma fragilité. Le plus grand bonheur n'est cependant pas cet apaisement factice qui réapparaît si vite devant l'immensité de tout ce qui reste à faire ! Non le vrai bonheur n'a pas d'autre éclat que le sourire retrouvé sur le visage d'un enfant. Mon bonheur d'hier et d'aujourd'hui, je l'ai puisé dans les sourires de tous ces enfants dont le prénom est inscrit dans mon cœur et le visage imprimé dans les albums de ma mémoire : Cléophas, Mireille, Rachid, Adam, Abibata, Christine, Magali, Arthur, et tous les autres, vous êtes chacun mes petites étoiles. Vous êtes redevenus les fleurs et les arbustes qui réjouissent vos parents, vos grands mères, vos oncles et tantes qui se sont battus pour vous et vous voient grandir, avec dans vos yeux la gravité de ceux qui ont été frôlés par les ailes de la mort…

2- La vie familiale, un ancrage

Dès ma blouse blanche enlevée, mon stéthoscope rangé dans mon tiroir, je retrouvais ma famille, mes enfants, mes amis, la vie « normale », comme on dit, avec ses couleurs vives, son odeur de café et de pain chaud, ses petits soucis et ses grandes joies. Mes enfants revenaient de l'école avec leurs questions et leur désir de jouer, d'apprendre, de créer, d'inventer des bêtises et des chansons. Ils grandissaient avec l'appétit des curieux et des enthousiastes. Il y avait Cédric, le professeur Nimbus, ou savant Cosinus, toujours parti dans une idée nouvelle permettant d'explorer le cosmos, dans le plan d'une machine à réguler le temps ou dans la reconnaissance des champignons comestibles ou vénéneux. Ensuite Sören, l'ingénieur bricoleur qui savait dès deux ans, manier mieux que moi le marteau et le tournevis, était capable de construire la cabane de ses rêves ou d'explorer la jungle, muni de sa panoplie complète de Tarzan. Vérène, la troisième, m'a très vite initiée à l'amour des animaux, chats, chiens, cobayes et tortues avant de devenir une cavalière accomplie, choyant son cheval camarguais de toutes sortes d'attentions pour pouvoir mieux le dompter. Enfin, Aymone, la dernière, artiste peintre et danseuse classique touchait mes fibres profondes en réveillant en moi ce désir d'art et de création, que l'exercice de la médecine et les maternités ne m'avaient pas permis d'assouvir. Musique, rythme et arabesques s'épanouissaient et répondaient aux couleurs des aquarelles et des dessins naïfs que s'arrachaient ses camarades de classe...

Ils étaient tous les quatre ma bouffée d'air pur et ma récréation, malgré les nuits blanches des premiers mois, les inquiétudes des petites maladies infantiles, les disputes entre frères et sœurs et les quelques crispations inévitables. Je ne savais pas bien leur exprimer ma tendresse, ma propre mère ne me l'ayant pas enseignée. Je n'étais pas non plus percluse d'anxiété à leur sujet comme pouvaient m'y porter les souffrances de mes petits patients. J'ai été une mère plutôt sévère mais non rigide, usant d'autorité lorsqu'il le fallait, mais surtout soucieuse de stimulations et de bien-être. J'aimais leurs rires et leurs questions, j'aimais surtout discerner les traits de leur caractère et les éléments de leur originalité. J'aimais les faire entrer aussi dans l'univers des contes, de la science et de la culture. Je cousais pour eux des déguisements de carnaval et offrais aux uns papier, ciseaux, crayons et gouache, aux autres outils et matériel de travaux manuels. Nous montions ensemble des spectacles et invitions des amis pour un anniversaire ou pour la fête de Noël. Le soir avant le coucher, nous nous retrouvions tous les cinq, allongés sur le grand lit des parents, et je leur lisais Jules Verne, Charlotte Brontë ou Johanna Spyri. Moments délicieux d'intimité et de rêves partagés...

Ils n'étaient pas ma propriété mais de belles plantes que je voyais pousser chaque jour, grâce à mes soins. J'attendais avec impatience de découvrir la fleur et les fruits qu'ils porteraient ou l'arbre qu'ils deviendraient, notre travail de jardinier accompli. Je ne sais quels souvenirs ils gardent de leur enfance africaine. Pour moi, j'ai reçu cette période comme un cadeau précieux qu'il fallait entourer et protéger de toute mon attention mais que je ne me lassais pas de contempler. Ils m'ont appris, chacun avec leur génie propre, à comprendre la richesse des différences. Avec eux je n'ai cessé de m'émerveiller des changements que la croissance provoquait en eux. Je mesurais ainsi la force invincible de la vie, qui était passée par moi et devenait en eux de jour en jour plus accomplie, plus parfaite, plus singulière.

Même la phase de leur adolescence, avec tous ses essais et erreurs, tous ses chagrins et ses inquiétudes, ses agacements et ses déceptions, n'a pas laissé chez moi de souvenirs pénibles. Par des séjours chez leurs grands mères ou chez leurs amis, par des camps de scouts et séjours linguistiques, nous les avions habitués très jeunes à se frotter à des modes d'éducation autres que notre vie familiale. Nous les avions incités aussi à réfléchir par eux-mêmes à leur avenir, tout en leur fournissant nos repères éthiques et spirituels. Grâce au scoutisme, ils ont assumé des responsabilités vis à vis de plus jeunes qui les décentraient de leurs propres revendications à notre égard. Ils en ont acquis une grande faculté d'adaptation et une indépendance qui leur ont permis d'entrer, sans efforts surhumains et sans errements trop graves, dans la vie étudiante puis à effectuer les grands choix de la vie : profession, conjoint, engagements humains, politiques et spirituels.

Que je n'ai pas souffert du moment de la séparation et de l'envol hors du foyer, ce serait mentir. Il est survenu très tôt, trop tôt pour notre aîné que nous avons dû inscrire en France en Terminale faute d'un enseignement approprié en Côte d'Ivoire où nous résidions. Mais nous avions partagé tant de bonheurs, ils avaient été tous les quatre de si puissants élixirs de jouvence et de réconfort, que j'attendais avec impatience le moment où à leur tour, ils nous donneraient des petits enfants à aimer et ils participeraient eux aussi à ce jaillissement de la vie auquel nous sommes tous conviés. Je n'ai pas été déçue car devenir grand mère à cinquante ans d'une petite fille puis plus tard, de cinq autres petits enfants a réveillé en moi cet éblouissement devant le miracle de la vie et de la croissance. Miracle que, par mon contact quotidien avec la souffrance, la fragilité et la mort, je mesurais à sa juste valeur et dont je rends grâce encore tous les jours.

Par pudeur, je ne m'étendrai pas sur ma vie de couple qui, s'il a été solide, n'a pas été exempt des crises qu'engendre le choc de deux fortes personnalités, au caractère bien marqué et aux centres d'intérêt multiples. Dans cette longue vie commune avec celui que j'ai choisi comme compagnon de ma vie et père de mes enfants, il y a eu de vrais moments de bonheur, faits de surprises, de désirs, de dialogues et de projets.

A l'époque où je l'ai rencontré, Hubert venait de quitter l'Algérie où il avait, en tant qu'officier, rapatrié les troupes françaises et harkis durant les premiers mois de l'Indépendance. Formé comme moi par le scoutisme et sans goût véritable pour reprendre des études de chimie, interrompues par l'appel sous les drapeaux, il avait accepté un poste de responsable national des Eclaireurs Unionistes. De mon côté, je fréquentais le secrétariat National de la rue Klock à Paris car je menais de front mes études de médecine et un engagement bénévole au journal Mowgli, le mensuel destiné aux Louveteaux. Partageant la même foi protestante et la même vocation pour le scoutisme, je découvris un homme dynamique, inventif, « toujours prêt » à se dévouer aux autres, dont la beauté sportive n'était pas la moindre de ses qualités. Il parcourait la France entière pour visiter chaque unité, organisait sans relâche rencontres festives, camps de jeunes ou stages de formation des chefs ou prenait contact avec les paroisses pour débloquer la possibilité d'un local ou d'un soutien spirituel des « chefs de troupe » comme on appelait à l'époque les responsables d'unité. Cette activité tout azimut et l'exercice de vraies responsabilités lui convenaient parfaitement. Il s'était entouré de toute une équipe de jeunes chefs et cheftaines qui avaient pour lui une véritable vénération et dont j'ai moi-même beaucoup apprécié la joie de vivre, le courage et l'humour. Avec eux, il montait des « coups » et des aventures destinés aux adolescents, tels que la construction d'un pont sur la Rivière près de Vabre, un camp de survie dans le

Vercors où l'on devait casser la glace le matin pour se laver le museau, ou la reconstruction du chalet routier de Saint Véran dont il fallait réorienter le toit pour éviter les chutes de neige sur les passants. Occasion magnifique d'aller faire de la varappe sur les pentes de la Tête d'Estoillies ou de descendre le torrent du Guil en kayak...

Il nous suffit d'un camp commun de formation de chefs et cheftaines, dans la Drôme, pour nouer une relation plus profonde. Puis un séjour aux sports d'hiver dans le chalet d'un de ses amis à Verbier nous fit comprendre que nous pouvions faire une longue route ensemble. Mariés en janvier 65, nous bâtirons ensemble la réunion des deux mouvements masculins et féminins, les EU et la branche protestante de la FFE, devenant la FEEUF, en recherchant avec les responsables ce que pouvait être une véritable coéducation. L'enjeu était de concevoir une pédagogie commune et cependant respectueuse des différences, qui ne lèserait ni les filles ni les garçons et s'adapterait aux rythmes et aux besoins de chacun. Quelle belle histoire nous avons vécue dont le point d'orgue a été le premier Conseil National commun de Fontainebleau en Novembre 1968, réunissant plus d'un millier de jeunes avec la participation de stars comme Hugues Auffray ou Edgar Morin !

Six mois plus tard, au bout de cinq années d'engagement total pour lui, et de réussite au certificat de pédiatrie pour moi, nous changions complètement d'orientation, son ancien homologue aux Scouts de France, François Lebouteux lui ayant demandé de participer à une nouvelle aventure, celle de la création d'un Institut de Technologie Agricole, à Mostaganem en Algérie. Nous n'avons pas hésité une seconde tant le projet était innovant. Je retrouvais l'Afrique du Nord de mon enfance, tandis qu'il était nommé directeur des stages et des études, dans une école nouvelle, ultramoderne destinée à former les jeunes ingénieurs agricoles, futurs directeurs des anciens domaines coloniaux reconvertis en exploitations publiques sous le gouvernement de Houari Boumedienne. Equipée d'un circuit interne de télévision, ancêtre de la pédagogie numérique, l'ITA permettait aux enseignants de présenter leurs cours sous forme de courts métrages, préludes aux vidéos d'aujourd'hui, réalisées sur place par une équipe de cinéastes français et algériens. Cette étape de cinq années riche en péripéties, dont la naissance à domicile de notre dernière née, Aymone, fut le début de notre périple africain qui nous mena ensuite en Côte d'ivoire puis au Congo. Lecteurs assidus de la revue de George Hourdin, Croissance des jeunes nations, nous avions le sentiment exaltant de participer à l'histoire de la décolonisation, en apportant notre pierre au développement qui devait changer le monde. Dans chaque poste occupé, dont il serait trop long de relater les spécificités, Hubert se donna entièrement à son métier de formateur d'adulte et de conseiller économique. Il contribuait à africaniser les postes jusque là occupés par des français et nouait avec ses collègues et ses subordonnés des relations toujours empreintes de respect mutuel. Parallèlement nous participions à des groupes œcuméniques de réflexion et fréquentions les églises protestantes des pays qui nous accueillaient. Hommage soit rendu à Pierre Cadier, notre pasteur d'Abidjan, qui a accompagné notre famille pendant presque dix ans et qui est resté un ami très cher avec son épouse Marie Claire, jusqu'à leur décès, bien des années plus tard.

Durant toutes ces années de jeunesse et de maturité, j'ai l'habitude de dire que notre couple ressemblait à une « association de bienfaiteurs »... Tournés vers des buts différents mais idéalistes, partageant le même souci d'améliorer la vie de nos semblables, nous n'avons jamais eu de désaccord profond sur les points essentiels de notre vie : éducation des enfants, choix professionnels, respect de nos engagements mutuels, fréquentation de nos amis, opinions politiques, convictions religieuses, ce qui a construit entre nous des liens d'une amitié indestructible... J'ai pu compter sur lui dans les moments les plus délicats et dans les choix importants de notre existence. J'ai été aussi, je le crois, pour lui, un point de repère et de ressourcement.

Mais cette fidélité, ce fut aussi un combat où se heurtaient nos incompréhensions, nos coups de fatigue, nos investissements professionnels souvent excessifs, et tout simplement nos différences d'homme et de femme. Alors le pas de deux harmonieux du ballet de la vie se transformait parfois en une danse de canards boiteux, au son de violons désaccordés... Tenir le cap, éviter la dislocation familiale, garder l'espoir d'un nouvel élan devenait l'essentiel de la vie conjugale. Dans un monde où il était de plus en plus facile de se séparer, de divorcer sans honte ni rancune, cette attitude était un défi, un pari à renouveler chaque matin. Eh bien aujourd'hui, tous regrets définitivement enterrés, je puis dire : nous avons gagné ! Le bilan est pour nous deux largement positif à l'âge où s'affaiblissent nos forces physiques et où s'atténuent les possibilités de rebondir. Merci à toi mon époux, qui n'a jamais pesé sur mes choix et m'a permis de devenir ce que je suis, dans la peine et dans la joie, dans la lutte et dans la paix retrouvée !

3- L'amitié sans frontières

L'amitié fut et reste encore un lieu inépuisable de bienfaisance et d'énergie. Privés durant nos vingt ans d'expatriation de notre entourage familial élargi, partout nous avons très vite établi des liens solides, profonds, joyeux soit avec des familles nombreuses au fonctionnement similaire à la nôtre, soit avec des personnes engagées, comme nous l'étions, dans le développement et l'accompagnement des populations défavorisées. Avec les uns, nous nous évadions le dimanche sur des plages, à l'ombre des cocotiers, les paniers de pique-nique bien remplis, quelque bon roman ou des jeux de cartes et de scrabble à portée de la main. Entre femmes, nous bavardions légèrement de nos enfants et de nos petits soucis quotidiens ou bien nous évoquions ce qui nous tenait à cœur : les difficultés de notre travail, les relations avec les collègues africains, les nouvelles du monde qui nous parvenaient à travers le filtre du fossé qui se creusait entre le Nord et le Sud, malgré tous les efforts que nous croyions nécessaires pour y remédier…

Avec les autres, missionnaires, forestiers, membres de la paroisse locale, collègues ou partenaires de travail, nous découvrions le pays qui nous accueillait et ses réalités étrangères à notre culture et à nos schémas de pensée habituels. Nous avons ainsi accompli la grand boucle du Sahara algérien, avons été accueillis dans une bergerie à Tahrit, et découvert les gravures rupestres près de Colomb Béchar. Nous avons prié à Béni Abbes dans la chapelle des petites sœurs de Foucaud, rempli nos poumons du sable rouge de Timimoun et admiré un coucher de soleil sur les dunes autour d'El Goléa... Nous avons flâné sur les marchés sénoufos du nord de la Côte d'Ivoire et vibré au rythme des tambours des musiciens et danseurs de Man. Nous avons écouté les bruits fascinants de la forêt dans la station de recherche agronomique de Divo, nous avons affronté les rouleaux majestueux de l'océan sur les plages de Grand Bassam ou de Sassandra. Nous avons remonté en Zodiac le fleuve Kouilou, nous avons été reçus dans les villages où l'on tuait pour nous la biche ou le cabri.

Mon meilleur souvenir reste ce survol de la forêt tropicale en avion à hélice, six places, et son atterrissage non loin d'un campement de pygmées. Pendant que les hommes faisaient le tour de la plantation de bananiers ou repéraient les fromagers géants à abattre, des femmes sans âge, de la taille de mes filles de dix et onze ans, un nouveau-né pendu à leur sein aussi flasque qu'un gant de toilette, m'invitaient par gestes à m'asseoir avec elles dans leur case circulaire. Sur le sol de terre battue, trônait au centre un foyer de trois pierres, flanqué de maigres ustensiles de bois et de terre cuite. La fumée s'échappait par un orifice percé au sommet du toit de chaume. Aucun siège, que dis-je, pas le moindre meuble ni même de natte pour dormir. Dans un sourire troué de chicots noirâtres, la plus âgée m'offrit dans une louche une boisson à l'odeur indéfinissable, qu'il m'a été difficile de refuser sans les offenser.

Une autre fois, la piste de latérite rouge déroulait ses plaques de tôle ondulée sous les pneus de la Toyota. Secoués par des tressautements incessants, nous traversions la forêt d'eucalyptus que le pays avait choisi de planter pour rentabiliser les espaces dégagés par les brûlis traditionnels. Nous longions la voie ferrée construite pour le transport du manganèse jusqu'à Madingokai et décidions de faire une halte impromptue pour assister une cérémonie animiste où des hommes en transe, habillés de rouge et de blanc, dansaient sans douleur sur des braises ardentes et brandissaient une grande croix ornée de cauris tout en psalmodiant au son des tambours de sombres mélopées. Cela ne nous empêcha nullement ensuite d'assister à la messe, dans une mission encore dirigée par un vieux Père blanc fidèle au poste, dont la vie était consacrée depuis la nuit des temps à ses ouailles et qui ne pouvait envisager de les quitter... Nous avons eu aussi l'occasion de visiter une exploitation maraîchère animée par de jeunes Volontaires du Progrès, organisation semi étatique qui envoyait pour deux ans des jeunes français sur des sites de développement. Ils formaient des homologues africains et supervisaient des petits élevages, des jardins potagers. Ils créaient des dispensaires et des écoles et organisaient autour de villages-centres, de petites communautés capables de sortir du sous développement et de bénéficier ainsi de services publics efficaces... Une autre épopée a été de passer la frontière entre le Congo et le Gabon, remonter vers le nord, traverser l'Ogoué en pirogue pour atteindre Lambaréné et nous recueillir sur la tombe du Grand Docteur Schweitzer...

Bref, notre vie africaine a favorisé un foisonnement de découvertes, de contacts et de rencontres, l'aventure se renouvelait chaque jour et donnait le sel et le goût épicé qu'il fallait à notre quotidien pour le rendre savoureux. Nos amis africains nous enseignaient à le goûter pleinement, dans ses joies et dans ses douleurs, eux qui savaient si bien rire quand tout allait mal, chanter pour remercier d'être vivants et danser lorsque l'avenir s'annonçait trop sombre... Comme si l'adversité n'avait pas de prise sur eux, alors qu'un moucheron dans notre soupe suffisait à nous inquiéter, nous les européens trop gâtés !

Ce fut beaucoup plus difficile à notre retour en France, de trouver de nouveaux repères et pour moi les moyens de faire face à la dureté de mon insertion dans l'hôpital, d'autant que j'en ignorais la plupart des codes. Nos enfants avaient grandi. Adolescents ou déjà envolés hors du nid pour rejoindre leur université ou leur école d'ingénieur, ils ne pouvaient plus me redonner ma dose quotidienne d'énergie, de jeunesse et de petits tracas qui rendaient la vie familiale finalement si attrayante et revigorante. Déjà se posaient pour eux les graves questions de l'orientation, du choix du métier, des déceptions amoureuses et des grandes options existentielles, dans lesquelles je ne pouvais m'immiscer trop avant, même si je souffrais de les voir hésiter, pleurer, se renfermer ou se révolter.

La vie quotidienne n'offrait plus d'occasions aussi exaltantes de sortir de la routine. Les loisirs étaient devenus plus rares car nous devions investir toutes nos forces et tout notre temps pour redécouvrir un pays et ses méthodes de travail que nous avions quittés vingt ans auparavant. Les amis maintenant dispersés aux quatre coins du monde n'étaient plus autant à l'écoute de mes interrogations, et comment pouvais-je leur parler de ce que je vivais et ressentais au chevet de mes petits patients ? Certaines amitiés comme celle de Sarah, Françoise, Aleth, Marie France ou de Gabrielle dont je parlerai plus loin, m'apparaissaient cependant, des piliers de marbre aussi solides et éternelles que les cariatides de l'Erechthéion ! Elles m'apportaient à cette époque, un soutien incomparable. Grâce à elles j'expérimentais la fraternité humaine, la rencontre de l'autre dénuée d'arrière pensée, le partage des rires, des fous rires et des émerveillements mais aussi des larmes et de la souffrance.

J'avais choisi de cultiver cette « vertu » - au sens à la fois de courage et d'efficacité - dans mon couple, et c'était certainement là, le plus difficile tant l'habitude est d'y user de rapports de force. Mais aussi dans la famille élargie avec mes sœurs les plus proches ou des cousines retrouvées au hasard des fêtes familiales. J'ai surtout approfondi certaines des amitiés de jeunesse ou instaurées lors de nos pérégrinations à l'étranger pour en faire des relations profondes, de qualité affective et spirituelle extrêmement nourrissante et savoureuse.

Oui, vive l'amitié, sentiment en même temps qu'attitude, aventure, découverte qui en fait le véritable art de bien vivre...

les formes et les couleurs d'une flore protégée, et j'apprenais les noms de ces princesses aux habits chatoyants : épervière, nigritelles, raiponces, orchis, arnica, doronics, trolles ou soldanelles... Les sifflements de marmottes nullement effarouchées nous accompagnaient et, de temps en temps, se laissaient entrevoir des chamois en maraude dans les rochers. Les cailloux de schiste dont on fait les lauzes, de granit étincelant ou de serpentine modelés par les eaux des torrents roulaient sous nos pas. Parfois, nous nous aventurions en refuge ou sous tente pour faire le tour du Viso, escalader le Brick Boucher ou la Tête d'Estoillies, ou encore découvrir les neuf couleurs d'un lac de glacier, dans lequel Hubert osait se plonger tout nu !..

Les habitants du Queyras, longtemps totalement isolés durant de longs mois d'hivernage nous donnaient aussi l'occasion de rencontres insolites, à nous qui restions après quarante ans de fréquentation toujours leurs « estrangers ». Ce milieu paysan farouche a été façonné par la dureté du climat et la solitude des alpages mais a su créer l'harmonie de ses villages aux fustes traditionnelles, tournées vers le soleil pour favoriser le séchage du foin. Le père Sybille de Saint Véran nous emmenait trotter vers l'Observatoire de Château Renard. Avec ses quatre-vingts ans bien sonnés, il allongeait dix bonnes enjambées devant moi. Samy partageait avec nous sa passion pour les aigles et les loups. Le vieux Berge, lauréat de tous les concours agricoles de la région grâce à ses superbes vaches laitières, faisait visiter son étable aux enfants, tout en versant dans notre berthe un lait crémeux et odorant, - hum, ce n'était pas un parfum de rose ! - dont seul Hubert raffolait pour adoucir son café. Il nous racontait le temps où le Coin n'était qu'un hameau de deux fermes, regrettant sans nous l'avouer l'afflux des résidences secondaires qui avaient poussé comme des champignons dans les prés avoisinants. Pour le petit déjeuner et les goûters, nous nous fournissions chez Jean, l'apiculteur, producteur d'un miel délectable. Nous commandions chez les Alberge de Molines ou

à Jean Faure de Fontgillarde des meubles et des objets de
bois sculptés. Nous visitions l'atelier de Roger, le taxidermiste,
où trônaient empaillés tous les animaux protégés du Parc
Régional. Les approvisionnements s'effectuaient à l'épicerie
où travaillait comme vendeur un prêtre retraité. Les jouets
pour Noël nous attendaient à la coopérative d'Arvieux fondée
par Georges Preiss, peintre, pasteur et guide de montagne. Et
différents rassemblements faisaient se rencontrer des
protestants, touristes et « indigènes » mélangés : la fête du Bois
des Amoureux où les protestants organisaient jadis les
mariages clandestins de leur jeunesse, la rencontre de
Clapeyto, au fond de la vallée d'Arvieux, le pique-nique au col
Lacroix gravi de chaque côté de la montagne par les réformés
du Queyras et les vaudois d'Italie, brrr qu'il y faisait froid sous
la risée des vents chargés de glace ! La fête des Moissons à
Freyssinières où l'on pouvait encore entendre le murmure des
huguenots pourchassés venant des grottes haut perchées où ils
se cachaient jadis, du temps où les dragons du roi écumaient
les gorges et les vallées… Nombreuses étaient les occasions de
côtoyer cette population industrieuse, qui au fil des années,
transformait son activité, plus mécanisée, plus touristique
aussi, avec le travail des stations de ski, sans jamais
abandonner ses traditions et la fierté d'être queyrassine !

Dans ce pays, nous avons bâti notre chalet, planté quelques
beaux mélèzes et pins cembro qui dépassent aujourd'hui le
faîte du toit. Le Queyras est devenu notre ami le plus fidèle,
avec lequel nous ne nous lassons pas de converser…

5- *La culture comme un jardin anglais*

Si ma mère m'a transmis quelques vertus, la première est assurément son amour des choses de l'esprit et de l'intelligence. Je ne sais à quel âge j'ai commencé à me plonger chaque soir dans l'un des romans que mettaient à disposition l'édition enfantine de l'époque, bibliothèque rose, verte ou rouge or, qui faisaient de l'heure du coucher un moment de joie, de paix et de recentrement sur moi-même. Heidi, Brigitte, Sophie et ses amies Camille et Madeleine, Petite Poucette, Gerda et Elisa, la princesse au petit pois, la petite fille aux allumettes, Pollyanna, Jo et Meg, Beth et Amy font partie de la ronde de mes amies intimes. Elles venaient bercer les premiers rêves de la nuit et m'ont très vite donné le désir d'écrire mes propres histoires dans un cahier d'écolière, à la reliure de cuir, façonnée par Henriette, ma grand-mère aux doigts de fée. C'est ainsi que jaillirent de mon imagination une souris malicieuse nommée Miquette, Balkis la Reine de Saba posant ses énigmes au grand roi Salomon, Maylis et Hervé, naufragés sur une île déserte, ou Sandra, à la voix d'or capable de réveiller chaque matin le soleil... J'ai malheureusement égaré ce cahier, seuls subsistent ces héros dans ma mémoire mais surtout la magie que j'éprouvais à les créer.

Plus tard, sous l'influence réciproque de ma mère et de mes professeurs, je goûtais aux délices des grands classiques français, russes, allemands ou anglais, sans ordre ni préférence. Passant de Victor Hugo à Tolstoï, de Shakespeare à Thomas Mann, de Dostoïevski à Zola, j'entremêlais les destinées et les paysages, les prénoms et les visages, les mots et le rythme des phrases, autant de fleurs et d'arbres éclos dans mon jardin secret, comme si leurs semences avaient germé au hasard d'une main divine qui les aurait lancées... Et même lorsque mon temps fut de plus en plus compté entre les soins à mes enfants et à mes petits patients, je n'ai jamais su m'endormir sans parcourir un ou deux chapitres d'un roman choisi à la bibliothèque la plus proche ou prêté par une amie. Roman d'aventures ou historique, biographie ou suspens policier, classique ou dernier prix littéraire, tout était bon à me mettre sous les yeux. Là encore sans aucun ordre que celui de la joie sans cesse renouvelée d'une rencontre avec un auteur, un narrateur ou une héroïne avec lesquels je pouvais nouer un lien d'amitié, le temps de savourer le sel de leurs histoires et le miel de leurs sentiments. Avec eux, je respirais un air embaumé de toutes les senteurs, j'écoutais la musique de leur discours, je fredonnais leurs chansons tour à tour enjouées, tendres ou engagées et je marchais sur leur route en vibrant de leurs émotions. Moyen parfaitement efficace pour me faire oublier les miennes, pleines de tracas, pour atteindre sans effort un monde invisible illuminé de toutes les couleurs et de toutes les nuances que terre et ciel pussent jamais montrer.

Je reste aujourd'hui une fervente lectrice, ayant toujours deux ou trois ouvrages en train, l'un pour la matinale, essais ou poésies pour la nourriture de l'âme et de l'esprit, les autres romans et nouveautés pour préparer les rêves de la nuit... Merci à Calliope, Clio et Erato, mes muses préférées pour m'avoir si fidèlement accompagnée et bercée de leurs douces mélodies !

Mais le livre des livres qui accompagne chaque pas de ma vie reste bien sûr la Bible que j'ai reçue et découverte dans mon enfance. Aujourd'hui, ma bibliothèque en possède de nombreuses versions : les anciennes héritées de mes parents ou beaux parents, à la couverture de cuir usée et aux marges annotées de la main de ses lecteurs ; les plus récentes, achetées pour découvrir les diverses traductions et les variantes ignorées, enrichies de commentaires dévoilant les évolutions de la théologie contemporaine ; mes préférées, les Bibles illustrées, témoignant de la source infinie d'inspiration artistique que provoquent ces textes immémoriaux. Et puis, sur ma table chevet, comme la compagne rassurante de mes rêves et de mes jours, est posée celle avec laquelle je dialogue chaque matin dans le silence…

Mon petit fils Erwann s'étonnant de cette accumulation s'exclama un jour : Majo, pourquoi possèdes-tu tant de bibles ? Tu les as toutes lues ?

- La bible, c'est pour moi comme un trésor inépuisable, où je peux trouver à chaque heure de la journée et à chaque jour de l'année une nouvelle perle, c'est comme du pain pour calmer ma faim ou de l'eau pour étancher ma soif…

- Un trésor ? Alors ce sont des légendes, ce n'est pas vrai ?

- Vrai ? Cela dépend comment tu entends ce mot. Ce n'est sûrement pas un livre d'histoire et encore moins de préhistoire – qui était là pour raconter la création du monde par Dieu ? Ce n'est pas non plus un livre de science qui nous décrirait des expériences et nous donneraient des preuves – qui peut prouver que « Dieu existe » et que Jésus « est son Fils » ? Mais ce n'est pas non plus un livre de contes et légendes comme ceux que je te lisais le soir lorsque tu étais petit. Encore qu'on y trouve aussi de très belles histoires, peut-être t'en souviens-tu ? Celle de Joseph jalousé par ses frères, abandonné dans une citerne en plein désert et devenu le premier ministre du puissant pharaon ; celle de Moïse porté dans sa nacelle sur le

Nil vers la princesse d'Egypte qui conduit son peuple dans le désert et lui donne la Loi ; ou encore celles de Ruth, la belle étrangère, de Tamar la séductrice de son beau-père, de Rahab la prostituée au grand cœur ou encore celle de Bethsabée la reine adultère, toutes quatre déclarées par Matthieu comme les ancêtres de Jésus... Histoires aussi belles que celles de l'Iliade et l'Odyssée, contant l'épopée d'Ulysse et d'Achille, d'Hélène et de Pénélope protégés ou maudits par les dieux de l'Olympe !

- Mais alors, comment et en quoi peut-on croire ? Comment les mots de la bible deviennent-ils pour toi ces perles, ce pain, cette eau rafraichissante ?

- Eh bien, la Bible est pour moi un livre de poésie où chaque mot crée une petite lumière. Car à travers les histoires de ces hommes et de ces femmes et surtout à travers l'enseignement et la vie de Jésus, elle me parle de ma vie, de mes douleurs, de mes joies, de mes réussites et de mes échecs. Elle me parle de la souffrance, du mal et de la mort, mais aussi de consolation, de confiance et d'espérance. Elle me parle d'amour, de justice et de paix véritables, c'est à dire de tout ce dont nous avons besoin pour donner du sens à notre vie. Je ne la lis pas au premier degré, le pain n'est pas seulement le pain que tu manges à table, la mer avec ses vagues n'est pas la mer Rouge ou la Méditerranée, le désert n'est pas le Néguev, la montagne le Sinaï ou le Thabor. Certes, il est question de ces réalités, à première vue, mais elles évoquent aussi des images qui deviennent des paroles fascinantes que tu dévores ou que tu bois, des vagues d'anxiété qui te bousculent et te font peur, des moments de solitude et de difficultés que tu traverses, des sommets que tu as envie d'escalader. Alors tu vois, la Bible comme la poésie, ce sont des mots qui se transforment en êtres ailés, en lumières. Ceux-ci créent ainsi pour nos âmes et nos esprits des œuvres d'art qui nous rendent capables de mieux vivre, et surtout de mieux aimer...

Je ne me souviens pas des mots exacts que j'ai employés pour répondre à mon petit fils, peut-être les ai-je même inventés... Qu'importe s'il n'a pas tout entendu, mais lorsque un peu plus tard, il m'a demandé de lui apprendre à réaliser une icône, nous avons choisi ensemble celle du Semeur qui lance sa semence dans son champ, généreusement, sans compter. Alors une partie des grains tombent aussi sur le chemin où les corbeaux la mangent, sur les pierres où elles se dessèchent ou au milieu des épines qui l'étouffent. Mais lorsqu'ils rencontrent une bonne terre, ils s'enfoncent, germent et produisent du blé en abondance... Ainsi les mots de la Bible touchent-ils ceux qui sont sensibles à sa poésie. Ils trouvent en leur cœur une terre fertile et deviennent de grands arbres où nichent les oiseaux du ciel...

6- La foi, ma boussole

A ce point de mon récit, il est naturel de parler de ma foi chrétienne, ancrée dans la lecture et la méditation de la Bible, comme me l'ont transmise mes parents et éducateurs. Car autant son expression collective dans une communauté que ma quête personnelle de spiritualité ont été déterminantes dans mon parcours pour m'éviter de perdre pied, de m'enfoncer dans la dépression ou de m'égarer dans la recherche de succédanés compensatoires à l'angoisse existentielle qui nous saisit tous devant la souffrance et la mort des enfants.

Mes parents et grands parents faisaient partie du courant libéral du protestantisme réformé avec des niveaux d'engagement variable, incarnés dans le service du prochain et la pratique du culte hebdomadaire. Mes deux grands pères et mon père avaient aussi très certainement une vie spirituelle personnelle, appuyée sur la prière et la méditation des textes de la Bible, comme le montrent les écrits qui nous ont été transmis. Ces trois hommes bienveillants, et surtout mon père dans ses dernières années, ont été les pierres vivantes de mon édifice personnel, des témoins authentiques du message de Jésus de Nazareth. Tout en me lançant sur une trajectoire bien balisée, ils ont facilité la prise d'autonomie de ma pensée.

Du côté des femmes, plus pragmatiques, plus réservées sur leur vie intérieure, je garde l'image d'êtres pudiques certes, mais plus légalistes, plus soucieuses des convenances sociales, du bien dire et du bien faire sans cet élan, cette flamme qui animaient leurs époux. Ma mère, très cultivée, rompue aux jeux de l'étude et de l'intelligence était une bonne théologienne. Elle savait décrypter les épitres de Paul et lire en grec les Evangiles. Elle animait dans sa paroisse des cercles d'études bibliques et des soirées débats autour de sujets de société. Nos conversations étaient toujours intéressantes, elle aimait participer au culte avec nous et s'intéressait à l'éducation religieuse de ses petits enfants.

Mais sa nature profonde n'en n'était que peu nourrie, ses angoisses n'en étaient pas apaisées. Elle affichait des positions politiques et des préjugés sociaux qui me semblaient incompatibles avec l'universalisme et l'ouverture du message évangélique. Mais sans doute reflétaient-ils sa douleur d'avoir dû quitter son pays d'adoption et faisaient-ils rempart aux souffrances des deuils répétés qu'elle avait vécus depuis. Son cœur s'était peu à peu refermé et pour ne pas déborder de larmes, il ne vibrait plus aux malheurs d'autrui…

Mon père fut donc mon modèle et mon mentor sur ce chemin de l'existence à la recherche de la foi, de l'espérance et de l'amour. J'ai raconté plus haut combien ses derniers mots, me réaffirmant l'amour gratuit de Dieu à mon égard, furent pour moi un viatique et une incitation puissante à rester fidèle à son enseignement. Son image d'homme engagé dans son église, fervent défenseur des mouvements de jeunesse, enthousiaste d'une grande fraternité humaine a été le pilier de ma recherche spirituelle. Cette éducation religieuse intelligente et ouverte sur une quête personnelle m'a structurée et m'a certainement donné des forces de résistance au malheur. « Choisis la vie afin que tu vives » est une des phrases clé de cet enseignement qui a illuminé mon existence. Elle a orienté mes choix et a donné un sens à ma vie, elle m'a incitée à rester fidèle à la communauté réformée sans que je me sente enfermée dans des dogmes ou une expression liturgique uniforme.

Tout naturellement, j'ai retrouvé la trace paternelle sur mon propre chemin. J'ai épousé un homme qui lui ressemblait. J'ai partagé avec lui l'enthousiasme pour le mouvement des Eclaireurs Unionistes. Il a, dans des circonstances bien différentes, exercé le même métier que mon père, en se consacrant au développement économique des petites entreprises en Afrique et d'une collectivité locale en France. Ensemble, nous avons toujours été fidèles à une pratique religieuse souple et à une réflexion biblique et théologique irrigant nos choix et éclairant l'éducation que nous voulions donner à nos enfants. Ce fut pour moi un fil rouge que je n'ai cessé de développer, d'enrichir et de tisser avec d'autres dans un réseau d'amitiés et d'expériences diverses : enseignement biblique et théologique, groupes de réflexion éthique, aumônerie des hôpitaux, Fraternité des Veilleurs, prédications et animations de cultes, publications et, depuis quelques années, découverte de l'art des icônes qui me plonge dans un bain de lumière et de couleurs, antichambre du jardin du Paradis !

L'action humanitaire, le partage fraternel, la satisfaction intellectuelle, la fréquentation assidue des auteurs classiques ou contemporains et le goût de la beauté ont été certainement des facteurs de bien être, d'estime de soi et de développement personnel. J'ai suivi un chemin muni de garde-fous et de barrières de sécurité, mais je peux aussi me poser la question : qu'en était-il réellement de ma vie intérieure, de ma représentation de Dieu et du ressenti d'avoir été appelée et accompagnée sur ces routes étrangères, « de l'autre côté de la mer » ? J'affirmais ma foi en un Dieu créateur mais la fréquentation quotidienne de la souffrance des enfants ne pouvait pas laisser intactes les questions fondamentales qui traversent les textes bibliques. Elles venaient me rejoindre dans mon quotidien de pédiatre : Dieu est-il le libérateur des

Hébreux, au prix de la mort des premiers nés des Egyptiens ? Ou bien le Père plein d'amour de Jésus Christ qui sait tout ce dont nous avons besoin et répond à nos prières ? Est-il celui qui fait vivre *et* mourir, celui qui châtie pour notre bien, quitte à envoyer sur les humains le déluge de ses colères ? Ou celui qui donne la vie et se montre victorieux sur la mort et sur le mal ?

Dès mon premier contact avec l'hôpital, en 1961, toute jeune stagiaire dans le service de neurologie du Professeur Raymond Villey, un grand ami de mon père, je fus profondément bouleversée par le décès brutal d'une petite fille, atteinte de poliomyélite, maladie qui faisait encore des ravages au début des années 60 et qui disparaîtra ensuite grâce à la vaccination généralisée. Arrivée la veille, fébrile et douloureuse, elle s'était aggravée dans la nuit, la paralysie débutante aux membres inférieurs, avait rapidement gagné les muscles respiratoires et au matin, l'enfant avait rendu l'âme. Devant le petit lit vide, j'ai versé une larme discrète tandis que les médecins plus confirmés que moi cachaient leur déception dans un silence guindé. Ils avaient déjà l'habitude de ces mauvaises surprises matinales et devaient se consacrer aux patients bien vivants qui les attendaient... Ce fut, à dix-sept ans, mon premier contact avec le mal innocent dans sa forme la plus scandaleuse : la mort d'un enfant. Là, les premiers doutes, les premières questions, les premières révoltes commencèrent à se manifester : « Où est tu, Dieu, pendant que cet enfant souffre et meurt ?

Elles n'ont plus cessé, jusqu'à ce jour d'Octobre 2008, dans la grotte de Yad Vachem, en écho avec celles que Dostoïevski met dans la bouche d'Ivan Karamazov, le révolté :

« Si les hommes doivent souffrir pour préparer par leur souffrance, l'harmonie universelle, pourquoi faut-il que souffrent aussi les enfants ?... Le prix exigé pour l'harmonie est trop élevé et n'est pas à la portée de notre bourse. Le billet

d'entrée coûte trop cher. C'est pourquoi je me hâte de rendre mon billet. » Comment, en effet, un Dieu que l'on proclame juste et tout puissant peut-il laisser souffrir un enfant ? Une seule larme d'un enfant martyrisé, l'harmonie et la bonté de Dieu n'existent plus ! Question que j'ai retrouvée à chacun de mes pas, à chaque heure de ma vie, question qui a empesé tous mes gestes et toute mon énergie. En voulant sauver les enfants qui m'étaient confiés, n'ai-je pas voulu innocenter Dieu ? Ce Dieu s'était montré aveugle et sourd. Il avait fermé les yeux alors que des policiers français outrepassaient les ordres des nazis, en enfermant ces milliers d'enfants dans un stade parisien. Il n'avait pas répondu à leurs cris lorsque leurs mères leur avaient été arrachées à Pithiviers ou à Baume la Rolande et ne leur avait pas évité la mort des camps d'extermination. Si j'avais eu conscience, à l'époque, de ce qui m'apparaît toujours comme le mal indépassable, sans doute ma foi eut-elle été emportée comme celle de tant de jeunes de ma génération, balayée comme la croyance au père noël ou au père fouettard, selon le regard joyeux ou craintif que l'on porte sur les choses de la vie.

La révolte d'Ivan Karamazov, oui, je l'ai vécue jusqu'au bout car j'ai interrogé ce même Dieu insensible qui, en Côte d'Ivoire ou au Congo, laissait mourir par centaines les petits êtres décharnés que j'allongeais à trois sur un même lit, tant ils déferlaient dans mon service surpeuplé. Dans un article écrit pour le journal Réforme en 1988, envoyé de Pointe Noire, en pleine découverte de l'épidémie de Sida chez les enfants, je m'exprimais ainsi : « *Dans le visage de mes petits mourants, je contemple le visage du Crucifié, en lui demandant humblement de les accueillir aujourd'hui même, avec lui dans son Royaume, d'être proche de leurs parents en larmes pour leur apporter des paroles de vie et d'espoir. Mais qu'il me sera difficile, lorsque je le verrai face à face, de ne pas lui demander quelques explications ! Le cri de révolte qui monte du plus profond de moi-même, lorsque le hurlement de la mère se fait entendre au moment du dernier soupir, comme il est difficile à étouffer !* »

Le théologien Jacques Ellul, dans le même journal, avait soutenu la thèse hautement décriée, d'une maladie envoyée ou voulue par Dieu pour avertir les humains de leur aveuglement et de leurs errements.» *Punition ? Péché ? Nous voilà dans le « religieux » et pourquoi pas ? Je crois que Dieu (…) intervient parfois aussi pour châtier* » écrit-il le 21 Mars 1987 dans Réforme. *Il ne s'agit pas de revenir à l'image du Dieu de colère et du père Fouettard mais de relire certains textes bibliques où Dieu (…) intervient comme un vengeur ou un juge. Nous constatons alors que dans la Bible, l'intervention divine a lieu quand l'inhumanité, quand le « mal » moral ou physique dépassent les bornes. Dieu provoque un événement approprié à cet excès d'inhumanité qui développera ses effets par lui-même et placera l'homme devant le choix : se repentir ou mourir* ». Il reprenait à son compte la posture du prophète de l'Ancien Testament, d'un Jérémie ou d'un Osée annonçant la colère de Dieu et le châtiment qui tomberait sur les pécheurs, idolâtres invétérés. Il dénonçait les faux dieux de notre époque, en particulier la technique toute puissante, responsable du détournement d'un juste usage de notre libido et de notre fécondité, et tous ceux qui justifient « *la dissociation de l'acte sexuel d'avec la plénitude de l'amour* ».

Je connaissais cette interprétation qui était largement utilisée par les prédicateurs africains, fondés sur une lecture littérale de ces textes anciens où l'homme projette sur le Dieu qu'il se fabrique, sa propre violence pour en éloigner de lui la responsabilité… Qu'est-il plus facile en effet pour les censeurs de dire : « Dieu vous punit de vos fautes » ou de reconnaître que tous, eux les premiers, par l'exercice même de notre liberté et de notre propension à choisir le plaisir immédiat plutôt que l'exigence du futur, nous sommes dans le même bateau ivre qui nous entraine tous par le fond ?

En profond désaccord avec ces propos, j'ai pris ma plume pour lui exprimer mon indignation devant une vision du châtiment divin qui était pour moi inacceptable. Ils relevaient visiblement d'une ignorance des ravages que la maladie provoquait en Afrique, chez les femmes et les enfants alors qu'en Europe, elle atteignait surtout des hommes ayant des pratiques à risque, tels que le multi partenariat homosexuel ou l'usage de drogues intraveineuses. *« Comment pouvez vous affirmer que le SIDA est un avertissement, VOULU par Dieu. ? Comment pouvez vous penser qu'Il est celui qui envoie le mal, la maladie et la mort aux petits êtres qui déferlent dans mon service, innocents des turpitudes que vous fustigez ? Si un Dieu demande ce prix là pour convaincre les hommes et les femmes de se convertir, alors je ne veux pas de ce Dieu là. Celui auquel je crois, pleure avec les mères amputées du bébé qu'elles ont porté dans leur sein, il pleure avec les épouses contaminées par leur mari volage, il pleure avec ces personnes homosexuelles qui « paient » beaucoup trop cher le prix de leur amour, il pleure avec les transfusés d'un jour, avec ces enfants hémophiles que leur traitement régulier avait pourtant réintégrés dans la vie sociale. Il pleure et se tient aux côtés de ceux qui meurent et de ceux qui souffrent, Il leur envoie ses anges, comme Il en a envoyé un à Jésus de Nazareth, dans le jardin de Géthsémané… Oui, c'est en ce Dieu là, plein de compassion et de bonté que je veux croire, même s'il est impuissant à éviter le malheur et le deuil de nos existences marquées par la finitude. C'est ce Dieu là qui me donne la force de rester fidèle à mon poste, de lutter avec les chercheurs, d'espérer qu'un jour, la science calmera toutes ces douleurs et que la compassion vaincra les peurs.*

La seule chose que je peux admettre, c'est le fait que l'expansion – et non l'apparition soudaine – de cette maladie a été fortement favorisée par nos comportements humains. Certains peuvent apparaître éthiquement contestables : réduire la sexualité au seul plaisir des sens empêche la découverte de l'altérité et de la fécondité épanouie. L'usage de drogues intraveineuses comble le vide et l'ennui d'une société trop matérialiste et enrichit les mafieux. La pauvreté, la ségrégation ou la guerre sont à l'origine de déplacements massifs de populations contraintes à l'exil. La dislocation des familles favorise la multiplicité des partenaires et les rapports tarifés. Oui, tout cela je l'admets car, tels Adam et Eve qui n'ont pas tenu compte de la limite imposée par leur condition humaine, nous subissons les conséquences dramatiques de nos actes, sans pour autant qu'il soit question d'une punition divine et encore moins d'une malédiction !

Par ailleurs, d'autres comportements, facilités par notre développement technique et scientifique ont entrainé des effets néfastes inattendus, alors qu'ils apportaient a priori un mieux-être, sans pour autant contrevenir à l'éthique de la responsabilité et de la protection du plus faible : les voyages internationaux ont ouvert le champ des possibles dans le domaine culturel et commercial, les transfusions ont pu soigner les anémies les plus graves et atténuer les conséquences de l'hémophilie, l'émancipation féminine et la sortie de la honte et de l'exclusion pour les homosexuels sont des conquêtes de l'égalité et de la liberté, socle des Droits Humains. Dès le début de l'épidémie, en Afrique et dans le monde, les personnes les plus touchées ont été, non pas nos riches occidentaux mais les populations les plus pauvres, les plus vulnérables, les réfugiés et les exilés, les jeunes, les femmes et les enfants qui cumulent tous les handicaps, devenant victimes de la misère, de la violence, de la maladie, alors qu'ils sont cantonnés dans leur infériorité sociale par les puissants.

Alors effectivement, cette maladie doit nous inciter à changer nos comportements dans un sursaut de sagesse et surtout d'espérance. Elle doit nous faire trouver de nouveaux moyens de traitement et de prévention, elle doit tous nous mobiliser dans une lutte solidaire des personnes atteintes - et surtout ne pas les culpabiliser de surcroît. Quel Dieu serait suffisamment cruel pour le faire ! »

Emu par mon cri, il m'a répondu en faisant amende honorable, admettant que mon témoignage l'avait profondément touché.

« *Vous avez lu et compris mon article contrairement, à la fois à ceux de gauche qui m'ont insulté, et à ceux de droite qui m'ont accaparé ! Oui, Dieu est amour et accomplit toujours ses promesses. Oui, Jésus Christ a porté sur lui toute la misère des hommes (l'homme de douleur)*

« *L'important pour moi était de rappeler que notre société européenne est totalement pervertie sexuellement et vous avez merveilleusement compris (contrairement à tant de chrétiens !) le chapitre III de la Genèse. Lorsque l'homme rompt avec l'Eternel, dont le nom signifie le Vivant, il crée pour lui même la mort. Il ne s'agit pas d'une punition de Dieu mais du déchainement de « l' hybris » - la démesure - de l'homme. Vous avez raison, c'est notre responsabilité de chacun. La phrase départ pour moi est celle du Deutéronome « Je place devant toi le Bien et la Vie, le Mal et la Mort, choisis le Bien afin que tu vives » Dieu ne laisse pas l'homme entre les deux comme l'âne de Buridan, il lui dit, il nous dit « Je suis avec toi, de ton côté, si tu choisis le bien » Le mal fera son œuvre, hélas, tout seul. Et nous devons en effet entendre le SIDA comme une interpellation. Compte tenu que je suis très étonné que le SIDA frappe si durement le Congo, le Zaïre etc. qui ne peuvent pas être aussi pervertis que notre Occident…* (Naïveté attendrissante ! Lorsqu'on a assisté aux terribles violences qui ont ensanglanté ces deux pays, que les prédateurs de tout poil, diamants et pétrole confondus ont mis à feu et à sang, il n'y a aucune différence entre nous et eux, eux et nous sommes dans le même bateau ivre… Note de l'auteur !)

« *Et maintenant la question terrible : Dieu a-t-il créé le SIDA ? Je suis obligé de me rappeler que le Dieu d'Amour est aussi celui qui peut manifester sa colère. Je ne peux pas supprimer le Déluge, Babel, l'invasion des Babyloniens… Et combien de fois nous est-il dit : Il envoie le mal mais prépare aussi ce qui va le guérir… Et il faut toujours alors nous rappeler deux choses : d'abord, que toutes les souffrances endurées par ces innocents, le sont en même temps par Jésus, « Agneau de Dieu, immolé jusqu'à la fin du monde ». Par conséquent quand Dieu envoie une catastrophe à l'homme, il la supporte en même temps, la souffre en même temps. Et puis, il y a un point que je crois très important, une erreur de traduction considérable. Vous connaissez le texte de l'Evangile de Matthieu : « Il n'y a pas un petit oiseau qui meurt sans la volonté de votre Père. Eh bien, c'est faux, le texte grec ne contient pas le mot « volonté ». Le texte grec dit : « Il n'y a pas un petit oiseau qui meurt sans votre Père » autrement dit, ce n'est pas le Père qui veut le faire mourir, mais quand il meurt, le Père est présent à ses côtés, toujours, pour l'aider à mourir …*

« Et maintenant je vous remercie de votre lettre et vous souhaite courage et espérance dans l'œuvre que vous entreprenez.

« PS Je fais partie aussi d'un comité d'Ethique médicale dont pour le moment la grande préoccupation est : comment aider les malades, ou les malades potentiels, comment les prévenir sans les désespérer, comment avertir l'entourage sans en faire des pestiférés … C'est très difficile et nous essayons des approches diverses »

Ces mots n'ont pas suffi pour m'apaiser, car ni l'intelligence ni la raison ne peuvent répondre au réquisitoire des humains face à un Dieu dispensateur du bien *et* du mal.

Confrontés à une telle image de dieu, ne vaut-il pas mieux se contenter de le renier et d'admettre que nous sommes matière et retournons simplement à la poussière, après notre mort, comme le font nos contemporains de plus en plus nombreux ?

Je préfère entrevoir – ou espérer en - une autre image de Dieu, celle de l'Amant souffrant avec l'Aimé et cherchant inlassablement à le relever, à le guérir et le délivrer du Mal. Cette image m'a été suggérée par l'intuition d'une Présence dans le regard et dans les mots des mourants. Je l'ai rencontrée chaque fois que, grâce à des soins efficaces contre la douleur et à un accompagnement rompant sa solitude, la parole a été rendue à celui qui agonise. Il pouvait alors larguer les amarres, paisiblement, déjà auréolé de lumière.

La révolte a aujourd'hui cédé la place à la contemplation de l'Invisible, à la certitude d'un Esprit de vie, de beauté et d'amour qui imprègne le cœur de l'Univers et se dévoile à ceux qui le cherchent. Ce Dieu n'est plus celui à qui j'ai envie de demander des comptes, il n'est plus celui des anciens qui tonnait du haut des cieux et provoquait le déluge sur les méchants. Le Christ nous révèle l'image d'un Dieu tout autre, fragile, démuni, qui pleure la mort de son ami Lazare, un Dieu qui meurt sur la croix, abandonné des hommes et des dieux, un Dieu qui pardonne à ceux qui l'y ont cloué, un Dieu qui, d'après mon maître et ami, le pasteur Daniel Bourguet, se repent du mal qu'Il ne peut empêcher les hommes de commettre ou de subir. Un Dieu préoccupé du bonheur des humains et de la terre, dont l'Esprit les guérit, les console et les relève. Un Dieu qui partage le pain et les poissons avec ses amis sur les bords du lac, dans la douceur du soir, puis les envoie parler de vie et d'amour aux hommes et aux femmes du monde entier. Et chaque fois qu'un enfant souffre et meurt, ce Dieu-là le prend dans ses bras et le revêt d'amour et de gloire. Il m'a demandé aussi, à moi humble femme parmi d'autres, d'être près de ce petit pour lui donner des soins ou pour prendre la main de sa mère déchirée, orpheline de sa présence...

7- L'Au Delà et son mystère

Ce Dieu là donne-t-il l'espérance d'une vie après la mort, d'une autre forme de conscience, d'espace et de temps que celle que nous connaissons sur cette Terre ? Répondre à cette question en terme de croyance m'est impossible. Mais que ma foi soit mêlée d'espérance oui, certainement. La Résurrection signifie pour moi la victoire de la vie sur la mort, quelle que soit la forme que peut prendre cette vie. Est-ce une vie « éternelle », dans un au-delà du temps et de l'espace, qui transformerait notre passage en ce monde en une école d'humanité ? Sommes-nous invités à grandir au travers des épreuves, avant d'être accueillis dans un paradis doté de toutes les qualités que notre pauvre terre ne possède pas ou a perdu depuis la chute et l'exclusion du jardin d'Eden ? Cette vision ressemble fort à des illusions narcotiques, à des rêves d'immortalité, à un opium distribué par les clercs pour mieux régner sur les peuples. Que n'a-t-on entendu à propos de cette croyance en une vie après la mort !

Et pourtant, l'idée d'un néant qui ouvrirait sa gueule d'ogre insatiable pour engloutir à jamais tous ces enfants morts en bas âge, avant d'avoir pu sourire, aimer, jouer semble en effet tellement scandaleuse, tellement injuste que s'impose à mon cerveau naturellement porté à croire et à espérer, l'idée contraire : le « ciel » qui les transformerait en chérubins ailés, voletant dans la lumière divine...

Ma foi réformée ne m'a pas vraiment aidée à sortir de ce questionnement. Le protestantisme reste toujours très discret pour répondre aux interrogations sur notre destinée ultime : qu'y a-t-il après la mort ? Dans la théologie protestante existe en effet, une forte réprobation du culte des morts, autrefois pratiqué dans toutes les religions dites « païennes » et largement repris par les églises catholiques et orthodoxes, s'exprimant de toutes sortes de manières, ne serait-ce que dans la vénération de la Vierge et des Saints. Pour la plupart des églises issues de la Réforme, le défunt sauvé par la grâce, est dès son décès, totalement confié à Dieu et n'a pas besoin de nos prières. Cette dogmatique enseignée par Calvin a conduit à refuser tout rite du souvenir – prières pour les morts ou adressées aux saints, cérémonies du quarantième jour ou d'anniversaire. Hommages fleuris et visites régulières sur la tombe sont autorisés, mais sont devenus presque suspects, si l'on en juge de l'état de conservation des tombes dans la plupart des cimetières protestants. La plus grande discrétion est de mise pour évoquer ceux qui nous ont quittés, au risque de passer sous silence la peine, la douleur de la perte et même les souvenirs heureux...

Pour les vivants en fin de vie, l'église protestante organise des visites, un accompagnement auquel j'ai participé en présidant pendant une dizaine d'années la commission d'aumônerie hospitalière du CHU. Elle offre une écoute bienveillante, la plus humaine possible, à laquelle peuvent s'ajouter un témoignage, des prières et des lectures bibliques pour ceux qui les demandent. Mais pas d'extrême onction ni tout autre sacrement qui pourrait suggérer une ultime tentative de « faire son salut » et se mettre en règle avant le grand rendez-vous...

J'ai souffert de ce silence et de cette absence de signes et de gestes concrets facilitant le deuil, pour tous les morts de ma famille. Cet écrit en témoigne comme une tentative de les tirer du Shéol – cet endroit obscur et sans vie où sont endormis les ancêtres de l'Ancien Testament. Le Christ aurait-il refusé à un enfant orphelin, par des gestes symboliques ou par des paroles de tendresse et de regret, de faire mémoire de la vie d'un parent aimé et trop tôt disparu ? Aurait-il refusé à des parents de partager avec leur communauté de référence, à des dates mémorielles, - quarantième jour, premier anniversaire du décès - leur immense chagrin d'être amputés d'un enfant ? Le Christ ne les aurait-il pas aidés par des paroles de vie et d'espérance prononcées « au bon moment » à retrouver le fil de leur propre existence ? Le protestantisme, dans sa rigueur calviniste a formé des hommes et des femmes pudiques où le corps et les émotions sont suspects de sensualité et de sentimentalité déplacées. Confinant les échanges familiaux et ecclésiaux dans la sphère de l'intellect, de la responsabilité et de la solidarité, il rend difficile l'expression personnelle de la souffrance du deuil.

Transgressant tous ces interdits et bravant la dogmatique calviniste, ma curiosité naturelle m'a conduite vers une autre piste de recherches : celles, de plus en plus nombreuses qui émanent non pas des théologiens qui s'en méfient, mais de médecins et de soignants sur les fameuses EMI (expériences de mort imminente) plus connues sous le nom anglo-américain de NDE (near death experience). Dès leur découverte, je me suis vite passionnée pour ce sujet et suis entrée avec avidité dans une abondante littérature, illustrée par de nombreuses interprétations cinématographiques émouvantes ou farfelues…

Lorsque parut l'ouvrage de Raymond Moody intitulé « La vie après la vie », je travaillais en Côte d'Ivoire, plongée au cœur même de l'interrogation qui traverse ma vie et mon œuvre : pourquoi un Dieu d'amour autoriserait-il la mort de tant d'enfants ? Les nouveau-nés et leurs mères mouraient faute de maternités dignes de ce nom, le paludisme faisait rage, les gastroentérites et les autres maladies infectieuses les emportaient en quelques jours, la malnutrition sévissait de façon endémique. Le service de pédiatrie du plus grand hôpital d'Abidjan manquait de tout. Les enfants arrivés en urgence s'entassaient à la même le sol sous un hangar. Les perfusions censées les réanimer étaient accrochées à des clous enfoncés sur les piliers de soutènement en bois. Les médecins se relayaient pour assurer une visite quotidienne mais bien peu acceptaient de s'agenouiller sur les nattes jonchant le sol en ciment pour examiner correctement les petits corps décharnés, fébriles et déshydratés, somnolents dans des pagnes douteux ou mâchouillant le téton maternel. Si au bout de quarante huit heures, un enfant était toujours vivant, il avait alors une petite chance d'entrer dans une des grandes salles du service et de trouver une place dans un lit, où il recevait des soins plus attentifs. Alors même que le pays se trouvait en pleine période de croissance sous la houlette d'Houphouet Boigny et que l'on parlait partout du miracle ivoirien ! Les injustices criantes et la corruption à peine voilée des responsables de l'hôpital me firent écrire une lettre de protestation au ministre de la santé, lettre prestement subtilisée par mon chef de service, horrifié de ma démarche, craignant pour sa sécurité plus que pour la mienne... Voilà que les souvenirs m'emportent de nouveau vers cette révolte sourde et permanente qui m'a étreinte toutes ces années et n'a pas fini de soulever en moi des vagues de dégoût et de tristesse.

C'est dans ce contexte que je découvris, conseillée par une amie probablement, les recherches de Moody. Je les abordai avec scepticisme, culture scientifique (et protestante de surcroît) oblige, puis avec un intérêt croissant. Cet intérêt ne fera que grandir au cours du temps et me mènera à rechercher d'autres témoignages et d'autres réflexions concordantes ou contradictoires. Dans le trouble et la révolte qui m'étreignaient à cette époque de ma vie, elles semblaient constituer une réponse au moins partielle à l'absurdité de ces vies inaccomplies, fauchées par la bêtise, l'ignorance et la cupidité d'humains si peu humains, incapables de protéger leur vrai trésor : la vie de leur progéniture. Mais en prenant du recul, je fus aussi séduite par la méthode employée par Moody et par les chercheurs qui l'avaient imitée : large recueil de témoignages de personnes non liées entre elles par l'âge, la culture, la religion ou les circonstances de la mort ; vérifications opérées auprès des soignants ayant effectué la réanimation ou assisté à la mort apparente ; mise en évidence des points récurrents et convergents et discussion faisant appel à plusieurs hypothèses explicatives. Tout cela me semblait digne d'une démarche scientifique ouverte, sans a priori de croyance qu'elle fut religieuse ou athée. La conclusion dont témoignait le titre « La vie après la vie » était induite par le contenu des expériences mais surtout par la transformation durable des personnes les ayant rapportées. Elles devenaient plus sereines, moins superficielles, poussées à rechercher l'essentiel et à vivre plus intensément. Elles inclinaient vers l'idée d'un passage dans une autre dimension de l'espace et du temps, une perpétuation de la conscience au delà de l'intégrité physique du cerveau et vers la possibilité d'une autre forme de vie. Le retour sur terre les incitait à s'accomplir dans une plus grande ouverture aux autres et une attention accrue aux couleurs du quotidien.

Les conclusions de ces chercheurs ne présumaient pas d'une religion ou d'une autre, car Moody et ses successeurs s'attachaient à rester dans le registre médical et scientifique qui étaient le leur : écoute du malade, interrogatoire précis à la recherche des symptômes, examens complémentaires, établissement d'un diagnostic sur un faisceau de présomption, vérifications par de nouveaux entretiens et examens, et enfin définition d'une conduite à tenir... Mais elles ouvraient sur de telles perspectives que certains eurent du mal à s'en tenir à cette stricte neutralité.

L'idée d'une vie après la vie terrestre traverse toutes les cultures et les religions qui la reconnaissent sous une forme ou une autre : pesée et migration de l'âme, enfers, paradis et purgatoire, grand repos avant la résurrection, réincarnation, etc. Les EMI survenues chez des hommes et des femmes de l'antiquité sont-elles à l'origine de ces croyances universelles ou les confirment-elles ? La question reste encore ouverte.

Bien sûr, ces témoignages ont piqué ma curiosité et j'ai dévoré tout ce qui paraissait sur le sujet. De « la Source Noire » du journaliste Patrice van Eersel à la Mort Transfigurée d'Eveline Mercier en passant bien sûr par les nombreux ouvrages d'Elisabeth Kubler-Ross, cette grande dame de l'accompagnement des mourants, que j'ai particulièrement admirée pour son engagement auprès des enfants exclus parce qu'atteints par le VIH. Nous, médecins et soignants, nous lui devons d'avoir été une pionnière dans la description des stades du mourir, dans la définition des besoins fondamentaux des personnes en fin de vie. Elle a été l'une des premières à poser les bases de soins palliatifs de qualité et à avoir lutté, dès leurs premiers balbutiements, à les faire admettre en milieu hospitalier. Je me suis servie avec beaucoup de respect de ses écrits et de films réalisés par son équipe dans mes sessions de formation auprès de soignants ou de personnels de la petite enfance, consacrés à « L'enfant gravement malade ». L'une des vidéos dont je disposais, la représentait commentant auprès des parents les dessins de leurs enfants atteints de cancer ou de leucémie. Elle était capable d'en déchiffrer les symboles et les émotions qui s'en dégageaient, témoignant de la part de ses petits patients d'un « savoir » inconscient sur la maladie et la mort qui frappait tous mes auditeurs. Elle était surtout capable, à partir de ses intuitions, de réconforter et d'apaiser les parents qui pouvaient ensuite retrouver un dialogue avec leur enfant, dialogue interrompu par l'angoisse et le secret du diagnostic indicible. Elle a été pour moi un véritable maître de connaissance et de sagesse. C'est dire combien je lui en suis reconnaissante. Malheureusement, à la fin de sa carrière, elle a dérivé – c'est en tout cas ce que j'éprouve - vers les ombres incertaines de la médiumnité, recherchant des sorties hors du corps et le dialogue avec les morts. Ces tentatives qu'elle décrit dans « Mémoire de vie, mémoire d'éternité », peuvent être considérées comme légitimes pour qui s'est assise inlassablement auprès des agonisants et de leurs proches, dans le désir d'éprouver elle-même la quintessence de leurs témoignages et peut-être aussi se délivrer de sa propre angoisse de mort. Mais elles n'ont plus rien de scientifique. Sous le coup du qualificatif d'expériences paranormales, elles ont malheureusement nui à son image et à son rayonnement parmi sa communauté professionnelle.

Les découvertes de Moody et de ses émules ont fait le tour du monde. Aujourd'hui, les EMI ne sont plus secrètes et ceux qui les « vivent » peuvent plus facilement en parler, bien que toujours, ils signalent que nos mots sont bien impuissants pour les décrire. Jacqueline, une de mes très vieilles et très sages amies avec qui nous évoquions le dogme chrétien de la résurrection des morts, me dit dans un murmure :

- Moi, la résurrection je ne sais pas, peut-être…

Puis prenant de l'assurance, elle déclara :

- Mais je crois à l'existence d'un tunnel au bout duquel brille la lumière…

- Tu affirmes cela après avoir lu des écrits ou tu as fait toi-même une expérience ?

- Nnnon… Je l'ai vécu moi-même… me répond-elle avec une hésitation dans la voix. C'était il y a longtemps… Lors de l'accouchement de ma dernière fille, j'ai ressenti une douleur abdominale atroce, puis j'ai perdu conscience. Je me suis retrouvée dans la traversée d'un tunnel, avec la sensation qu'un être lumineux, tout amour et toute bonté, me prenait par la main et me conduisait vers une lumière baignée d'une ineffable tendresse. Pour moi, ce ne pouvait être que le Christ mais je n'ai pas vu son visage. Plus de soixante ans après cet événement, rien ne s'est effacé de ma mémoire mais tu sais, je ne l'ai confié qu'à deux personnes seulement, tu es la troisième…

Monique, une autre amie, m'a mise récemment au courant du drame qui venait juste d'être évité dans sa famille, en ces mots : « *Marie a bien failli rejoindre nos étoiles filantes, c'est un vrai miracle si elle est encore des nôtres, elle a fait une très grave hémorragie avec un arrêt cardiaque mais son heure n'était pas arrivée, un concours de circonstances positives nous l'a ramenée sur terre. Nous remercions toutes nos étoiles qui sont sûrement plus près de nous que ce que nous croyons. On ne sait pas qui remercier mais nous rendons grâce.* »

Au téléphone, Monique m'a rapporté les propos de sa fille après sa « résurrection »: « Tu sais maman, ce n'est pas difficile de mourir, j'étais tellement bien là-haut, je n'avais plus envie de revenir… » Sans doute, avait-elle aussi pénétré dans la Lumière, sans oser aller plus loin dans les détails de son expérience ?

Pourquoi cette réticence, cette pudeur ? Comme toute étrangeté, ces témoignages ont provoqué des levées de bouclier de la part de ceux qui réfutent tout ce qui peut déranger leur vision positiviste du réel. Pour les adeptes de la Science avec un grand S, les personnes ayant pu témoigner ne sont évidemment pas mortes et leurs visions pourraient être expliquées par des modifications chimiques du cerveau sous l'effet de l'anoxie, par des désirs inconscients d'immortalité ou des suggestions liées aux croyances des individus. Ils avancent doctement que certaines drogues ou une hyperventilation volontaire peuvent induire des visions et des modifications de la conscience analogues. Le problème est ainsi réglé et la vie de l'au-delà mise hors jeu !

Mais les critiques les plus virulentes viennent de la part de chrétiens de tous bords, catholiques ou protestants. Les uns, proches des milieux universitaires, ont peur d'être classés parmi les illuminés et de se faire taxer d'obscurantisme. Ils préfèrent ne pas aller plus loin dans la recherche et adoptent la position des scientistes. Les autres, lisant les Ecritures comme Parole de Dieu, se méfient de la validité des témoignages qui seraient en contradiction avec la foi en la résurrection. A quoi servirait cette période intermédiaire de vie a-corporelle, si l'on croit comme l'apôtre Paul et le credo chrétien le déclarent, à la Résurrection du Christ et en la résurrection des morts, à la fin des temps ? La séparation de l'âme et du corps et la dualité qui en découle est une croyance grecque qui n'a rien à voir, pour ces chrétiens convaincus, avec la révélation biblique.

Bref, ce débat n'est pas près de prendre fin. Personnellement, je n'entre pas dans les objections qui viennent de personnes qui, souvent, n'ont pas pris le temps de lire les témoignages ou n'ont pas eu l'occasion d'en recevoir eux-mêmes. Après toutes ces lectures et l'écoute de plusieurs récits, je suis impressionnée par les similitudes qui se dégagent de ces expériences qui ne peuvent être l'effet du hasard ou de modifications de la chimie cérébrale. Je suis troublée par les faits étranges qui sont régulièrement rapportés : vision panoramique et surplombante des gestes de réanimation, perception des paroles échangées par les acteurs, retrouvailles avec des personnes que « l'expérienceur » ignorait être décédées, et surtout métamorphose psychologique durable du réanimé, vers plus de profondeur spirituelle et d'ouverture sur les autres. Transformation qui, entre parenthèses, ne survient jamais pour les usagers de drogue ou les adeptes d'un occultisme débridé, au contraire ! Pour l'instant, ces étrangetés constatables par autrui ne reçoivent aucune explication rationnelle, ce qui ne veut pas dire qu'elles resteront pour toujours inexpliquées.

Les découvertes de Moody ont déjà modifié les pratiques et les recommandations des réanimateurs. Ceux-ci sont plus attentifs à observer réserve et respect dans leurs échanges en présence de personnes en état de coma ou de mort apparente. Les soignants conseillent aux proches de parler et d'exprimer leurs sentiments à haute voix, en s'adressant au malade inconscient. Et surtout, ils s'entourent de toutes les garanties que la science peut leur procurer pour déclarer le décès définitif.

Le livre de Melvin Morse consacré aux expériences de mort imminente chez les enfants *« Des enfants dans la lumière de l'au-delà »* – car les enfants aussi en ont rapporté alors qu'ils ne sont pas suspects d'en avoir eu connaissance avant leur agonie – m'a bouleversée et aidée à mieux écouter ceux que j'accompagnais dans leurs derniers instants... Ces lectures ont été pour moi, non pas à l'origine d'une nouvelle croyance ou de nouvelles certitudes mais une sorte de fenêtre ouverte dans une chambre jusque-là close sur l'absurdité et la souffrance des parents pleurant l'enfant disparu. Qu'y a-t-il au delà de cette fenêtre ? Tous les témoignages relatent l'expérience de cette lumière « incréée » non aveuglante et pleine d'amour mais le paysage lumineux reste surexposé, aux contours indécis. Les voix et musiques qui s'en dégagent sont assourdies, à peine audibles, comme le murmure d'une brise légère, celle de l'espérance. La sensation d'être accueillie par un être de lumière évoque cette vieille croyance juive où l'ange de la mort armé d'une faux fait place au « baiser de Dieu » qui prend dans ses bras le mourant, dans un geste de tendresse infinie...

Si ces témoignages ne m'empêchent pas d'éprouver l'absurdité d'une mort d'enfant, j'y distingue clairement l'appel à accompagner sans crainte ceux qui s'approchent de leur fin terrestre et à l'explorer moi-même le jour venu, sans préjugés et sans inquiétude. Je ne les élève pas au rang de « révélations » au sens ésotérique et religieux du terme, mais je les classe dans la catégorie des faits têtus, récurrents et mystérieux qui, un jour, recevront, peut-être, une confirmation scientifique ou... existentielle, lorsqu'à mon tour j'atteindrai ce rivage.

Autre curiosité, autres recherches, autres tentations furent mes contacts prudents, bien que s'offrant à moi de façon insistante, avec le monde de l'occultisme. Mon grand père Edouard, dans ses lettres de prison évoquait déjà ce mélange d'attirance, d'interdit et d'effroi que suscitaient les pratiques spirites, si prisées dans sa jeunesse, au début du vingtième siècle. Parmi les livres dont il commentait la lecture à sa nièce se trouvait « *Délivre nous du mal* » de R. Vivier, consacré à la biographie d'Antoine le guérisseur. Fondateur du mouvement antoiniste, ce mineur du bassin houiller du Nord connut un étrange destin. Après une jeunesse ouvrière, marquée par des aspirations intellectuelles et spirituelles exigeantes, il se sentit en décalage par rapport à son milieu social et religieux. Influencé par les écrits d'Allan Kardec et profondément troublé par la mort d'un camarade de régiment qu'il avait tué accidentellement, il fonda un groupe spirite appelé « les Vignerons du Seigneur ». Par cet intermédiaire, il « entrait en contact » avec l'esprit de médecins illustres qui le poussèrent à découvrir et exercer ses dons de guérison. Très vite il rassembla de nombreux disciples. Il quitta le catholicisme après la mort de son fils unique. Devenu le Père Antoine, il prit la stature d'un maître spirituel et s'éloigna du spiritisme pour lancer sa propre religion. Après avoir subi deux procès pour exercice illégal de la médecine dont il fut acquitté, Antoine établit une doctrine et des règles de fonctionnement qui furent reprises par ses successeurs et se maintiennent encore aujourd'hui. Secte ésotérique parmi d'autres ? Après avoir lu sa biographie, je serai plus indulgente. Sa théologie combine des éléments du christianisme, du dualisme platonicien et de la réincarnation. Très centrée sur la guérison du corps et de l'âme, elle laisse cependant une grande liberté à ses adeptes qui viennent de différentes traditions. Le mouvement qui existe encore aujourd'hui et a pignon sur rue dans le 13ème arrondissement de Paris, insiste sur la prière, l'éthique personnelle et l'amour du prochain comme sources de progrès spirituels. Il est dépourvu de volonté de prosélytisme, d'endoctrinement et d'enrichissement indu et ne détourne pas les fidèles des soins de la médecine officielle.

Ce livre inspira à Edouard des réflexions et des confidences sur sa propre expérience du spiritisme auquel il avoua avoir goûté, en se rendant à une réunion d'un cercle pratiquant la technique des tables tournantes. Vivement impressionné par le déroulement de la séance, débordé par ses émotions et ce qu'il crut être un don de médiumnité, il décida de ne plus jamais y mettre les pieds. Il tint sa promesse mais avoua être fasciné par cette littérature et par le lien entre dialogue avec les esprits et don de guérison que manifestait la vie d'Antoine.

Lorsque je découvre les lettres de mon grand père, je ne suis pas complètement novice dans ce domaine bien que je n'aie jamais fréquenté ces milieux que mes collègues tournent en dérision et que mes amis protestants considèrent comme louches voire dangereux. L'interdit que posaient les réformateurs sur la prière pour les morts et l'intercession des saints est net et sans appel, s'appuyant sur des textes bibliques pris à la lettre, comme la communication de Saül avec l'âme du prophète Samuel (dans I Sm. 28). Mais il est si souvent répété que je soupçonne parmi certains fidèles l'existence d'une tentation permanente à le transgresser et à s'adonner en cachette à des pratiques occultes…

Mes années africaines m'ont confortée dans l'idée que le commerce avec les esprits s'avère la plupart du temps dangereux et peut développer dans la pensée et le comportement des angoisses et des peurs incontrôlables, sources de maladies physiques ou mentales. Les phénomènes de possession et de transes, je les ai vus à l'œuvre parmi mes patients mais aussi au sein de membres d'églises d'obédience chrétienne, encore si peu détachés des croyances animistes qu'il faisaient du Christ le grand Esprit, capable de vaincre tous les maléfices. Les textes évangéliques évoquant les exorcismes et les victoires de Jésus contre les démons étaient particulièrement prisés dans ces communautés car ils entraient en résonnance profonde avec la culture africaine. *« Les yeux de ma chèvre »* du jésuite Eric de Rosny, chrétien et initié aux rituels des guérisseurs camerounais, a montré combien cette culture restait ancrée dans l'entre-deux entre les vivants et les morts – sans doute parce que la mort était omniprésente dans la vie quotidienne, totalement insécure. Tout était mis en œuvre pour tenir à distance les esprits mauvais et couvrir d'honneurs ceux qui risqueraient de le devenir, faute de respect de la part des vivants. Chaque maladie, chaque décès étaient interprétés comme un manquement à ces règles de bienséance et de reconnaissance envers les anciens et les défunts. Devins, chamans sorciers et guérisseurs étaient les intermédiaires entre les deux mondes. Certains possédaient de véritables dons de médiumnité et utilisaient à bon escient leurs connaissances dans l'art de soigner. Mais beaucoup jouaient de la crainte sacrée éprouvée par les populations et profitaient de leur pouvoir pour régner sur elles et désigner le ou les coupables. Suivaient alors des rituels de réparation, censés obtenir l'apaisement de l'offensé et la guérison de « l'offenseur » mais aussi parfois, des condamnations à l'exclusion et à la mort.

Je me souviens ainsi d'un adolescent couvert d'un eczéma suintant généralisé qui avait échoué dans le service de pédiatrie du CHU de Treichville et y vivait depuis plusieurs mois. Abandonné de tous, car déclaré impur et maudit par son entourage, il avait été exclu de son village, isolé à l'écart dans une case où une fillette venait chaque jour lui apporter une maigre pitance. Désespéré, il s'était enfui vers la ville d'Abidjan où il avait été conduit de force vers l'hôpital. Là, un collègue, le Dr Cagnard l'avait soigné et pris en affection malgré son aspect repoussant. J'ai assisté aussi, dans le cadre de l'épidémie de SIDA à tant de rejets de femmes séropositives, considérées comme maudites (ou prostituées lorsque les modes de contamination furent mieux connus) ! Répudiées par leur mari – qui lui-même se refusait au dépistage - non acceptées par leur famille, elles étaient condamnées à vivre seules avec leurs enfants, de façon misérable, dépouillée de leurs biens et de toute sécurité. Ah, la malédiction des esprits ! Vrais ou faux, ils avaient une puissance réelle sur l'âme et une influence tellement néfaste, comment ne m'en méfierais-je pas moi aussi ?

J'ai donc eu longtemps la certitude qu'il valait mieux respecter la séparation radicale entre la vie et la mort et ne pas trop approcher ces milieux spirites, bien que je ne pusse ignorer leur existence. Lorsqu'une personne et a fortiori un enfant est considéré comme incurable par les soins officiels, pour l'entourage ce n'est plus une tentation, c'est presque un devoir de s'adresser à d'autres thérapeutes et de rechercher tous ceux qui possèdent le don de guérison, y compris les éventuels médecins de l'Au-delà. Charlatans et manipulateurs, certes, beaucoup le sont mais parfois on observe des faits troublants : amélioration inattendue par un « porteur de zona », apaisement des douleurs par des « magnétiseurs », consolation des endeuillés par un contact avec un médium... Peu à peu, j'ai désiré en savoir plus et comprendre l'attirance qu'exercent sur des personnes malmenées dans leur corps le surnaturel, le merveilleux et surtout le mystérieux.

Entraînée par des amis d'enfance, dont la famille était très proche de la nôtre en Tunisie, j'ai lu les Lettres de Pierre transcrites par sa mère Cécile Monnier, après la mort de son fils au front d'Argonne en 1915. Un peu plus tard, ces mêmes amis me font découvrir les écrits de Jeanne Morrannier, inspirée par son fils Georges, mort par suicide en 1973. Là encore, j'accepte ces témoignages de psychographie comme des phénomènes étranges, non expliqués qui contiennent peut-être une part de vérité. Je comprends qu'ils aient pu être une formidable consolation pour les mères endeuillées qui les ont reçus – ou conçus du fond de leur inconscient. Mais j'avoue qu'à une première lecture, je n'ai pas trouvé leurs révélations sur le monde de l'au-delà très passionnantes. Quant aux considérations morales et spirituelles que ces jeunes gens étaient censés transmettre, elles me semblent plutôt ennuyeuses. Rien à voir, pour moi, avec la beauté, la profondeur, la dramaturgie, la poésie, bref avec l'émerveillement et la nourriture que m'apportent la lecture des Evangiles ! Leurs leçons de vie sont d'une incomparable richesse et je n'ai nul besoin de ces messages d'outre tombe pour m'aider à réfléchir, à aimer et à rendre grâce. A vrai dire je suis tellement fascinée par la personne de Jésus de Nazareth, que je n'éprouve pas le besoin de m'en remettre à d'autres passeurs de vérités éternelles… Quoi de plus beau que son enseignement sur la montagne et ses Béatitudes, pour accompagner et consoler les pauvres, les affligés, les doux, les assoiffés de justice et les persécutés ? *Heureux les artisans de paix, car ils seront appelés fils de Dieu… Réjouissez vous et soyez dans l'allégresse, votre récompense est grande dans les cieux !*

En 1992, alors que je travaillais depuis trois ans en hôpital de jour, côtoyant quotidiennement des familles éprouvées par la maladie ou le décès d'un de leurs enfants, je ne sais plus par quel canal, j'entendis parler de Maguy Lebrun et de son livre « *Médecins du ciel, médecins de la terre* ». Guérisseuse et croyant en l'inspiration des Invisibles, elle était finalement très proche de la mouvance antoiniste bien qu'elle ne s'y référât pas. Ce qui me frappa le plus ne fut pas tant son contact avec son guide spirituel « Etty », résistante décédée dans les maquis du Vercors, ni ses talents de magnétiseuse. J'admirais sa discrétion, sa générosité, son attention aux détresses des nombreux enfants qu'elle adopta ou accueillit sans bruit médiatique pendant des années avant qu'elle n'en révélât la source, en même temps que la médiumnité de son mari Daniel.

Le succès de son livre et de ses groupes d'accompagnement, fondés un peu partout après sa parution, fit saisir combien les personnes bouleversées par la mort d'un enfant avaient besoin de paroles de consolation et d'espérance. Son message d'amour et de vie éternelle relativement simple, débarrassé de toute dogmatique religieuse et institutionnelle pénétrait les cœurs broyés des parents orphelins, comme jadis les foules sur les bords du lac de Galilée, étaient prêtes à suivre le rabbi faiseur de miracles.

Dans mon service, ces années là, mettre des mots sur la mort des enfants restait presque tabou. Tous les efforts de l'équipe étaient axés vers la guérison et lorsque nous savions, nous médecins, qu'elle devenait impossible, le silence était de règle, laissant les parents et leurs enfants dans un entre-deux d'incertitude qui me pesait de plus en plus. Pas question de mettre en avant ma propre foi et mes convictions religieuses. Je tentais d'être dans une attitude d'écoute bienveillante, tendant le mouchoir lorsqu'il le fallait, préparant le dénouement le mieux possible, répondant aux questions pressantes sans m'enfermer dans le déni ni le mensonge. Certains parents éprouvaient la tentation du suicide « pour ne pas le laisser partir tout seul... ». Lorsque je sentais le désespoir proche du passage à l'acte, j'osais parfois suggérer : « Si vous aviez la possibilité de confier votre enfant à une personne que vous avez beaucoup aimée, à qui penseriez vous ? » Il était rare que je me heurte à un refus indigné. J'obtenais plutôt une réponse qui, un instant, détournait la douleur insupportable vers une autre perspective, une « vision positive » comme le suggère la méthode Simonton : « A ma grand mère qui m'a élevée, à ma sœur aînée qui est morte d'un accident l'an dernier, à... » Mais je me sentais démunie et j'avais besoin de relais pour aiguiller ces parents vers des lieux de consolation. L'aide des psychologues ou des aumôniers présents au CHU n'étaient pas toujours, loin de là, réclamées par les familles. Je pensais donc nécessaire que des lieux fussent trouvés en dehors du contexte de soins, pour prendre de la distance, du recul et pouvoir déposer sa colère, sa révolte, ses bagages familiaux, loin de cet antre de la science et de la technique que sont devenus nos hôpitaux.

J'appris par une patiente qu'un groupe d'accompagnement inspiré par Maguy Lebrun s'était constitué à Montpellier et j'avais besoin d'évaluer sa pertinence pour y adresser certains de mes patients. En lisant son premier ouvrage, je pressentais aussi que Maguy pourrait m'aider moi-même à écouter d'un cœur plus serein les angoisses et les questions inexprimables. Je décidai donc d'aller la rencontrer. Elle était heureuse d'être reconnue par des soignants et médecins, et elle avait déjà reçu de très nombreux soutiens de leur part, ainsi que de théologiens, de scientifiques et d'hommes politiques. Elle était très sollicitée pour des conférences, en France et à l'étranger. Elle aurait pu « prendre la grosse tête » et prétexter un manque de temps. Mais sans hésiter, elle m'invita très simplement à la rencontrer chez elle, dans sa maison de Champier. Profitant d'un court séjour à Lyon chez mes enfants, je lui demandai un rendez-vous et j'entrainai dans l'aventure mon amie Gabrielle, kinésithérapeute et fondatrice depuis peu d'une association de bénévoles intervenant dans les services de pédiatrie de sa région. Par un dimanche très pluvieux, nous prîmes la route vers Grenoble de bon matin et furent bientôt reçues par Maggy et son mari comme si nous nous connaissions de longue date, autour d'un café fumant et d'une belle assiette de croissants que Gabrielle avait eu l'idée d'offrir. Elle, femme au visage solaire, au regard chaleureux et à la voix profonde, m'impressionna par sa simplicité et son « bon sens ». Pas du tout « illuminée », elle gardait les pieds sur terre pour organiser son temps, sa maison, ses rendez-vous et ses rencontres multiples. Nous échangeâmes des idées et des témoignages, à propos de notre travail et de notre engagement auprès des enfants malades et leurs parents, en abordant les différentes façons de les écouter, de les accompagner, de les consoler et leur apporter notre soutien. Finalement peu de choses furent dites sur les messages de l'Au-delà. Son mari, Daniel, aux yeux d'un bleu glacier qui me mettaient un peu mal à l'aise, se tenait d'ailleurs à l'écart, sur un fauteuil du salon alors que nous étions assises toutes les trois autour de la table de salle à manger. Il n'intervint presque pas dans la conversation.

Maggy évoquait bien sûr la foi qui l'animait et qu'elle cherchait à transmettre pour redonner du goût à la vie à ceux qui désespéraient. Elle nous entraina à l'extérieur dans le jardin où une véranda avait été aménagée pour y accueillir un plus grand nombre de personnes. Là se tenaient ses fameuses séances de prière et d'accompagnement où chacun était invité à déposer son fardeau, à écouter des paroles d'encouragement, à prier ou simplement à se tenir en silence dans une communion fraternelle. Bien sûr, les gens qu'elle recevait étaient attirés par le mystère de sa communication avec Etty, par ses dons de guérisseuse et par sa réputation. Mais pour ma part, je découvrais une femme de cœur qui tentait, avec ses propres talents, de combattre la souffrance humaine. N'est-ce pas aussi le sens que j'avais donné à ma vie, avec d'autres moyens, avec d'autres réussites, n'est-ce pas ce que je tente encore d'accomplir, inspirée moi aussi par ma foi chrétienne, même si elle s'exprime de façon plus discrète ?

Maggy Lebrun, veuve et âgée, a aujourd'hui cessé d'animer ce mouvement qui avait pris naissance autour d'elle. Elle a accompli sa mission, d'autres prendront certainement la relève. Ses livres restent de belles lectures réconfortantes, car elle n'a jamais voulu devenir le gourou d'une secte ni fonder une nouvelle religion, s'appuyant sur les croyances des personnes qui la sollicitaient, pour développer en elles leurs capacités à aimer, à espérer et à prier. Qu'elle ait été inspirée par Etty, par le curé d'Ars, la Vierge Marie ou par le Christ, quelle importance ? C'est à ses fruits que l'on reconnaît la valeur de l'arbre. Et je peux le dire, les fruits qu'a fait mûrir Maggy ont nourri et réconforté des centaines d'affligés, il suffit de lire les témoignages… Et moi-même ? Oui, je pense qu'elle m'a permis d'aller de l'avant dans beaucoup de situations difficiles et de répondre autrement que par la révolte à la souffrance injuste. Sans être déterminante, cette rencontre a été l'un des moments lumineux de cette période de ma vie, où le combat contre la leucémie, le cancer et le Sida des enfants me semblait parfois au dessus de mes forces.

Je n'ai pas pour autant désiré poursuivre cette balade aux frontières de la vie et de la mort. Il me semblait que ce n'était pas ma voie. Je devais me consacrer à l'écoute de mes petits patients et à la recherche médicale. Devenir chaque jour à la fois plus savante et plus humaine, afin d'apporter dans mon domaine, le meilleur à mes patients. Travailler en équipe et développer un réseau de prise en charge et de soutien où chacun pouvait tenir son rôle et renoncer à les tenir tous à la fois. Approfondir mes croyances et ma foi sans anathème pour celles des autres. Puis transmettre ce qui m'avait été offert sur cette route… N'était-ce pas un beau programme ? En tout cas, cet objectif m'a soutenue et m'a donné les forces nécessaires pour exercer mon métier jusqu'au bout…

Jusqu'au jour où, dans l'obscurité de Yad Vashem, toutes les digues se rompent, toutes les béquilles patiemment utilisées glissent et que se trouvent mises à nues toutes les questions non résolues. J'en suis ressortie brisée mais ces âmes errantes n'ont-elles pas agi pour m'inciter à visiter mes profondeurs et me reconstruire plus solidement encore ? Qui sait ? La suite de l'histoire, tragique et belle, me le confirmera…

IV- Blanche, l'enfant défunte

J'ai cueilli ce brin de bruyère
L'automne est morte, souviens-t'en
Nous ne nous verrons plus sur terre
Odeur du temps brin de bruyère
Et souviens-toi que je t'attends
G. Apollinaire *L'adieu*

1- *La couleur Blanche*

Bien des mois ont passé depuis que j'ai entrepris cette quête du Graal de mes souvenirs. Je ne sais ni quoi, ni qui m'a empêchée de poursuivre mon récit, alors qu'il arrivait à ce point mystérieux de la découverte d'une enfant défunte, endormie tout au fond de ma mémoire.

Un jour, elle est venue subrepticement frapper à ma fenêtre. Et soudain...

Je me sens si fatiguée, en cette année 2009, que je me mets en quête d'une personne à qui je pourrais confier la succession de mes engagements humanitaires et surtout le suivi des filleuls parrainés par notre association, au Burkina Faso. La dernière mission à Bobo Dioulasso m'a épuisée, je suis revenue trop révoltée de la misère des familles, écœurée de la saleté des cours et des rues, fatiguée de la négligence des autorités et de la vanité des efforts que j'ai déployés pendant des décennies pour lutter contre tous ces maux. Le bouche à oreille fonctionne et bientôt une amie me met en relation avec Idelette, une puéricultrice expérimentée, prête à prendre sa retraite et à lui donner du sens en se mettant au service d'une association. Très vite nous sympathisons et nous découvrons avec un étonnement mêlé de joie nos racines communes : nous sommes toutes deux nées en Tunisie de familles protestantes qui s'étaient fréquentées au temple de Tunis, au lycée Armand Fallières, dans le scoutisme unioniste ou au foyer de Jeunes filles Eva Cabantous, où Evelyne, ma sœur aînée fut pensionnaire quelques années avant elle et dont mon père fut l'un des administrateurs. Ses parents possédaient un domaine agricole près de Bou Arada, dans la plaine centrale et l'avaient quitté peu après l'indépendance, pour s'installer dans le Sud Ouest de la France, et acquérir bientôt une grande maison campagnarde, comprenant plusieurs corps de ferme, assez grande pour y loger les différentes branches de la famille, au nord de Toulouse. Tandis qu'Idelette exerce les beaux métiers de puéricultrice, d'épouse et de mère de famille à Montpellier, son père Paul M., et l'une de ses tantes, Geneviève, tous deux veufs et âgés de plus de quatre vingt ans y coulent des jours paisibles, rythmés par les saisons, par les petits ennuis de santé du grand âge et par les visites de leurs enfants et quelques proches, rendant de menus services.

Ce jour là, Idelette et moi, avons convenu d'un rendez vous de travail pour préparer la prochaine mission que j'ai promis d'accomplir avant de lui passer le flambeau.

- Je reviens de passer le week-end chez mon père, me déclare-t-elle, dès son arrivée. J'ai pu voir aussi ma tante. Tous les deux se souviennent très bien de tes parents, Roger et Thérèse. C'est eux qui avaient accueilli la petite Blanchette, durant la guerre…

- Blanchette ? De qui me parles-tu ?

- Mais oui, Blanchette, une petite réfugiée venue du Nord de la France. Tes parents l'avaient hébergée pendant un certain temps mais ensuite, ils n'ont pas pu la garder. Ils l'ont alors confiée à la famille de ma tante, les E . qui possédaient une grande villa à Radès. Mais tu as l'air surprise, tu ne connais pas cette histoire ?

- Pas du tout, mes parents n'en ont jamais parlé, et maman dans son livre à la mémoire de mon père, pourtant prolixe sur la période de la guerre, n'en dit pas un mot. C'est bizarre, tu es sûre de cela ?

- Mais oui, ma tante est formelle, car Blanchette, c'était une figure que l'on n'oublie pas !

- C'était une petite juive ?

- Mmm, je ne crois pas. Je sais qu'elle avait deux frères qui avaient été confiés à deux autres familles protestantes.

 - Cette histoire est vraiment curieuse, j'aimerais avoir des détails supplémentaires.

- Tiens, je donne le numéro de téléphone de ma tante, appelle là, tu en sauras peut-être plus ?

Idelette repartie, mon trouble s'accroît. Par le plus simple des hasards, tiendrais-je enfin le fil qui me mènera à la sortie de mon labyrinthe ? Blanche, blanche... que m'évoquent ce nom, cette couleur, cette lumière ? Plusieurs anecdotes surgissent comme des vagues de fond, qui remontent de très loin à la surface de l'eau.

1955. J'avais treize ans et, le dimanche, j'aimais m'habiller de blanc, couleur qui ne va pourtant pas très bien à mon teint de blonde et à ma peau trop claire. Je croisai sur un trottoir de Tunis, sans doute en revenant du Temple, un petit groupe de garçons boutonneux, en mal de plaisanteries : « Eh, t'as vu le cachet d'aspirine, monté sur deux pattes et frisé comme un mouton ? Aspirine, Valentine...» Esclaffements, ricanements... Rouge au front et colère intérieure, car je n'aurais jamais osé les provoquer ouvertement : « Imbéciles ! Espèces de pruneaux mal lavés ! »

1957. Ayant laissé derrière nous la Tunisie, la maison de Carthage et nos amis, nous logions provisoirement chez mes grands-parents paternels dans leur grande maison de Vincennes où nous avions déjà effectué plusieurs séjours, durant les vacances d'été, entre deux camps de scouts ou deux voyages organisés par les parents. Mais l'hiver était froid et pluvieux, les sorties restreintes, le moral restait au dessous de zéro. Au retour du Lycée Hélène Boucher où j'étais été inscrite en seconde et qui me paraissait être une véritable prison, en comparaison du lycée de Carthage dont chaque classe avait vue sur le golfe de Tunis, avec le Bou Kornine comme horizon, je faisais comme à mon habitude, pour chasser le vague à l'âme, le siège de la bibliothèque du 10 ^bis Avenue Foch. C'était une pièce tapissée sur les quatre murs de rayonnages garnis en rangs serrés de livres, les uns brochés, à la couverture fatiguée, les autres plus pimpants dans leurs reliures de cuir rehaussées d'or.

Un canapé tapissé de velours jaune aux coussins moelleux, une grande table rectangulaire où ma grand mère se faisait servir un thé fumant en milieu d'après midi, un électrophone d'où s'échappait des airs d'opérette et des variétés féminines dont cette grande sentimentale raffolait : Madame Butterfly, la Traviata, mais aussi la Complainte de la Butte ou Non, rien de rien, je regrette rien... C'était mon refuge à l'heure où Victoire préparait le dîner, après avoir expédié mes problèmes de mathématiques ou la dissertation en cours sur un poème de Du Bellay... J'avais le choix entre des centaines de livres. Et pourtant le seul qui retint mon attention, où plutôt le seul dont je puis aujourd'hui me souvenir, c'est celui consacré à la biographie d'une certaine « Blanche » Peyron-Roussel, grande Salutiste devant l'Eternel, dont la vie exemplaire sous le chapeau Alléluia, faisait frémir mon cœur de future missionnaire. Rappelez vous, je nourrissais depuis quelques années le désir secret d'imiter le Grand Docteur Albert Schweitzer et partir évangéliser les petits africains qui n'attendaient que moi pour résister au paludisme, à la maladie du sommeil et autres affections tout aussi mortelles ! Comment à quinze ans, tout juste, pouvais-je ingurgiter sans broncher tant de pages pieuses et me laisser séduire par le zèle religieux de ces capitaines intrépides de l'Armée du salut qui battaient le pavé de Paris, en chantant des cantiques dans les bouges de la capitale, pour tenter de sauver les âmes perdues ? Elle s'appelait Blanche, était belle et courageuse, une héroïne à ma mesure qui, de plus, faisait partie d'une des familles les plus proches que nous fréquentions en Tunisie et dont les beaux garçons aux cheveux blonds s'auréolaient dans mon souvenir de toutes les qualités…

1962. J'avais vingt ans et pour le bal costumé des étudiants, je décidai de jouer le rôle d'une dame du Moyen âge : Isabeau de Bavière, Berthe aux grands pieds, Aliénor d'Aquitaine ? Non, ce sera Blanche de Castille ! La mère inflexible du très pieux Saint Louis, pourquoi ce choix saugrenu pour la brave parpaillote que j'étais ? Je ne m'étais pas vraiment posé la question mais plutôt : comment produire mon effet avec le maigre budget dont je disposais ? Des draps, le ruban d'une boite de chocolat et du papier crépon feraient bien l'affaire. Avec ma coiffe rehaussée d'or, enveloppant les cheveux et le menton, ma robe et mon surplus juste assez long pour former une courte traîne, j'étais toute de blanc vêtue. Je passais, altière, au milieu des arlequins, des chevaliers, des gitanes, des dragons et des clowns. Je ne portais pas de masque mais sans mes lunettes d'élève studieuse et sans ma couronne de cheveux bouclés, mes amis eurent beaucoup de mal à me reconnaître !

1966. Quelques années plus tard, je suis déjà mariée et mère d'un beau petit blondinet de neuf ou douze mois. Nous étions invités à une soirée parisienne, déguisement obligatoire sur le thème des stations de métro. Je récidivai : perruque poudrée style marquise et robe en velours ornée d'un col de cygne (recyclage de celle confectionnée avec moult palpitations pour notre mariage !) me transformèrent en « Blanche » tandis que Hubert arborait chemise et complet noir, chapeau haut de forme assorti, garni d'une liasse de billets de banque empruntés à notre jeu de Monopoly... « Richard-Lenoir », pour faire la paire du Yin et du Yang !

1967. Je prêtais serment à la Faculté de médecine de Paris. J'avais choisi un métier qui chaque matin me faisait revêtir une blouse blanche, symbole de l'asepsie de nos soins. Blouse que je n'ai jamais quittée puisqu'aujourd'hui encore, je l'utilise pour peindre mes icônes ! Cette couleur parfaite puisque contenant à elle seule, toutes les nuances de l'arc en ciel, est de tous temps symbole de pureté et de passage de la mort à la vie. Les évangiles la présentent comme la couleur du vêtement des élus, invités au festin du Royaume, c'est pourquoi certains croyants l'utilisent en signe de deuil, à la place du noir, dont personnellement je déplore le sinistre engouement de notre société sans espérance.

1986. N'est-ce pas un oiseau blanc, mouette ou cormoran, dont j'ai cru sentir l'appel alors que je nageais jusqu'à l'épuisement loin de cette plage où jouaient mes enfants, et me signifier qu'il était temps de faire demi tour ! Etait-ce toi, petite Blanche, qui veillait sur moi ?

2003. Je revois la silhouette que j'avais posée sur le collage destiné à me représenter, blanche forme féminine, debout devant la vague où jouent plusieurs enfants, une main ouverte et une bougie complétant la trilogie : espérance, amour et foi que je tentais d'exprimer dans cette œuvre spontanée. L'espérance, couleur de matin clair, était celle de me libérer d'un fantôme en retrouvant la fillette qui s'était penchée sur mon berceau...

Qui donc es-tu petite fille du passé pour troubler ainsi mes rêves et mon imagination ? Je n'attendrai pas longtemps avant de mener mon enquête !

- Bonjour Madame, vous êtes bien Geneviève M. ? Je suis Joëlle, la fille de Thérèse et de Roger, Idelette vous a parlé de moi et vous avez attisé ma curiosité en lui parlant de Blanchette. Pourriez-vous m'en dire un peu plus ?

Une voix claire, agile, avec d'étonnantes intonations de jeune fille, me répond :

- Oui, je suis bien Geneviève M., mais mon nom de jeune fille est E.! Nos familles étaient très liées autrefois. Vous êtes Joëlle ? Vous avez une sœur qui s'appelait Evelyne ? Je me souviens surtout d'elle.

- Bien sûr, car c'est l'aînée de notre fratrie, née en 1940.

- Votre mère était professeur de lettres et votre grand mère directrice de l'Ecole normale, n'est-ce pas ? Et comme en 41, je faisais des études pour devenir institutrice, je les ai bien connues toutes les deux... Et puis, on se voyait aussi à la paroisse et dans le scoutisme. Votre père était très investi dans le Mouvement...

- Et vous viviez à Rades, si j'ai bien compris ?

- Mon père avait été viticulteur, propriétaire d'un grand vignoble non loin du Zaghouan, mais juste avant la guerre, une funeste épidémie de phylloxéra l'a ravagé et il a dû vendre ses terres. La famille s'est repliée sur Radès, dans une grande villa de style mauresque située sur le haut de la colline de Mongil. Nous étions une famille nombreuse de cinq filles et malgré nos faibles ressources, la maison a été très accueillante...

- Pouvez vous me parler de Blanchette ? Ce que vous avez révélé à Idelette me paraît si incroyable, car nos parents ne nous ont jamais parlé d'elle.

- Oh oui, je peux vous en parler ! Je m'en souviens comme si c'était hier, elle était tellement attachante ! Blanche était une fillette de sept ou huit ans, arrivée à Tunis en fin 1940, ou au début de 41, avec ses frères Léo, à peine quatre ans et Bernard, âgé de six ans. Ils faisaient partie d'un groupe d'une dizaine d'enfants venant de Bruay-en-Artois. La Croix Rouge les avait évacués en zone libre car leurs pères, la plupart employés des mines du Nord, avaient participé à des mouvements de résistance. Celui de nos trois petits, Emile B. était mineur lui aussi, veuf depuis trois ans, sa femme étant morte en couches. Il avait dû s'enfuir sur un bateau, pour gagner l'Angleterre, après avoir participé à des actes de sabotage et les enfants avaient été recueillis par leurs grands parents maternels.

- Mais pourquoi étaient-ils réfugiés à Tunis ?

- Ce fut, je crois, après un accord entre les paroisses de Bruay-en-Artois et de Tunis, par l'intermédiaire des pasteurs Moussier et Cabantous, car tous les enfants ont été confiés à des familles protestantes.

- Oui, le pasteur Cabantous était le vénérable pasteur de Tunis et le parrain de ma mère. C'est lui qui a présidé le mariage de mes parents.

- Vos parents ont accueilli Blanche, ce devait être à l'automne 41, pour la rentrée scolaire. Bernard a été confié aux demoiselles R.M. et Léo aux Ch..

- Les Ch. ? C'étaient de très grands amis de mes parents ! Nous allions très souvent en visite chez eux, nous les appelions papa et maman Ch.. Eux non plus, ne nous ont jamais parlé de Blanche et de Léo !

- Blanchette était une fillette très vive, très spontanée, sociable, blonde auburn aux yeux sombres avec un joli sourire. Elle charmait par son très bon langage et ses réflexions amusantes. Je crois que votre mère lui faisait une grande confiance car une fois, elle est arrivée à une réunion au lycée Armand Fallières un peu en retard, toute essoufflée en avouant que la domestique s'était subitement déclarée malade et qu'elle n'avait pu trouver une remplaçante. Elle s'était sentie comme avec « un couteau sous la gorge » et avait confié à Blanche la garde des enfants !

- Pourtant Evelyne et mon frère Yves n'étaient encore que des nourrissons !

- Blanche a séjourné une année complète dans le foyer de vos parents mais à la rentrée scolaire suivante, donc à l'automne 42, ils n'ont plus pu la garder…

- L'appartement commençait sans doute à être trop petit, et maman débordée entre son métier, ses tâches ménagères et ses trois petits car je venais juste de naître.

-Non, je pense que c'est à cause de la guerre. Vous savez les Allemands ont débarqué à Tunis début Novembre et votre appartement était très exposé puisque situé en plein centre ville, tout près du port.

- Ah je vois, ma mère le signale dans son livre et raconte qu'ils avaient dû se réfugier au Collège Alaoui durant les six mois de l'occupation… Je comprends qu'ils aient cherché à mettre Blanche à l'abri !

- Elle est restée chez nous jusqu'à la fin de la guerre et je crois qu'elle y a été heureuse.

- Et ensuite qu'est-elle devenue ?

Je sens soudain une hésitation, la voix de Geneviève se ralentit, devient plus sourde.

_ Mmh, le père a récupéré ses enfants après la guerre. Il s'était remarié avec la plus jeune sœur de sa femme, Alfreda qui lui a donné deux autres enfants. Il avait quitté le métier de mineur car il était atteint de silicose et avait trouvé un poste de garde champêtre dans une propriété en Moselle. Et puis…

L'hésitation est encore plus nette.

- Que s'est-il passé ensuite ?

- Eh bien, Blanche est morte !

- Morte ? Comment ?

Je frissonne, mes bras se hérissent de chair de poule, je sens une crampe monter du fond de mon ventre.

- Elle est morte noyée…

- …

Le silence se prolonge quelques instants. Ce silence est celui qu'ont maintenu mes parents autour de ce drame. J'ai peur et en même temps envie d'en savoir plus, de tout savoir de cette petite Blanche qui a hanté mes rêves, qui m'a donné envie de la sauver, et qui vient maintenant me rejoindre sans que je l'aie vraiment conviée !

- Elle avait 14 ans, c'était en juillet 1947, elle était montée dans une barque avec ses deux frères et s'était éloignée de la rive pour faire un tour sur l'étang qui jouxtait leur maison. Mais le vent s'est levé, elle a lâché la rame, a voulu la rattraper et s'est jetée à l'eau. Elle a coulé à pic !

- …

La tête me tourne, vertige, nausée, mais aussi soupir, soulagement d'avoir atteint le but. La réponse à la question : pourquoi le silence de mes parents autour de cette enfant ? surgit d'elle-même : impossible pour eux de parler de la mort à leurs enfants, impossible de décrire la vie de Blanche que Geneviève M. me révèle pétillante et joyeuse, sans en même temps évoquer ce jour de juillet 47 où elle a sombré dans un lac. Les rires éteints, il valait mieux les oublier… C'était sans compter sur les traces qu'ils avaient laissées dans ma toute jeune mémoire. Ma mémoire de l'âme, comme dirait CG Jung, celle d'avant les mots, faite de touchers, de caresses, de regards et de gazouillis. Car à cet instant, je ne doute pas une minute que Blanche m'ait prise dans ses bras, le jour de ma naissance et qu'elle ait recueilli mon premier sourire, en miroir des siens.

Une fois de plus, j'ai alors recours à la mémoire familiale rassemblée par Elisabeth. Je sais qu'elle a aidé à vider la maison de l'impasse de la Lune où maman avait passé les cinquante années de son veuvage. Elle a récupéré tous les documents et les albums de photos, témoins muets de notre histoire mouvementée et des secrets enfouis...

-Elisabeth, as-tu le temps de rechercher les photos des années 41 - 42 et d'y retrouver la présence d'une petite fille de sept ou huit ans que les parents auraient accueillie quelques mois autour de ma naissance ?

- Hum, il n'y en a pas beaucoup de cette époque. Pendant la guerre, je suppose que les parents n'avaient pas le cœur à prendre beaucoup de photos. A part, les photos inévitables de leur mariage en 38, la pêche risque d'être décevante ! Enfin je vais voir, car cette histoire est mystérieuse, en effet. As-tu demandé à Evelyne si elle se rappelait quelque anecdote à ce sujet ou si elle avait entendu les parents en parler ? Elle a tout de même deux ans de plus que toi et aurait pu être au courant de l'accident survenu en 47...

- Oui, je l'ai appelée et n'ai rien obtenu. Elle n'a aucun souvenir de cette fillette et le prénom de Blanche ne lui dit rien du tout.

- Laisse moi chercher, je te rappelle dans un ou deux jours.

Dès le lendemain, la voix d'Elisabeth m'arrive, très excitée :

- J'ai trouvé ! Trois clichés, je te les envoie par mail.

Une fillette inconnue, d'environ sept ans, apparaît, souriante, debout devant mes deux parents, sur la terrasse de notre appartement de la rue de Bône. Roger semble la protéger de sa main gauche, dans un geste plein d'affection, alors que son regard se tourne vers son fils Yves, beau bébé de quatre ou cinq mois, porté dans les bras de Thérèse, radieuse. Blanche, car c'est bien elle, porte une robe de lainage à manches longues, nous sommes donc en décembre 41 ou début 42. Sa coiffure, grosse boucle sur le sommet de la tête, ornée d'un ruban pastel est celle que nous, les cinq sœurs Randegger, avons arborée toute notre enfance, à notre grand désespoir car elle récoltait les railleries de nos camarades de classe, pour cette entorse à la modernité. Avec le col Claudine blanc complétant presque toujours nos chemisiers ou nos robes, elle signait l'appartenance au clan de la famille Labarde. Nous la retrouvons sur les photos d'enfance de Thérèse et de ses sœurs, ainsi que sur celles de nos cousines, habillées comme nous par notre grand-mère commune, Henriette, dont j'ai déjà souligné l'habileté manuelle et son goût pour l'éducation des filles.

Blanche semble en totale confiance, mêlant timidité et air mutin, elle semble prête à bondir pour jouer avec nous à la marelle ou au chat perché, si nous avions l'âge de la suivre ! Mais probablement, je ne suis encore même pas conçue... Une autre vue la montre dans la même position, debout devant Roger, je dirai presque « collée à ses basques », habillée d'une robe plus légère tandis qu'une jeune femme à lunettes, vêtue d'un chemisier blanc – notre tante Annick, la sœur de Thérèse ? – tient Yves dans ses bras. Ce cliché, plus petit, plus flou, semble être antérieur au précédent. Probablement il a été pris peu de temps après l'arrivée de Blanche dans la famille, en Septembre 41. Evelyne n'apparaît ni sur l'un ni sur l'autre. Elle a déjà l'âge de trottiner et dédaigne les séances de pose !

Mais comment Blanche était-elle passée inaperçue ? Car combien de fois, du vivant de Thérèse, avons-nous feuilleté ces albums de photos sans nous attarder sur celles-ci ? Pourtant nos enfants en raffolaient et ils nous demandaient de les commenter à chacun de nos séjours chez Mutti - le nom qu'elle avait choisi à son accession au statut de grand-mère. Comment, si cette photo était tombée sous notre regard, étions-nous restées indifférentes, mes sœurs et moi, à la proximité entre cette enfant et notre père ? Notre absence de questions fait écho au silence familial face à ces secrets de famille qui comme le furet, passent et repassent devant nos yeux aveuglés, sans jamais se dévoiler. La fin tragique de Blanche les avait-elle tellement choqués, bouleversés… culpabilisés ?

Une autre photo est prise dans un décor tout différent. Cinq jeunes enfants s'ébattent dans un jardin planté d'arbustes fruitiers, que je reconnais être celui des Ch… Un garçonnet aux boucles blondes est planté dans une petite carriole tricycle, semblant réclamer un chauffeur pour le faire rouler. Un bébé joufflu babille, couché dans une lessiveuse ovale, aménagée en berceau confortable grâce à un agencement astucieux de coussins. Derrière lui, on aperçoit deux fillettes à peu près du même âge, l'une porte une frange brune à la Jeanne d'arc et un tablier d'écolière, l'autre à l'arrière plan, est reconnaissable par sa grosse boucle de cheveux et son ruban ! Cette dernière tient dans sa main une balayette. A ses pieds, on devine un récipient d'où débordent des feuilles tombées. Dans l'ombre d'un figuier ou d'un néflier, sur la droite de la photo, une autre enfant plus jeune et très courte vêtue, joue avec un balai deux fois plus haut qu'elle ! Un chien noir et blanc lové sur lui-même, veille sur les enfants comme un bon berger. Cinq enfants réunis, un dimanche d'automne : Léo, quatre ans, Yves, cinq mois, Françoise Ch. et Blanche, sept ou huit ans, Evelyne, dix-huit mois. Il ne manque que Bernard, pour compléter le tableau et reconstituer l'histoire de ces petits réfugiés, accueillis en Tunisie par des familles protestantes, que me raconte Geneviève E., soixante dix ans plus tard !

2- *Journal de guerre*

Bien entendu, je n'en reste pas là ! Très vite après cet échange téléphonique, j'organise avec Idelette une visite chez sa tante, dans sa maison languedocienne. Je suis accueillie par une très jolie vieille dame de près de quatre vingt dix ans, menue et agile, malgré sa cécité presque totale. Sa maison est décorée avec beaucoup de goût et je reconnais des paysages et des lieux de mon enfance sur certaines des aquarelles exposées aux regards des visiteurs. Geneviève, ancienne élève de l'Ecole des Beaux-arts de Tunis, s'est adonnée au dessin et à la peinture tant que sa vue le lui permettait. Elle m'invite à entrer et me mettre à l'aise, avec une grande chaleur, enthousiasmée par mes recherches et envahie par l'émotion de replonger dans un passé qui avait représenté un tournant important de sa vie. Elle évoque la fin de ses études et son premier poste dans le bled, à Bou Arada, ses fiançailles avec Raymond M., troublées par la campagne de Tunisie. Le front les avait séparés durant de très longs mois d'angoisse, rejetant l'un du côté des alliés, l'autre du côté des forces de l'Axe. Les retrouvailles ne se produisirent qu'en Mai 43 après la défaite allemande, suivies rapidement par un mariage de guerre auquel Blanche assistait comme demoiselle d'honneur…

Après m'avoir ainsi ouvert son cœur, elle me confie avec une grande confiance son journal intime, retrouvé au fond d'un tiroir et rédigé à la mine de crayon sur un cahier d'écolier, durant les six mois de Novembre 42 à Mai 43 correspondant à l'occupation de Tunis. Elle l'avait écrit sous forme de lettres à son fiancé dont elle avait perdu le contact dès le premier jour du débarquement des forces italiennes puis allemandes. Retenu dans la propriété familiale de l'autre côté des lignes, celui-ci s'était engagé dans les forces alliées, dès leur arrivée dans la région. Ce journal est un puits de renseignements et de détails sur la vie de sa famille durant cette période. Il montre combien les valeurs de solidarité et de fraternité se sont épanouies face à la barbarie nazie. Mais surtout, dans ce cahier, j'y retrouve la trace de Blanche, quelques mots tracés d'une main maladroite. « Car elle était un peu dyslexique ! » m'a avoué Geneviève, bien qu'à l'époque on ne connût pas encore cette pathologie. Grâce à ce document, je peux étoffer son récit et faire connaissance avec mon si gracieux fantôme…

« Je suis née en 1920, quatrième fille d'une fratrie de cinq. Ma jeune sœur Eliane pourrait d'ailleurs vous en dire d'avantage car elle était plus proche de Blanche que moi. Elles partaient à l'école ensemble à deux kilomètres de la maison, trajets qu'elles faisaient quatre fois par jour, il n'y avait pas de cantine à l'époque ! La grande faisait travailler la plus jeune, car autant Blanchette était bavarde, spontanée, autant elle avait du mal pour l'écriture… Mais commençons par le commencement. J'ai connu votre mère parce qu'elle était ma monitrice d'Ecole biblique, j'ai d'ailleurs un mot de Thérèse Labarde dans ma Bible ! Et c'est moi qui, au mariage de vos parents, distribuait les dragées…

L'année scolaire 1940-1941, j'étais institutrice dans le bled, à Bou Arada. J'avais été nommée là-bas, en remplacement d'une institutrice juive qui avait été licenciée. »

J'interromps ici le récit de Geneviève pour rappeler que les lois antijuives de Pétain, avaient été promulguées dès Octobre 40 et mises en application sans délai, à Tunis par les autorités du Protectorat. Se faisant de plus en dures au fil des mois, ces lois excluaient les juifs de la fonction publique et leur limitaient fortement l'exercice des autres professions commerciales, artistiques ou libérales. Heureusement en Tunisie, l'affrontement entre les alliés et les forces de l'axe déclenché en novembre 42 a empêché les déportations et les exécutions massives. Même si un certain nombre de jeunes juifs ont été raflés et incarcérés dans des camps de travail où les conditions de vie étaient très dures, la « solution finale » n'y a jamais été appliquée, grâce à l'influence modératrice combinée des Italiens, la réticence des dignitaires musulmans et la réprobation du résident général français. La victoire finale des Alliés en Mai 43 et l'abrogation de ces lois iniques apaiseront la communauté israélite qui connaitra un nouvel essor culturel et économique dans les années d'après guerre, comme en témoigne tout au long de notre scolarité, la présence de nombreuses condisciples juives dont certaines sont devenues de véritables amies…

« C'est à Bou Arada où j'ai rencontré mon futur mari Raymond, poursuit Geneviève M. De ce fait, je ne me souviens pas de la naissance d'Evelyne, dans votre foyer. Mais j'ai revu Thérèse peu après car le pasteur Cabantous et Roger, votre père, étaient venus présider un culte à Bou Arada. Je suis restée deux années là bas et je souffrais de l'éloignement de ma famille. L'été 41, j'avais participé à un camp biblique avec plusieurs jeunes du scoutisme unioniste que dirigeait votre père dont j'ai beaucoup apprécié la joie de vivre et l'autorité. C'est au cours de ce camp que votre père a fait une chute d'escalade dans une falaise près de Bizerte, et nous avons cru qu'il était mort…

- Oui Maman rappelle cet épisode dans son livre. La famille séjournait cet été là, à Carthage, dans la villa d'une amie, avec mes grands-parents et mes aînés, Evelyne et Yves.

« Roger avait voulu tester la résistance d'une paroi, et celle-ci avait cédé : chute de plusieurs mètres, blessures dont on ne pouvait pas immédiatement mesurer la gravité. Le brancard sur lequel on le transportait vers la voiture qui allait me le ramener avait été recouvert d'un drap blanc, pour éviter au blessé l'agression des mouches, si nombreuses et virulentes en Afrique du Nord pendant les grosses chaleurs de l'été. Les éclaireurs avaient l'impression que tout était fini pour leur chef que c'était son cadavre que l'on transportait ainsi... Avertie par téléphone qu'il « était arrivé quelque chose à Roger », je me tenais sur le perron de la villa que nous avions loué pour l'été, guettant l'angoisse au cœur l'arrivée de la voiture, ambulance de fortune. Soudain quand elle fut à portée de voix, je vois Roger, à la portière nous criant : rien de grave, des écorchures seulement ! »

Aucune mention de Blanche dans cette anecdote. Les enfants du Nord devaient pourtant être déjà arrivés et répartis dans les familles tunisiennes.

- Je ne sais pas exactement la date de l'arrivée de la petite colonie d'enfants originaires de Bruay-en-Artois, car outre la famille B., deux autres fratries avaient été mises à l'abri chez nos amis de la paroisse protestante. Ce fut probablement à la fin de l'année scolaire 1940-1941. Mais j'étais en poste à Bou Arada et je n'en ai pas le souvenir. Après deux années d'enseignement dans le bled, donc en septembre 42, j'ai démissionné de l'éducation nationale et suis retournée vivre à Radès, dans la grande maison que j'adorais. C'était une maison de style mauresque, avec un sous-sol et un étage. Je me souviens de la tour, du grand escalier et surtout de la terrasse d'où l'on avait une vue sur tout le golfe de Tunis ! Bien m'en a pris car dès les vacances de la Toussaint, nous étions tous bloqués par le débarquement allemand.

Vos parents auraient ainsi gardé Blanche durant un peu plus d'une année scolaire dans leur appartement de la rue de Bône. Lorsque l'occupation de Tunis par les forces de l'Axe a bouleversé leurs plans, les Ch. qui étaient nos voisins, ont contacté mes parents et leur ont demandé s'ils pouvaient prendre le relais, en accueillant Blanche à Radès. Nous étions une famille de cinq filles, vous savez, ma mère a simplement dit : « Une fille de plus, une fille de moins quelle importance ! » Pourtant pendant les six mois d'occupation et de guerre, la maison était archipleine. Deux de mes sœurs, Simone et Alice, étaient bloquées à Bordeaux où elles faisaient leurs études. Mais la famille se composait de mes parents et de leurs trois autres filles, Germaine qui travaillait comme infirmière à l'hôpital de Tunis, Eliane, 14 ans, encore écolière et moi. De plus, logeait chez nous un vieil ami des parents, venu de Mazamet leur rendre visite juste avant le début des hostilités. Il n'avait pas pu repartir, après la coupure totale des liaisons avec la France. Une autre amie, Simone L. avait fui le centre ville de Tunis aux premiers bombardements et n'avait pas trouvé d'autre point de chute que chez nous. Pour combler le tout, la maison a été réquisitionnée. Des officiers italiens ont occupé le rez-de-chaussée de la maison et leurs ordonnances logeaient dans le garage.

Blanche s'est très vite intégrée à la vie de notre famille. Elle entrait avec sa spontanéité dans un monde très nouveau pour elle. Lorsqu'elle a aperçu pour la première fois l'escalier en colimaçon, elle s'est écrié : « Ah, on dirait le chevalement de la mine ! » Pourtant elle avait vu le jardin, le donjon crénelé et les magnifiques carrelages de la véranda… Elle partageait avec Eliane un grand lit dans une jolie chambre à coucher, avec son couvre-lit en plumetis rose. Ce qui n'était pas toujours du goût de ma sœur qui trouvait Blanche tellement désordonnée ! Exemple : elle prenait sa poupée et ses vêtements cousus main et oubliait de les ranger, alors que des jouets de son âge lui avaient offerts par les amis en signe de bienvenue. Elles s'entendaient bien mais Eliane se prenait pour une grande, vous comprenez...

Chez nous, ce n'était pas la richesse, loin de là ! Depuis sa reconversion, mon père diminué par un accident vasculaire cérébral n'avait plus que le revenu de quelques loyers d'appartements dans la ville de Bizerte, achetés avant la guerre avec le fruit de la vente de ses terres. Nous vivions de peu, dans une économie de guerre. Je gagnais un peu d'argent en donnant des cours aux enfants du futur général Gardy qui était à l'époque chef d'un escadron du 4ème régiment de spahis et résidait à Radès, tandis que Germaine rapportait à la maison son salaire d'infirmière.

Lorsqu'un vêtement était usé, pâli, ma mère le recyclait sur l'envers. Je revois encore Blanchette à mon mariage avec sa robe bleu clair en satin retourné, coupée dans une ancienne robe de soirée... On détricotait les pulls pour en faire des neufs, en jacquard, on rafistolait les semelles avec du caoutchouc provenant de pneus usagés. Il n'y avait aucun gaspillage ! Nous avions un potager de légumes et des arbres fruitiers dans le jardin, néfliers, citronniers, orangers. Le boulanger nous livrait le pain monté sur une voiture tirée par des chevaux. Nous nous précipitions pour ramasser le crottin pour en nourrir nos fleurs et légumes! Donc, chez nous, pas de luxe ni d'ostentation mais une certaine finesse, et surtout beaucoup de solidarité, de respect les uns pour les autres.

Blanche était toujours gaie, en train, partout à l'aise. Blonde avec un teint hâlé, elle faisait plaisir à voir. Elle n'avait jamais la langue dans sa poche. Par exemple, un jour, elle désigna les plumes que portaient à leur chapeau les Bersaglieri italiens, fréquentant notre maison : « Eh bien, ils en ont tué des coqs, ceux-là ! »

Et en juillet 43, le jour où mon fiancé débarqua pour la première fois à la maison, elle entendit un pas inhabituel monter les escaliers de marbre de l'entrée avec des « gros souliers plein de clous ». Elle se précipita pour ouvrir, mit son nez à la porte, rose de curiosité. Elle dévisagea Raymond, alors que lui, très intimidé ou très ému, gardait le silence. Elle devina immédiatement de qui il s'agissait tant j'en avais langui à haute voix, durant ces longs mois de séparation. Elle se tourna vers moi « Il a l'air gentil, ton fiancé, mais il a bien la bouche cousue !»

Elle chantait très bien, participant aux cantiques et aux chansons que maman jouait au piano. Nous étions de fait une famille de cigales qui aimaient rire, chanter, danser. En dépit de la guerre, l'atmosphère était détendue, simple, presque insouciante. Seul mon père nous rappelait à l'ordre et nous faisait revenir sur terre… Les difficultés financières et ses ennuis de santé le minaient au point d'être tombé dans une sorte de dépression. Il promettait de nous fabriquer une tranchée dans le jardin, pour nous mettre à l'abri car la cave n'était qu'une protection morale, mais il n'a jamais terminé son projet… Il avait trouvé quelques petits boulots de cantonnier puis de secrétariat mais cela ne suffisait pas pour nourrir toute cette maisonnée.

La vie s'était pourtant organisée. Germaine se levait très tôt et prenait le train pour rejoindre l'hôpital, d'abord en plein Tunis puis ensuite à l'Ariana dans une banlieue moins exposée. Eliane et Blanche partaient à l'école, cartable au bras, faisant vaillamment leurs six kilomètres par jour. Elles rejoignaient des camarades sur le trajet et ne s'en plaignaient pas. Je faisais les courses, ce qui prenait beaucoup de temps car on ne trouvait pas facilement ce que l'on cherchait. Il y avait des queues partout, surtout à l'épicerie et j'avais en plus la lessive en charge. Maman tenait la maison et nous préparait les meilleurs repas possibles malgré la pénurie de denrées. En plein hiver, l'eau s'est mise aussi à manquer. Nous étions obligées d'aller chercher notre eau à un puits « arabe » en contrebas de la maison, où il fallait faire la queue durant des heures !

Le soir, pendant que notre mère s'occupait des devoirs ou qu'elle jouait – merveilleusement - Clair de Lune tiré de l'opéra Werther, Nuit et Rêves de Schubert, ou d'autres pièces romantiques au piano, j'écrivais à Raymond dans mon cahier d'écolier et je rêvais à notre avenir, en tremblant de ne jamais le revoir. Parfois un des officiers italiens se joignait à nos soirées musicales car il jouait admirablement du violon et manquait de partitions pour s'entraîner.

Lorsqu'on entendait les bruits de bombes, on aurait pu descendre à la cave pour nous protéger mais nous choisissions de nous mettre sur la terrasse d'où l'on pouvait voir passer les forteresses des alliés ou les chasseurs allemands. « Nous préférons mourir au grand air ! » disions-nous d'un ton détaché… Blanche n'avait pas peur des bombardements, qui pourtant, certains jours et certaines nuits, étaient incessants. Parfois l'électricité était coupée de longues heures voire quelques jours. Cette obscurité relative des soirées était très favorable aux longues rêveries et quelques fois aussi aux crises de larmes !

Notre maison était un observatoire exceptionnel pour les combats qui se déroulaient à Tunis et sur l'aéroport de l'Aouina. Nous avons assisté à plusieurs batailles aériennes. Nous avons pu suivre de près l'avancement des Alliés et la retraite des Allemands faisant table rase après leur passage. Chaque redoublement des hostilités nous faisait espérer la fin de la guerre et je brûlais, partagée entre l'inquiétude de savoir Raymond mobilisé par l'armée d'Afrique et l'espoir de le revoir après ces mois interminables de séparation.

La religion jouait un grand rôle à cette époque troublée. Le jour de Noël 1942, nous avons eu un petit culte à la maison présidé par le Pasteur Bonjour. Cela faisait beaucoup de bien de se sentir unis malgré ce grand chambardement. Mais c'était un vrai Noël de guerre. Bien des assistants pensaient à des membres éloignés de leur famille et moi, je pensais à mon fiancé…

Le dimanche, nous organisions l'école biblique chez nous, puisqu'il était impossible de nous rendre au Temple de Tunis, ce qui permettait à Blanche de retrouver ses frères Léo et Bernard qui tous deux habitaient non loin. A ce petit groupe, s'ajoutait aussi Danielle B., devenue très vite une grande amie de Blanche. Elles s'invitaient mutuellement pour jouer et passer leurs jours de congé ensemble.

Je ne sais plus où était réfugié Emile, le père des enfants mais juste après la libération de Tunis en mai 43, il a débarqué avec les troupes gaullistes de l'Armée d'Afrique. Un jour, sans prévenir, il a frappé à la porte de la maison, avec un camarade, Roger B., qui ressemblait à de Gaulle. Ils sont restés tous deux une dizaine de jours chez nous. Mais des officiers anglais ayant remplacé les italiens, ils ont trouvé à se loger ailleurs… »

Les souvenirs de Geneviève sur cet épisode sont un peu flous. J'ai appris plus tard par Eliane, la sœur de Geneviève, qu'Emile, recherché par les allemands pour actes de sabotage dans le Nord, avait tenté de rejoindre les forces du général de Gaulle à Alger. Comme il restait inoccupé - à l'instar de très nombreux volontaires gaullistes de la première heure, très mal accueillis par Churchill - mon père l'avait fait venir en Tunisie pour se rapprocher de ses enfants. Il lui avait rapidement trouvé un emploi de mineur dans une mine de lignite qui venait de s'ouvrir dans le Cap Bon, ce qui lui permettait de voir ses enfants de temps en temps le dimanche ou les jours fériés. La famille E. n'avait pas eu de contact avec lui, car dès novembre 42, comme pour Raymond M., il était cantonné en zone alliée et ne pouvait plus se rendre à Tunis. La victoire des alliés donna l'occasion à Emile qui avait pris en horreur son métier, de s'engager dans l'armée et d'intégrer le corps expéditionnaire français partant pour la campagne d'Italie. C'est ainsi qu'un soir de juillet 44, sur la terrasse face au golfe de Tunis, il avait dit adieu à ses enfants et aux familles qui les accueillaient et il était parti guerroyer, sac en bandoulière... Eliane rapporte une image restée ancrée en elle :

« *Emile venait de s'engager et tous les deux, Blanche et lui, dans les bras l'un de l'autre, assis sur un banc du jardin, priaient pour que tout se passe bien pour lui. Il existait un lien particulier entre Blanchette et son père car elle se souvenait un peu de leur mère alors que Léo et Bernard n'en avaient plus aucun souvenir.* »

Mes parents, la famille E. et les Ch. trouvaient qu'il était un peu inconscient des efforts faits par les familles de Tunis pour ses enfants et qu'il prenait beaucoup de risques inconsidérés. Que deviendraient ses orphelins s'il se faisait tuer ?

Mais laissons Geneviève retrouver ses souvenirs...

« Blanche est restée chez nous jusqu'à la fin de la guerre. Nous étions tellement attachées à elle que son départ nous a beaucoup peinées. Entre temps, en Avril 44 je m'étais mariée en petit comité, beaucoup de nos parents et amis étant au loin. Blanche et Eliane étaient choisies comme demoiselles d'honneur. Nous avions passé dix jours de voyage de noces à Ain Draham, mais dès le mois juillet, Raymond, pestant de ne pas pouvoir revenir à Bou Arada où la ferme attendait ses soins, a été envoyé au Maroc comme instructeur des régiments sénégalais. En juin, j'avais su que j'étais enceinte et j'étais toute à mon bonheur... et à mon inquiétude. Il fallut encore presque une année entière de restrictions et de partage de nos maigres ressources avant que les enfants d'Emile ne montent en Mai 45 sur le premier bateau en partance pour la France, mais hélas, pas notre ami de Mazamet que le cancer empêcha de revoir son pays ! »

Arrivée à ce point du récit de Geneviève, je ne comprends toujours pas pourquoi je me suis sentie tellement émue par cette petite Blanche, alors qu'elle avait quitté le foyer de mes parents peu avant ou peu après ma naissance, selon les raisons qui avait motivé ce départ : logement décidément trop petit pour une enfant de plus ou exode des habitants du centre ville de Tunis aux premiers bombardements. Si elle n'est partie que début Novembre 42, a-t-elle été le premier visage enfantin à se pencher sur mon berceau et à répondre à mes gazouillis ? Evelyne et Yves étaient encore si petits pour le faire ! Si elle a rejoint Radès dès la rentrée scolaire début Octobre, peut-être m'a-t-elle prise dans ses bras et chanté les berceuses apprises chez les E., au cours de retrouvailles chez « maman et papa Ch.» ? A-t-elle accompagné mes premiers pas, en veillant sur moi lors des sorties scoutes qu'affectionnaient mes parents ? L'invitaient-ils à séjourner dans une des maisons de vacances qu'ils louaient en été ? Peut-être... Je ne peux qu'imaginer la relation de tendresse qui s'était établie entre elle et moi, car les photos de cette époque sont rares et nos archives n'en disent pas grand-chose... Un cliché néanmoins suggère qu'elle était présente dans la villa du Kram, qu'avaient loué mes parents en été 1943. Au delà de la barrière du jardin, s'étendent la plage et la mer ensoleillées. Trois bambins sourient dans une poussette basse : Evelyne, Yves et moi. A gauche, s'ébattant non loin, une fillette en robe claire pourrait bien être... Blanchette.

Ainée de sa famille, privée très tôt de l'amour maternel, elle se comportait en petite maman avec ses frères et avec nous. Geneviève m'a révélé que ma mère si occupée, lui confiait volontiers notre garde. A ma naissance, s'est-elle prise d'affection pour le bébé souriant et placide que j'étais, reportant sur moi toute sa soif de caresses et d'attentions qui lui avaient fait défaut depuis la mort de sa propre mère ? J'aime à me le représenter... car personne aujourd'hui ne pourra plus me dire comment, de mon côté, j'ai traversé cette période de guerre.

Maman reste très laconique dans son récit biographique :

« *Avec Evelyne, Yves et Joëlle qui venait de naître, nous avons passé ces six mois d'occupation au collège Alaoui, moins exposé que notre appartement aux bombardements quotidiens des alliés, lesquels visaient naturellement des objectifs allemands mais atteignaient malheureusement souvent d'autres endroits plus innocents. Notre appartement de la rue de Bône n'était pas loin du port, point sensible, s'il en fut, et nos parents généreux nous offraient l'hospitalité ainsi qu'à certains de leurs amis, un ménage de Bizerte entre autres. On campait dans ce grand appartement de fonction, on se relayait pour le ravitaillement et les tâches ménagères et chaque soir, quand mugissaient les sirènes, on se précipitait dans les sous sols du collège, abris dont on osait penser qu'ils étaient sûrs.*

La scène était toujours la même : chacun de mes parents prenait qui Evelyne, qui Yves, par la main ou dans ses bras et Roger et moi dévalions les marches tenant chacun une poignée de la corbeille à linge qui servait de berceau portatif au bébé Joëlle que ce remue ménage n'inquiétait guère. L'alerte passée, on regagnait l'étage » Et plus loin : « *Pour nos enfants, nous touchions des tickets, donnant droit à du lait en boites. Roger, prévoyant, fut d'avis de les mettre en réserve pour des temps éventuellement plus difficiles et d'aller se procurer du lait frais dans une ferme tunisienne, située non loin de l'aéroport d'El Aouina, à quelques kilomètres de Tunis. Il s'y rendait le matin de bonne heure à bicyclette et il m'arriva de l'accompagner. Je me rappelle le jour où sur le chemin du retour, un tir de mitrailleuse claqua soudain tout près de nous. Deux solutions s'offraient : pédaler plus vite ou nous coucher dans le fossé. La première fut adoptée car l'autre aurait signifié la perte de notre précieux chargement.*

Joëlle nourrie dans ses premiers mois de ce lait, dont ne connaissions au juste la teneur ni en principes nutritifs, ni… en microbes, ne s'en est pas plus mal portée »

Que s'est-il passé ensuite ? Comment la fratrie B. a-t-elle retrouvé son pays natal et sa famille ? Comment le drame de 1947 s'est-il produit ? Il reste encore beaucoup de « trous » pour reconstituer l'histoire de cette jeune réfugiée qui a marqué ma toute petite enfance...

Après le départ des Allemands, mon père qui avait déjà été mobilisé en septembre 39 dans l'extrême sud de la Tunisie, puis libéré en Août 40, repart de nouveau sous les drapeaux en automne 44, toujours en Tunisie, après avoir assisté à la naissance de ma sœur Geneviève le 11 Octobre. « *Néanmoins seule avec 4 enfants, j'avais souvent le cafard tandis que Roger rongeait son frein dans une vie de garnison sans intérêt* ».

Rien là dedans qui puisse répondre à mes questions, sauf à alimenter mon imagination pour combler les « blancs » de ma toute petite enfance et de ma relation d'amour pour Blanche !

3- Léo

Les souvenirs de Geneviève M. pris en notes, le cahier d'écolier refermé, l'histoire est si belle qu'il me faut absolument remonter à la source, la famille B.. Je poursuis donc mes recherches en les orientant vers Bruay-en-Artois. Je tente ainsi de reconstituer les pièces de ce « Légo » mémoriel, faisant apparaître peu à peu des visages et reconstruisant des trajectoires de vies oubliées. Peut-être aurais-je la chance de retrouver Bernard ou Léo vivants ?

Oui, cette « chance » m'est offerte, là encore par un concours de circonstances extraordinaires, à croire que l'esprit de Blanche, du haut du « ciel », suit attentivement mes recherches et inspire les actes et les rencontres qui conduisent aux retrouvailles : Idelette et Geneviève E. d'abord, puis Léo B. dont je retrouve la trace et que je rencontre bientôt dans sa maison de la banlieue parisienne.

Un coup de téléphone passé à la mairie de Bruay-en-Artois, m'apprend des éléments essentiels de la biographie de Blanche et ses frères, que je complète par une recherche généalogique et des éléments historiques, publiés sur Internet.

Emile est né en 1911 dans une famille de mineurs. Il est, comme son père et son grand-père, descendu dans la mine dès l'âge de quatorze ans. Il fit son service militaire dans les années 30 puis épousa Marthe L., troisième d'une famille de onze enfants en 1933. Très vite, ils donnèrent naissance successivement à trois enfants, Blanche née en 1934, Bernard en 35 et Léo en 37. Mais de nouveau enceinte, Marthe mourut en Juillet 1938 à l'âge de vingt six ans, d'une crise d'éclampsie, maladie hypertensive de la grossesse, entrainant des convulsions et au pire, le décès de la mère et de l'enfant si elle n'est pas détectée et traitée à temps.

La famille L. vivait d'un commerce de droguerie épicerie à Bruay-en-Artois. Après le décès de Marthe, les enfants encore en bas âge, furent confiés à leurs grands parents. Mais la guerre survint et dès le mois de mai 40, l'occupation du Nord-Pas-de-Calais déclarée « zone rouge » s'avéra beaucoup plus dure que dans le reste de la France, le territoire étant considéré comme « annexé » par les Allemands. La résistance s'organisa activement dans le milieu de la mine, habituée aux luttes, aux grèves et aux actes de désobéissance civile, mais elle entraina aussitôt une répression sévère. Entre mai et juin 1940, 380 otages furent fusillés, 45 personnes déportées... Emile B. et ses beaux-frères L. furent très vite repérés comme séditieux, responsables d'actes de sabotage et contraints d'entrer dans la clandestinité. Deux d'entre eux, Aimé et Benjamin furent arrêtés, le premier dès 1940. Son décès est signalé dans la prison d'Etat de Pellevoisin, dans l'Indre, à l'âge de vingt quatre ans. Son cadet Benjamin, encore adolescent, fut déporté à Dachau où il mourut, en 1945 à l'âge de vingt ans... Les grands parents, assommés par ces deuils et ces arrestations, désiraient mettre leurs petits-enfants à l'abri et, grâce à la communauté protestante, un convoi fut organisé par la Croix-Rouge vers Tunis avec une dizaine d'autres enfants de mineurs résistants.

A la fin de la guerre, Emile revint à Bruay-en-Artois où il retrouva sa belle famille, en grand deuil des deux garçons, héros de la résistance. Il épousa en octobre 45 la sœur de

Marthe, Alfreda, de dix ans plus jeune que son aînée.

Atteint de silicose pulmonaire et auréolé de ses faits de guerre, Emile obtint de ne plus redescendre dans la mine et se fit recommander auprès d'un grand propriétaire agricole, possédant le domaine de Lindre-Basse en Moselle.

« Le Domaine de Lindre est un site naturel exceptionnel. Son joyau, l'Etang de Lindre, et ses 11 étangs satellites accueillent une faune et une flore exceptionnellement riche. Leur biodiversité est importante: 248 espèces d'oiseaux, 11 espèces d'amphibiens, 19 plantes protégées, 4 espèces de reptiles, une multitude de poissons d'étangs et autre faune aquatique abondante.» nous informe le site consacré à cet espace devenu aujourd'hui protégé et touristique.

Le maître du domaine l'installa dans le village de Zommange, dans une masure au bord d'un des étangs, avec toute sa famille, sa jeune femme Alfreda et ses trois aînés, Blanche, Bernard et Théo, au début de l'année 1946.

La mairie de Bruay-en-Artois perd leur trace à ce moment là et me conseille de joindre celle de Zommange, ce que je préfère dans un premier temps, faire par écrit.

3 décembre 2009, Monsieur, Madame

Je me permets de vous écrire car je suis à la recherche de renseignements sur la famille de Blanche B. qui serait née à Bruay-en-Artois en 1934, sœur aînée de deux frères, Bernard et Léo. Les trois enfants ont été accueillis pendant la guerre de 1941 à 1945 par des familles françaises de Tunisie dont la mienne. Blanche serait décédée par noyade peu après son retour dans sa famille. Son père mineur, puis résistant, serait devenu après la guerre garde-champêtre, je suppose dans votre commune puisque c'est là qu'est enterrée la jeune fille.

J'ai appris très récemment cet élément important de notre histoire familiale, par une très vieille amie de mes parents, et certains renseignements m'ont été fournis par la mairie de

Bruay-en-Artois. J'aimerais pouvoir la transmettre à mes propres enfants. Il me faudrait en savoir un peu plus et retrouver si possible d'autres membres de sa famille. Je suis en possession des photos de Blanche et de ses frères, datant de 1941, qui pourraient les intéresser. Merci de m'aider dans cette enquête et ce travail de mémoire. Veuillez recevoir Monsieur, Madame mes meilleures salutations.

Cette lettre va déclencher à Zommange une réaction rapide car quelques jours après, je reçois un coup de téléphone d'une dame très aimable, employée de mairie qui me fournit encore d'autres éléments de biographie : Alfreda mit au monde deux autres enfants, Benjamin en 46 et Aimé en mai 47. Le 29 juillet 1947, Blanche mourut noyée et fut enterrée à Zommange, dans une tombe provisoire. Elle y fut rejointe un an plus tard par Alfreda, qui comme sa sœur ainée, décéda d'éclampsie au cours d'une nouvelle grossesse. Emile se remaria une troisième fois avec une certaine Carmen d'origine belge qui lui donna en 1950 une sixième enfant, une deuxième fille qu'il prénomma … Blanche !

Mais la secrétaire de mairie ne s'arrête pas là :

- Madame Nicolas, je vous conseille de joindre Mme Paulette G., la femme de l'ancien maire. Elle est très âgée, elle a donc connu la famille et pourrait vous donner beaucoup plus de renseignements. De plus, un de ses fils était l'un des camarades de classe de Léo. Peut-être ont-il gardé le contact ?

- Ce serait magnifique ! Je l'appelle immédiatement…

- Mme G., bonjour, j'espère que je ne vous dérange pas, mais j'aimerais que vous me parliez de la famille B. qui a vécu à Zommange après la guerre…

- Ah oui, vous êtes la dame dont les parents avaient accueilli Blanche, à Tunis ? On m'a parlé de votre lettre à la mairie…
Eh bien, je vais vous aiguiller vers mon fils car figurez-vous que depuis plus de cinquante ans, nous avions complètement

perdu la trace des enfants B., mais il y a deux ans, Léo est venu à Zommange et il a logé chez Pierre et ma belle-fille !

- Léo est revenu à Zommange, mais pourquoi ?

- Il a voulu offrir à sa sœur Blanche une belle tombe. Il s'était promis de la restaurer quand il a quitté la région dans les années 50 mais n'avait jamais trouvé l'occasion d'accomplir sa promesse. Jusqu'à cette dernière année... Quelle coïncidence ! Vous ne l'auriez jamais retrouvé sans cette initiative.

Pierre G. me confirme le récit de sa maman : « Léo est resté une bonne semaine et nous avons travaillé ensemble à remettre en état la tombe de Blanche et de sa tante. Il était tellement heureux et soulagé d'avoir enfin réalisé ce vœu et rendu hommage à sa sœur. Nous avons évoqué les vieux souvenirs, mais vous savez, ils n'avaient pas la vie facile à l'époque, avec tous ces drames et la personnalité de leur père. Il n'était pas commode, le vieux ! La guerre était passée par là... Mais je préfère ne pas vous raconter cela moi-même, je vous donne son numéro, il est installé dans la région parisienne, à Sartrouville. Vous pourrez l'écouter, je suis sûr qu'il sera ravi de vous connaître. »

Je rédige de nouveau une belle lettre pour Léo afin de me présenter et l'informer de ma démarche : retrouver la trace de sa sœur Blanche, pour transmettre à mes enfants cet épisode de la vie familiale, datant de ma naissance.

15 décembre 2009. Cher Monsieur,

Je me permets de vous écrire ayant obtenu vos coordonnées par Pierre G. de Zommange, car je suis à la recherche de renseignements sur votre sœur, Blanche qui serait née à Bruay-en-Artois en 1934. Avec elle et Bernard votre frère aîné, vous avez été accueillis en Tunisie pendant la guerre par des familles françaises dont la mienne.

Etant moi-même née en 1942, j'ai appris très récemment cet élément important de notre histoire familiale, par une très vieille amie de mes parents. J'en ai été très émue et même bouleversée lorsque j'ai appris que Blanche était morte si jeune. Nos parents n'avaient pas pu nous en parler, sans doute à cause de sa fin tragique. J'aimerais pouvoir raconter l'accueil réalisé par mes parents, à mes propres enfants. J'aimerais donc en savoir un peu plus et entrer en contact si possible, avec vous, si vous le permettez. Je vous joins deux photos de Blanche et de ses frères, datant de 1941, qui vous intéresseront certainement. Merci de m'aider dans cette enquête et ce travail de mémoire. Veuillez recevoir Monsieur, mes meilleures salutations. Joëlle Randegger.

- Allo, Joëlle ? Je peux vous appeler ainsi ? Je suis Léo, le petit frère de Blanche !

- Merci de me rappeler si vite ! Je suis très émue d'entendre votre voix…

- Vous m'avez fait une belle surprise ! Mais vous savez, je suis un vieux monsieur de plus de soixante dix ans et ma mémoire n'est plus très bonne… Alors oui, la Tunisie, les Ch., je crois que c'est la plus belle période de ma vie, nous étions si heureux là bas. J'ai gardé le contact très longtemps avec les Ch., je vous enverrai des photos. Mais après, ah, ce qui s'est passé après la guerre, le retour du père, l'installation à Zommange et puis le drame, la mort de Blanche et celle de notre tante. Cela me fait encore pleurer… Notre père était garde-chasse dans le domaine de Lindre-Basse. Mais c'était la misère, vous savez, nous étions logés dans une maison délabrée, tout au bord d'un lac et nous vivions de la chasse, ou plutôt du braconnage et de la pêche. Mon père buvait beaucoup et il était devenu violent avec Alfreda et avec nous. Moi, je n'ai jamais été bon à l'école, alors j'étais un peu le souffre-douleur même si Blanche essayait de me protéger !

- Et que sont devenus vos frères ?

- Il ne reste plus que le dernier, Aimé qui tient une boucherie à Epinal. Bernard et Benjamin sont décédés. Bernard était brillant et on pensait qu'il deviendrait pasteur. Les sœurs R-M. ont continué à s'occuper de lui, il passait toutes ses vacances dans leur chalet du Jura ; et il en a hérité ! Il a choisi d'être éducateur et s'est occupé toute sa vie de jeunes délinquants. Il s'est marié et a un fils nommé Joël comme vous, dont je suis le parrain, et quatre filles ! Il est mort d'un cancer du pancréas en 1999.

- Accepteriez vous de recevoir ma visite ? Car je sens que vous avez beaucoup de souvenirs qui vont remonter à votre mémoire et j'aimerais vous entendre parler de votre sœur. Mon fils aîné habite non loin de Sartrouville et je suis invitée parfois pour profiter de mes petits-enfants… Puis-je vous appeler lorsque je saurai la date de mon prochain séjour chez lui ?

- Oui bien sûr, cela me ferait un immense plaisir de vous revoir. Mais avant, je vais vous envoyer des photos. Donnez moi votre adresse, je vous écrirai sans tarder

Datée du 1ᵉʳ Janvier 2010, la lettre de Léo me parvient dans une grande enveloppe contenant un mot écrit de sa main, et plusieurs photos format A4 en couleur, de sa récente visite à Zommange : la maison de son père au bord de l'eau, la vue sur l'étang où Blanche a trouvé la mort, le cimetière et la tombe fraichement restaurée et abondamment fleurie.

Chère Amie

Voilà, vous avez sous les yeux ce que vos parents n'ont pas vu, afin que votre émotion soit apaisée. Lorsque j'ai lu Randegger, E., cela m'a rajeuni. Et là, je me suis donc souvenu de ce passé si cher à mon cœur. Ce furent les meilleurs moments de notre jeunesse à tous les trois. Blanche, Bernard et moi (Les larmes m'en troublent la vue.) De retour en France la vie a changé. En deux ou trois mots, je vous expliquerai ce qu'il en a été.

Bien sûr je me souviens, c'est normal, mais je ne voulais plus l'évoquer.

J'espère et je souhaite que nous puissions nous rencontrer afin de regarder ensemble les photos de cette époque là. Bonne et heureuse année 2010 pour vous, les amies E. et tous ceux que vous aimez. Léo B.

Juin 2010. Je suis accueillie dans ce pavillon que Léo est fier de me faire visiter car il l'a aménagé de fond en comble, du temps où ses genoux ne le faisaient pas encore souffrir. Le petit blondinet souriant sur les photos, dans le jardin des Ch. est devenu un homme fatigué d'une existence rude et laborieuse qu'il va me décrire plusieurs heures durant, au cours de notre entrevue. Sa femme Geneviève - c'est la troisième Geneviève de mon récit ! – l'interrompt de temps en temps pour rafraîchir un souvenir ou compléter une anecdote. Infirmière de métier, elle est très attentive au confort de son époux et nous a préparé un déjeuner savoureux qui nous met tout de suite en confiance réciproque.

La vie de Léo a été dure, oui, et il me redit combien les quatre années passées en Tunisie, dans sa toute petite enfance ont été lumineuses et lui ont permis de ne jamais désespérer ensuite devant les fracas et les tempêtes qui ont suivi. La première a été la reprise de contact difficile avec un père devenu brutal qui le considérait comme « l'idiot de la famille ».

« J'en ai reçu des taloches, vous savez, plus souvent qu'il aurait fallu, car je n'arrivais pas à réussir à l'école, j'étais toujours le bon dernier, le cancre, quoi ! »

Il me parle ensuite de l'apprivoisement d'une nouvelle « maman », qui était en même temps sa tante et de l'arrivée de deux petits frères qui accaparaient son attention et sa tendresse. Et surtout, il raconte ce funeste jour du 29 Juillet 1947.

« Blanche est arrivée en disant : « Venez les garçons, on va se baigner ! Papa nous rejoindra plus tard. » On prend la barque, amarrée au ponton, sans faire attention au vent qui souffle déjà avec force. Passée la première ligne de roseaux, le voici qui se déchaine, la barque tangue dangereusement. Bernard et moi commençons à crier. Blanche se lève pour tenter de redresser notre direction en godillant, mais un coup de brise la déséquilibre et elle lâche la perche qui tombe à l'eau. Papa sur la berge faisait de grands signes et criait : « Ne bougez pas, restez assis, j'arrive ! Le temps pour lui de se lancer à la nage à notre secours et il est déjà trop tard. Car Blanche, se sachant responsable de nous, tente de rattraper la perche, se penche et saute à l'eau... nous la voyons avec horreur disparaître comme une pierre au fond du lac... Cris, pleurs, hurlements. Vous imaginez notre frayeur !

Soixante ans plus tard, la voix se brise, les larmes coulent...

« Notre père effondré, n'arrêtait pas de répéter : « Dire que pendant la guerre, j'ai été repêcher des Allemands en mer qui se noyaient, et je n'ai pas pu sauver ma fille ! » Il est devenu fou de douleur. Tante Alfreda essayait de le calmer, mais rien n'y faisait. Il s'était remis à boire de plus belle et piquait des crises de colère effroyable. Alors, ce fut l'enfer quand Alfreda est morte à son tour, dix ans presque jour pour jour après notre maman, de la même maladie : une crise d'éclampsie en fin de grossesse. Lorsqu'elle a eu les premiers symptômes, le père m'a réveillé à l'aube : « Va vite prévenir la tante Jeanne – la femme du maire de Zommange – qu'Alfreda est mal et qu'il faut aller chercher le docteur ! » J'y cours, affolé et j'entends la tante Jeanne dire au standardiste de la Poste : Passez moi le docteur... c'est très urgent, Emile a perdu sa femme ! Mais l'employé avait compris : « Emile a « pendu » sa femme ». Ce sont les gendarmes qui arrivèrent en premier à la maison et qui ordonnèrent une autopsie. Je m'en souviens car nous avons été obligés d'attendre des heures, dehors en plein soleil !

A la suite de ce drame, la famille fut complètement disloquée. Tonton Marcel et sa femme Juliette se chargèrent du bébé,

Aimé, qui n'avait que quinze mois. Benjamin fut recueilli par le pasteur de Thaon les Vosges, averti de notre détresse par son collègue de Bruay. Bernard partit dans une famille protestante de Dieuze où il était entré au collège. Et moi, comme un imbécile, je suis resté seul avec mon père ! D'abord, j'étais comme dans le coma, je ne comprenais rien de ce qui nous été arrivé, je faisais l'école buissonnière, de toutes façons je n'apprenais rien et je recevais des raclées pour un oui, pour un non. Ce fut pire lorsque le père fit la connaissance de Carmen, une mère célibataire de deux garçons, fille d'un commerçant de Dieuze et qu'il la ramena à la maison. Madame était « fragile », il fallait qu'elle se ménage. Aimé et Benjamin sont revenus vivre chez nous mais c'est moi qui faisais tout : les courses, le nettoyage, le bois à fendre et les soins aux petits frères…

Bientôt mon père fut licencié du domaine et nous sommes partis à Blémot les Toules où grâce à l'héritage de la mère de Carmen, il avait pu acheter une grande maison. A 14 ans, je suis retourné à l'école, pour l'année du CEP mais je ne savais rien. Je n'avais qu'une envie : quitter la maison. A seize ans, je me suis débrouillé pour trouver du travail dans une usine de confection. Je ramenais ma paye à la maison dans une grande enveloppe sans l'ouvrir. J'ai fini par sortir des griffes du père en entrant en apprentissage à Toul. C'est comme cela que je suis devenu peintre en bâtiment puis maçon. De fil en aiguille, j'ai pu monter ma propre entreprise grâce à l'amitié d'Albert C. qui était décorateur. Il m'a appris le métier et m'a encouragé à me mettre à mon compte. Invité au mariage d'un ami menuisier, j'y ai rencontré ma future femme, ma première épouse qui m'a donné deux filles malgré son infirmité. Elle avait été amputée de la jambe à la suite d'une opération pour luxation de la hanche. La gangrène s'était mise dans son pied. Figurez-vous qu'elle aussi est morte d'éclampsie après la naissance de ma deuxième fille ! C'est une vraie malédiction dans notre famille, surtout que ma fille Françoise a eu aussi les symptômes de cette maladie pendant sa grossesse. Heureusement, la médecine avait fait des progrès et elle a pu donner naissance à Amandine, une belle petite… »

Je tente de remettre Léo sur la piste de Blanche, pour qu'il me fournisse quelques autres anecdotes ou me précise quel type de relation il avait établie avec sa sœur.

« En Tunisie, j'étais trop petit, vous savez, je n'ai pas beaucoup de souvenirs des détails. Je sais que je lui dois la vie. Oui, sur le bateau qui nous amenait à Tunis, elle m'a rattrapé de justesse avant que je ne passe par dessus bord ! Il y avait une grande tempête, des vagues énormes, beaucoup de roulis et de tangage. J'étais sorti sur le pont avant et j'avais été immédiatement balayé par le vent, j'avais été roulé comme une balle de chiffon vers le bastingage. Si Blanche n'avait pas été tout proche, je crois que je serai passé au travers. Elle m'a retenu par mon manteau, m'a tiré de toutes ses forces vers elle et m'a fait rentrer en sécurité dans une écoutille.

Pendant le séjour chez les Ch., nous nous voyions le dimanche et pendant les vacances. Mais nous n'étions plus très proches. C'est à Zommange que je l'ai le plus appréciée. C'était notre petite maman, toujours gaie et en train, pour Bernard et moi, et sûrement aussi pour Benjamin. Aimé, elle ne l'a connu que trois mois, il était encore au sein lorsqu'elle s'est noyée. Et quand elle a disparu, c'est comme si le soleil s'était couché pour ne plus jamais se lever… »

Après mon retour à Montpellier, Léo m'envoie une sélection de photos accompagnée d'un petit mot.

Chère Joëlle

Après cette bonne journée passée ensemble, la boite à souvenirs ne s'est pas refermée tout de suite et comme tu le disais – nous avions très vite adopté le tutoiement, datant de notre enfance – *il y aurait encore bien des lignes à écrire. J'ai donc pris des notes dans une période de quelques jours en attendant de les remettre au propre dans l'ordre des années. Voilà donc deux mois de passé et rien ne s'inscrit ! Je ne suis pas doué pour l'écriture, et crois moi, j'en suis désolé. Comme le temps passe vite, je t'envoie une copie des photos que nous avons regardées ensemble. Transmets mes amitiés à ton « sachem » de mari   à qui je serre une très cordiale poignée de main gauche.* (Léo, à qui j'avais parlé de Hubert, rencontré grâce aux Eclaireurs Unionistes, fait allusion au salut en usage dans le scoutisme que les Ch. – et mes parents - lui avaient fait découvrir en Tunisie.) *De tes nouvelles me feront grand plaisir. Très chère Joëlle, je t'embrasse comme un grand frère...*

4- Alfreda

Ici pourrait s'achever l'histoire de Blanche, si quelques mois plus tard, je n'avais reçu le dernier de ses clins d'œil, son ultime mot d'adieu.

Alice, une autre sœur de Geneviève E. - décidément toute la famille a été mobilisée par mon histoire - m'adresse la lettre originale, écrite de la main d'Alfreda, le 17 Août 1947. Une belle écriture penchée, soigneuse, sans une faute d'orthographe, avec des pleins et des déliés dignes des plus sages écolières passant l'examen d'entrée en sixième. Quelques ratures et une tache d'encre diluée... par une larme tombée en rédigeant cette missive ?

Chère Madame

Voici bien longtemps que nous n'avons eu de vos nouvelles et nous espérons que vous êtes en bonne santé, ainsi que les vôtres.

Pour nous la santé est bonne ; mais une grande douleur est venue assombrir notre existence.

Alors qu'il y a trois mois, Blanchette vous annonçait la naissance de son petit frère, aujourd'hui je viens vous dire une nouvelle bien triste. Le 29 Juillet, nous avons la grande douleur de perdre notre Blanche, en quelques minutes. Elle était partie pour se baigner avec ses frères. Elle prit la barque sans permission et commença à avancer. Emile sortant cinq minutes après, vit que le vent les poussait vers le milieu de l'étang. Il leur cria de rester tranquilles et qu'il allait les chercher. Il rentre mettre son caleçon de bain et plonge aussitôt. A une vingtaine de mètres du bord, il voit Blanche qui essaie de rattraper la perche qui sert à diriger le bateau. Le vent qui était très fort avait poussé le bateau sur la perche au moment où Blanche l'avait enfoncée dans l'eau pour essayer de revenir vers la maison. Voyant cela, Emile leur crie de nouveau de ne pas bouger et nage de plus belle vers eux. Nous voyons Blanche s'asseoir, et quelques secondes après, elle se dresse et plonge. Elle a nagé deux à trois minutes, puis elle commença à se débattre en criant « Papa ! » et disparut sous l'eau. Il y avait à peine un quart d'heure qu'elle avait quitté la maison pour s'amuser dans l'eau, comme ils le faisaient chaque jour depuis les grosses chaleurs. En quelques minutes, Dieu nous l'avait reprise. Emile aidé de quatre nageurs essaya de la retrouver : malheureusement le vent avait trop éloigné la barque de l'endroit où Blanchette avait disparu et ils ne purent retrouver la place exacte. Entre temps, le patron avait envoyé une seconde barque avec un filet mais on ne retrouva notre petite Blanche qu'à 6 heures déjà toute raidie. Elle avait la figure très calme, on voyait qu'elle était partie, sans souffrances, rejoindre sa maman. Encore maintenant nous nous demandons pourquoi elle a sauté dans l'eau. Ses frères nous ont dit qu'après s'être assise comme son papa lui criait, elle s'est mise à pleurer. Sans doute a-t-elle eu peur en voyant que la perche s'éloignait, que son papa ne puisse plus la rattraper, et croyant ses frères en danger, elle a sauté pour essayer de la ravoir. Que ce soit pour n'importe quelle raison, il a suffi de quelques minutes pour que Dieu la rappelle à Lui, laissant un vide incalculable dans nos cœurs et notre foyer.

Nous espérons bientôt avoir de vos nouvelles et vous envoyons chère madame ainsi qu'à tous les vôtres nos plus affectueuses pensées. Alfreda

Dans ma tête, en lisant ces mots, résonne le rythme lancinant de *la Pavane pour une enfant défunte*. Je me revois, en classe de troisième ou seconde, au lycée de Carthage. Le professeur de musique avait demandé à chaque élève de lui amener une enregistrement sur disque 45 ou 33 tours de son morceau préféré. Contrairement à mes camarades, fans de variétés et de chanteurs à la mode, j'avais mis dans mon cartable cette pièce de Ravel découverte dans la discothèque de mes parents et écoutée avec un émoi inattendu pour une gamine de quatorze ans. Le professeur s'étonna de mon choix mais posa le microsillon « La voix de son Maître » sur la platine de son électrophone et les notes de cette pièce en version orchestrale emplirent mes oreilles et soulevèrent de nouveau des vagues dans ma poitrine. Silence médusé de mes camarades puis rires, plaisanteries : « Eh Jo, tu veux nous faire pleurer, avec ta musique d'enterrement ! » « Si tu veux danser, nous, on préfère le rock !... » Je restai pétrifiée. Je ne comprenais pas pourquoi mes amies n'étaient pas aussi fascinées que moi par cette petite princesse espagnole qui ne demandait qu'à rire et à chanter, mais qui un jour, s'est allongée sur son lit à baldaquin et ne s'est plus relevée, à moins qu'elle ne soit morte d'un accident de cheval, tuée par un ennemi, ou encore noyée dans l'étang du jardin à la française ornant le palais du roi, son père... N'entendez vous donc pas les gémissements de l'infante et les larmes de ses parents ? N'avez vous pas envie de leur porter secours ?

Cette princesse inconnue se nommait Blanche mais je ne le savais pas...

Blanche a émergé peu à peu de son lac d'oubli où les méandres de ma mémoire et les non dits de mes parents l'avaient enfouie.

Comme dans l'un des jeux de piste dont les Eclaireuses de mon enfance raffolaient, j'ai suivi les signes, les énigmes et les clins d'œil qu'une mystérieuse main semait sur ma route : les cris des enfants de Yad Vachem, les rêves de noyade, la rencontre avec Idelette, le cahier de Geneviève et les retrouvailles avec Léo. Léo que je n'aurais jamais pu connaître si lui-même, un an auparavant n'avait éprouvé le désir de donner, cinquante ans après le drame, une digne sépulture à sa grande sœur...

Que de coïncidences ! Si je n'avais lu les quelques pages de CG Jung sur les phénomènes de synchronicité, je serais encore à me demander si je n'avais pas inventé toute cette histoire pour me faire pardonner l'effondrement du 12 Octobre 2008... Puis-je encore en douter ? L'Invisible m'a effleurée de ses voiles derrière lesquels j'ai entrevu le visage de cette fillette aux yeux pétillants et au sourire malicieux qui se penchait sur mon berceau et m'initiait à la douceur de l'amitié...

V- La jumelle perdue

Mon enfant, ma sœur
Songe à la douceur,
D'aller là-bas vivre ensemble,
Aimer à loisir
Aimer et mourir
Au pays qui te ressemble…
C. Baudelaire

1- Stéphanie

J'aurais pu interrompre ici mon récit, car quelques mois après ces découvertes, les larmes ont cessé de couler, les rêves angoissants se sont évaporés. J'ai retrouvé de nouvelles forces pour écrire, pour peindre, animer des ateliers et des réunions associatives, pouponner mes petits-enfants, recevoir mes amies, écouter les cœurs endoloris des plus jeunes et accompagner les anciennes aux corps abîmés par les ans, et même prêcher de temps en temps dans les temples de Montpellier, bref reprendre là où je l'avais laissée ce qu'on appelle la vie active d'une retraitée !

Oui j'aurais pu admettre que Blanche, une fois ramenée des ombres et blottie affectueusement dans un coin de ma conscience était la seule « explication » à mon inclination à vouloir sauver des enfants en danger. Imaginer les dialogues que nous aurions menés elle et moi, à l'âge des poupées pour elle, et des gazouillis pour moi, pouvait me suffire pour que s'allument en moi la gaîté et la tendresse qui m'avaient tant manquées durant ma vie certes engagée, responsable, passionnante mais si sérieuse, si rigide, souvent tragique aussi. J'aurais pu, mais cela ne s'est pas passé comme cela ! A ma grande surprise, encore une fois...

Juillet 2011. Stéphanie, une amie de mes enfants, aime s'arrêter sur la route de ses vacances au Garrigou, la maison que nous avons choisie dans la campagne de Montpellier pour accueillir enfants, amis et passants. Cela lui permet de procéder à l'échange de ses enfants entre elle, la parisienne et son « ex » installé dans le midi depuis leur séparation. Psychologue dans un centre médico-psychologique, elle s'est formée récemment à l'étiothérapie, science humaine pour le moins « inexacte », relevant dans mes a priori scientifiques, des multiples alter-thérapies en vogue sur le marché du développement personnel et des médecines douces... J'accueille cette orientation sans trop de scepticisme, car ma pratique médicale en Afrique et en France m'a appris combien ces techniques pouvaient être bénéfiques pour les personnes en détresse, ne serait ce que parce qu'elles rompent momentanément la solitude et l'angoisse. Elle éveille ma curiosité et j'espère en savoir plus. « Etio » me fait penser à la démarche étiologique de la médecine : recherche des causes, permettant de mettre au point une stratégie efficace au lieu de se contenter du seul traitement symptomatique d'où le mal resurgirait imparablement sous une forme ou sous une autre. Ne suis-je pas depuis quelques années dans une recherche semblable sur les racines de mes choix existentiels, qui a semblé donner de bons résultats ? Que m'en coûterait-il d'essayer pour confirmer ou infirmer mes découvertes?

Pour l'heure, pas de précipitation. Prenons le temps de goûter au plaisir d'un bon repas et de quelques papotages, au bord de la piscine. Après les grillades et le crumble aux fruits rouges, vient l'échange de confidences sur sa situation familiale :

- Bah, colères et conflits sont toujours prêts à ressurgir autour de l'épineuse question de la garde et de la pension alimentaire, mais l'éloignement géographique m'a permis de trouver un modus vivendi, bien qu'il me contraigne à des déplacements coûteux si je veux protéger la relation des enfants avec leur père...

- Hélas, quand donc les hommes et les femmes apprendront-ils sinon à s'aimer du moins à se respecter ! …

- Hum… Ce n'est pas encore d'actualité ! Mais parle moi de tes enfants. Où en sont-ils ? Cela fait quelques années que je ne les ai vus…

- Tu les connais… Leur choix sont plus souvent risqués que réfléchis. L'un part grimper dans les Yosémites, entre deux mariages, deux divorces et trois déménagements, le second recherche un emploi après avoir été remercié le jour de l'emménagement de toute sa famille à Bruxelles, par une grande société internationale, en période d'essai, pour cause de fermeture apparemment mal programmée, de l'antenne belge ! La troisième file le parfait amour avec un délicieux barde écossais, avec lequel elle co-anime un master d'écologie humaine à l'université d'Edimbourg… Tout en prévoyant un changement d'orientation. Elle hésite encore la biodanza et la CNV …

- La communication non violente ?

- Oui, tu as entendu parler des thèses de Marshall Rosenberg ? C'est passionnant ! Quant à la quatrième, elle quitte Paris après sa thèse pour rejoindre les Cévennes profondes et se lance dans la construction paille-terre-bois-zéro-consommation-d'énergie. Bref, je n'ai pas besoin de t'en faire un dessin, tu la partages, c'est la vie des quadras d'aujourd'hui, dans toute sa splendeur. Enfin, si l'on peut dire, car les fins de mois sont rien moins que splendides ! Heureusement, ils savent se servir du téléphone, mail, skype et autres moyens rapides pour épancher leurs soucis, utiliser l'accueil du Garrigou ou du chalet pour les vacances des petits-enfants, et même écouter quelques conseils de bon sens, lorsqu'ils osent le demander avec une ordonnance de vaccins ou de pharmacie de voyage avant un départ au bout du monde…

- Si je comprends bien, la maternité ne se résume pas aux vingt premières années ! Avec mes deux ados, je pensais en voir de toutes les couleurs, mais en t'écoutant, je me prépare à de belles réjouissances... Tes enfants ont sans doute beaucoup de chance d'avoir des parents de votre acabit. Les miens sont bien les dernières personnes à qui j'aurais demandé de l'aide pour refaire surface après ma séparation !

- Non, non, c'est nous qui avons beaucoup de chance d'avoir conservé leur confiance, peut-être avons nous trouvé, sans le vouloir vraiment, la bonne distance ? Mais quittons ce sujet intarissable pour les mères incorrigibles que nous sommes, j'aimerais en savoir plus sur tes nouvelles orientations professionnelles. L'étiothérapie, ça m'intrigue... Mais plutôt que d'entendre des explications théoriques, j'aimerais que tu me montres la quintessence de son art en vraie grandeur. Si tu es d'accord, as-tu un moment pour réaliser avec moi une séance ?

- Bien sûr, pourquoi pas ? As-tu une chambre où nous pourrions être tranquilles durant une demi-heure, trois quarts d'heure ?

J'avoue humblement que je n'ai pas compris grand-chose à cette méthode qui ressemble à un amalgame de médecine chinoise basée sur l'analyse des pouls, et d'écoute psychologique doublée d'une intuition particulièrement bien développée. Mais les « révélations » que Stéphanie me fait durant cette intervention me laissent stupéfaite.

Je me retrouve allongée sur le lit de la chambre d'amis dont la porte fenêtre donne directement sur le jardin. Stéphanie me questionne avec délicatesse sur ce qui m'amène à la consulter et je lui résume l'essentiel de mes préoccupations et la conclusion à laquelle je suis arrivée : pourquoi Blanche est-elle restée si présente en moi, quoique cachée dans les replis de l'inconscient ? Pourquoi ai-je été autant marquée par sa courte existence au point d'avoir rejoué sans cesse, en choisissant mon métier, l'absurdité de sa mort et l'impuissance de son père à la sauver ? Donc rien de somatique ne me préoccupe, je suis plutôt en bonne santé physique, mais des questions existentielles, insolubles par définition…

Stéphanie s'est assise à mes côtés, elle a posé la main sur mon pouls radial et ouvert un classeur sur ses genoux ; elle parcourt des yeux plusieurs pages tout en observant les réactions pulsatiles transmises par mes vaisseaux sanguins. On est en pleine « télépathie » puisque, dans la position où nous sommes, je ne peux pas déchiffrer les notes de son cahier. Elle me dit plus tard qu'il s'agit d'une liste de mots clefs qui l'aident à cerner les traces enfouies d'évènements traumatiques familiaux ou individuels, ce qu'elle nomme « les vieilles mémoires » stockées dans des placards hermétiques de la conscience. Non intégrées, non métabolisées, elles seraient capables d'induire tout au long de la vie des choix inconscients, réactivant les souffrances refoulées. Y avoir de nouveau accès, permettrait de se libérer de leur poids, et d'atténuer ainsi leur pouvoir de nuisance…

Quelques minutes de concentration et puis :

- Parle moi de ta grand-mère…

- Laquelle ? Marguerite, celle dont je porte le nom ou Henriette, ma grand-mère maternelle ? J'étais très liée, à l'une et à l'autre, mais c'est Henriette qui m'a transmis…

- N'y a-t-il pas un abandon d'enfant dans ton histoire ? A laquelle des deux fait-il référence ?

- …

Je reste sans voix. Oui, Henriette a été abandonnée par sa mère, dans sa deuxième année, à l'âge du sevrage, mais ce drame fait partie des secrets familiaux jalousement gardés. Dans ses mémoires, ma grand-mère relate la version officielle transmise par son père, qu'elle a reprise sans la remettre en doute :

« *Ma mère est morte quand j'avais dix huit mois, mon oncle et ma tante Grandclaude* (la sœur de son père, Henri Aïn) *sans enfants, m'ont prise momentanément chez eux puis mon père s'est remarié et pour sa profession est parti en Espagne. Mon oncle est mort et je suis restée à Nantes où ma grand-mère est venue près de nous. Je suis une petite fille choyée, dorlotée par ma tante, que j'appelle maman et par ma grand-mère...* » Dans sa chambre du collège Alaoui, en face de son lit, souriait dans son cadre ovale le visage de cette femme généreuse qu'elle nous présentait toujours comme sa « maman ».

Oui mais... Les recherches récentes d'Elisabeth, qui, en vidant la maison de maman après son décès, avait retrouvé le livret de famille d'Henriette et de Roger Labarde, ont révélé qu'il s'agissait d'une erreur (ou d'un pieux mensonge ?). Lorsque naît Henriette, sa mère Victoria Barret, lingère de son état, n'était pas mariée à Henri Aïn et l'acte de son décès correspondant à la date des dix huit mois du bébé, n'a pas été retrouvé à Nantes ou dans la région. Son père ne s'est donc pas « remarié » et son départ en Espagne n'a sans doute pas été la seule cause de l'adoption du bébé Henriette par le couple Grandclaude, qui n'avait pas pu avoir d'enfant... Il n'en fallait pas plus à la sagacité d'Elisabeth pour combler les trous du récit. Henriette était-elle une enfant naturelle abandonnée par sa mère, déçue de n'avoir pu échanger son statut de mère célibataire en celui d'épouse légitime ? Ou, hypothèse plus subtile, était-elle le fruit d'un ventre de mère porteuse puis allaitante ? Aurait-elle été conçue en vue d'une adoption, mûrie en toute conscience par Henri pour satisfaire le désir de maternité d'une sœur affectionnée ? L'accouchement sous X ni l'adoption plénière n'ayant pas encore été actés par la loi, l'acte de naissance porte le nom de la mère biologique : Henriette a bel et bien été abandonnée après avoir été sevrée, mais pour quelle raison ?

Elisabeth qui a épluché tous les registres de l'époque avec patience et acharnement pour en retrouver la trace, a émis l'hypothèse que Victoria, sa mère biologique, serait partie tenter sa chance aux colonies, pourquoi pas en Algérie ? Histoire de croiser et recroiser les fils de la tapisserie familiale...

- Tu as sans doute été dépositaire de cette souffrance non élaborée par ta grand-mère. Tu as reçu l'empreinte de sa douleur, le jour où le vide s'est installé pour elle, à l'âge de dix-huit mois, à la place du sein qui l'avait nourri...

- Mmh, peut-être, mais comment l'as-tu découvert ?

- Ton pouls s'est accéléré lorsque j'ai associé ces deux mots : abandon, grand-mère et c'est toi qui les relies l'un à l'autre par ton récit...

- J'aurais pu aussi bien te raconter combien j'ai souffert lorsque ma petite-fille chérie Héloïse, s'est éloignée de nous à l'âge de six ans lorsque sa mère a décidé d'émigrer avec elle et son nouveau mari au Canada. Hubert et moi, nous étions très proches et étions aux premières loges pour assister à la séparation tumultueuse de ses parents. Nous l'avions hébergée durant six mois chez nous, pour permettre à l'un et à l'autre de retrouver leurs marques. La bonne humeur, l'affection et la spontanéité de cette petite bonne femme de deux ans avaient été comme un baume bienfaisant sur les blessures que la discorde de nos enfants nous infligeait. Ah oui, cette fois, les rôles étaient inversés et moi, la grand mère, je me suis sentie mutilée par le départ de ma petite fille...

- Ce n'était qu'une énième réactivation de l'abandon initial.

- Mais ce n'est tout même pas moi qui l'avais subi, que je sache, je n'ai jamais été abandonnée par ma mère !

- Non, mais ta grand mère a beaucoup compté pour toi, n'est-ce pas ? Et je vais te révéler autre chose qui va sans doute, beaucoup t'étonner. Es-tu prête à l'entendre ?

- Au point où nous en sommes...

- En fait, ton pouls m'informe que tu as eu une jumelle intra-utérine, décédée précocement, avant le huitième jour...

- Une sœur jumelle ? Comment est-ce possible que je n'en ai rien su ?

- C'est un événement intime relativement fréquent, dont on commence juste à mesurer les effets : on appelle cela le syndrome du jumeau perdu. Ton histoire en présente un certain nombre de signes car elle tourne autour de femmes mortes en couches, de décès de fœtus ou d'enfants gravement malades, de noyade d'une enfant inconnue, de quête de retrouvailles avec une « grande sœur » disparue et maintenant cette histoire d'abandon maternel... Si tu es touchée par tous ces récits, si tu as « choisi » inconsciemment de les revivre, si tu as rêvé à plusieurs reprises de noyade, on peut rattacher cela à cet événement : un jour très lointain, à l'origine de ta vie, tu as vu mourir à tes côtés l'être qui t'était le plus proche, ton double, ton vis-à-vis.

Pour des raisons inconnues, ta jumelle n'a pas poursuivi son développement et comme la plupart des embryons non viables de cet âge, elle s'est dissoute dans le liquide amniotique. A l'époque, il n'y avait pas d'échographie et, s'il ne donnait pas lieu à de saignements, le phénomène restait totalement ignoré de la femme enceinte, en l'occurrence ta mère. Aujourd'hui, des échographies précoces en ont montré la réalité et la fréquence.

- Mais comment aurais-je autant investi affectivement un embryon évanescent alors que j'étais moi-même dans un état interdisant toute conscience ?

- Il semblerait d'après mon expérience, que plus le deuil est précoce, plus la douleur de la perte est profonde, plus la sensation d'abandon persistante. Et plus la quête d'un alter ego, d'un attachement fusionnel avec une figure de remplacement devient irrépressible...

- Comment saurais-je si cette révélation est juste ? Pour l'instant je ne ressens rien d'autre qu'un immense doute.

- Tu le sentiras progressivement. Si mes paroles font écho en toi, si tu découvres que cette idée te parle, et si elle apaise enfin ton questionnement, alors, tu pourras donner un prénom à ce fantôme. Et entamer un dialogue avec ta jumelle perdue ?

Me vient en écoutant ces mots la sensation d'une caresse douce à mon âme, comme si « elle » tentait de caresser mon visage de son doigt à peine formé, lorsque nous baignions toutes deux dans notre poche amniotique commune.

- Merci, Stéphanie, mais j'ai l'impression de sortir d'une séance avec Mme Irma, voyante extralucide ! Et bien entendu, je n'ai rien compris à ta méthode...

- Aucune importance ! Ce sont les effets qui comptent. Nous avons fait surgir pour toi des mémoires enkystées, en nous basant sur tes propres réactions. A toi de les laisser agir en profondeur et de comprendre qu'elles ont un pouvoir de transformation sur ta vision du monde. En principe, contrairement aux autres techniques de psychothérapie, tu n'auras pas besoin d'autre séance avant plusieurs mois. Tiens moi au courant de l'évolution, n'hésite pas à m'appeler...

Je ne cherche pas immédiatement à creuser cette proposition. Dans notre famille, la gémellité n'est pas une caractéristique de notre arbre généalogique. En dehors de la naissance très prématurée d'un couple de jumeaux qui n'ont pas survécu, chez mon frère Christian en 1989, je n'en retrouve pas d'autres. Et cela ne dirait rien sur la possibilité d'une grossesse gémellaire de ma mère en 1942, évoquée par Stéphanie.

Ne pouvant en avoir « la preuve », comme j'ai pu l'obtenir avec les photos de Blanche et les différents témoignages encore possibles, je préfère revenir au mode de pensée logique habituel. Pas de preuve, pas d'existence - donc pas de souffrance ? Je n'ai pas envie de revenir sur cet embrouillamini d'émotions liées aux séparations, aux deuils et aux abandons. Chaque jour, je remets à plus tard, le moment de me pencher sur les associations d'idées et les souvenirs que creuse souterrainement l'éventuelle présence d'une sœur jumelle durant les tout premiers jours de mon existence. Non, j'ai assez ruminé tout cela, je m'en suis dégagée grâce à la belle histoire que j'ai tissée autour de Blanche et des rencontres que sa redécouverte a engendrées. Dégagée ? C'est du moins ce que je crois possible !

Elisabeth, une fois de plus vient à ma rescousse en me prêtant l'un de ses livres « *Le syndrome du jumeau perdu* » d'Alfred R. et Bettina Austermann que je lis d'une traite, selon ma bonne habitude ! Je ne réagis pas immédiatement, là non plus, mais il me pose une nouvelle question : celle des attachements que j'ai noués tout au long de mon existence, non seulement avec les enfants que je soignais, mais aussi avec plusieurs de mes amies, celles que les adolescentes appellent leur « meilleure amie », confidente de leurs secrets, miroir de leur croissance et de leur être…

A chaque âge de mon parcours, je revois un de ces visages tendrement aimés se détacher des brumes du souvenir. Mais, je constate qu'après plusieurs mois ou années de liens étroits, un deuil ou une séparation finissent par les éloigner puis les effacer. Alors émergent en moi des sensations où la joie intense fait place à la douleur la plus vive : indices concordants, certes, mais sûrement pas preuves de la perte précoce d'une jumelle… Pourrais-je m'imprégner à nouveau de ces émotions, sans me mettre en danger, et tenter de retrouver ainsi toute la douceur de l'amitié ?

2- *Judith*

Un jour, au petit matin, à l'heure où les rêves font place à des fulgurances venant du tréfonds de la mémoire, surgit en moi une image tremblotante comme le reflet d'un visage dans l'eau d'une mare frissonnante sous la brise du matin, celui de Judith. Fillette gracieuse, auréolée de mèches aussi blondes que les miennes, elle me dévisage de ses grands yeux dont la clarté se brouille de tristesse et de culpabilité. Je l'avais laissé s'éloigner de moi sans discerner les signaux de détresse qu'elle avait tenté de m'envoyer. Nous avions huit ou neuf ans, nous fréquentions la même unité de Petites Ailes au sein du groupe scout protestant de Tunis et nous usions nos petites culottes chaque dimanche sur les mêmes bancs de l'Ecole biblique. Nous étions inséparables, elle et moi, à tel point que l'on nous appelait... les jumelles. Au milieu de notre « couvée » composée de six à huit fillettes, selon la mythologie de la branche cadette du scoutisme féminin, nous aimions nous isoler, cachées dans les branches d'un arbre, ou bien réfugiées dans un coin de la cour du local, à l'écart des éternelles parties de ballon prisonnier que je trouvais beaucoup trop violentes. Nous échangions alors sur un ton de conspiratrices, des secrets, qui, je le compris beaucoup plus tard, n'avaient rien d'enfantins... Elle était issue d'un couple divorcé, ce qui déjà m'apparaissait comme un irréparable malheur, et vivait avec sa mère remariée et un beau-père dont elle avait visiblement très peur. La plupart de ses propos, fébriles et embrouillés, portaient sur les rapports sexuels entre adultes, auxquels elle avait pu assister ou qu'elle inventait de toutes pièces, avec force détails scabreux et même sadiques, qui me laissaient les yeux écarquillés d'horreur et me fascinaient autant que les histoires bretonnes de ma grand-mère peuplées de diables grimaçants, de korrigans facétieux ou de fées maléfiques. Ce que j'entendais de la bouche de mon amie était pour moi aussi irréel, aussi fantastique que ces contes, ne pouvant imaginer que mes parents puissent se comporter de façon aussi étrange. Les choses du sexe étaient à l'époque et dans notre milieu protestant complètement tabouves. N'existaient pas encore les films et les médias qui aujourd'hui étalent sans pudeur ni retenue devant les yeux blasés de nos jeunes enfants, toutes les positions du Kama Sutra...

Tous les deux ans, le groupe local du scoutisme de Tunis au grand complet partait en France pour camper durant un mois dans l'une ou l'autre de nos belles régions. Accompagnés de nos chefs, nous traversions la Méditerranée sur le Chanzy ou le Ville d'Alger. Lorsque la mer s'étalait lisse comme un miroir ou simplement striée de vaguelettes, nous déroulions nos duvets sur les chaises longues du pont des « quatrièmes », ainsi se nommait la classe la plus économique, les yeux fixés sur la trace d'écume filant sous la poupe du navire et la voute étoilée comme ciel de lit. Lorsque le vent montait et se chargeait d'embruns, nous nous replions parfois, avec grand désagrément dans la cale enfumée et nauséabonde, ce qui déclenchait immédiatement cris et vomissements de tous ceux qui étaient sujets au mal de mer. Cette année là, l'été 1950 ou 51 peut-être, Judith et moi, nous nous tenions côte à côte, ayant rapproché nos transats, et nous échangions nos émerveillements ou nos malaises, en riant de la tête des autres ou faisant mine d'être dégoutées par les relents de vomi. Nous lancions des coups d'œil curieux du côté des responsables, chefs et cheftaines, jeunes gens à qui nos parents nous confiaient durant ce mois d'escapade en France. Ces derniers aimaient se retrouver dans cette proximité joyeuse du voyage, libérés de la tutelle de leurs propres familles. Dans cette atmosphère de départ en vacances et d'aventures en perspective, avant d'exercer complètement les responsabilités qui seraient les leurs durant le camp, jeunes gens et jeunes filles plaisantaient et entamaient volontiers de petits flirts, ébauches de relations amoureuses plus profondes. Pour ma part, je ne vis rien de ces manœuvres et finis par m'endormir, bercée par le roulis et par le babillage de mon amie. Mais le lendemain, dans le train qui nous emmenait de Marseille à Argelès-Gazost dans les Pyrénées, Judith me raconta par le menu qu'un tel avait embrassé une telle sur la bouche et qu'un autre avait serré dans ses bras sa dulcinée si fort que l'on ne distinguait plus à qui appartenaient bras, jambes, fesses et ventre. Et même, chut, tu ne le répèteras pas, elle avait vu de ses yeux vu, que le sexe de l'un s'était collé au sexe de l'autre, en remuant doucement puis plus rapidement, jusqu'à ce qu'il s'effondrent chacun de leur côté en soupirant de plaisir, tachant de ne pas faire de bruit pour éviter de réveiller leurs voisins. Mais elle ne dormait pas et elle avait tout vu, je te le jure sur la tête de ma mère !…

Un jour, où nous étions seules dans le dortoir, Judith m'entraina même à les imiter. « Allez, on joue à s'aimer très fort »… me souffla-t-elle et me renversant sur sa paillasse – nous couchions alors dans une grange sur des matelas remplis de paille, alignés les uns à côté des autres.

Nous roulions enlacées, chacune s'efforçant d'avoir le dessus sur l'autre, jouant comme deux jeunes chiots. Nous picorions nos joues et notre cou de baisers maladroits, éprouvant de troubles émois, tout en sachant bien que nous « faisions semblant » de ressentir le grand frisson. Bien que sentant confusément qu'il faisait partie des interdits, je ne refusai pas le jeu qu'elle me proposait. Je le considérais comme un secret qui ne regardait personne d'autres que nous, et je n'en parlai ni à mes cheftaines, ni à mes sœurs embarquées dans la même épopée et encore moins au retour, à mes parents.

Après ce mois de vie en collectivité, notre complicité, ingénue de ma part, sûrement plus perverse de la sienne, a grandi peu à peu pour atteindre les signes d'une véritable addiction. Je ne retrouvais Judith que le dimanche car elle habitait un tout autre quartier de Tunis, ne fréquentait pas la même école que moi. Nos familles se maintenaient à une certaine distance, à laquelle contribuait le statut de divorcée de sa mère. J'attendais ce moment avec d'autant plus d'impatience que je tentais de masquer à mon entourage les sentiments passionnés qu'elle m'inspirait. Je me revois, assise dans la salle à manger de ma grand mère, dans l'appartement du collège Alaoui, mordillant mon crayon devant mon exercice d'arithmétique, était-ce un problème de trains qui se croisent ou de robinets qui remplissent une baignoire ? Mon esprit s'envolait et rejoignait Judith et ses histoires rocambolesques. Dès qu'Henriette avait le dos tourné, appelée par Zohra à la cuisine où mijotait le dîner, ou grimpée à l'étage pour ranger le linge fraîchement repassé dans les armoires, je dessinais alors sur mon cahier de brouillons un visage que je cherchais à rendre le plus ressemblant possible puis je me penchais pour y déposer un baiser, en murmurant : « Judith, mon amie, à la vie à la mort ! » Le samedi soir venait mettre fin à mon attente et je m'endormais en rêvant à nos imminentes retrouvailles du lendemain. Dès l'arrivée au temple, la première réservait à l'autre une place à ses côtés sur le banc et mon cœur bondissait de joie dès que j'apercevais de loin sa silhouette gracile. Je savais qu'encore une fois nous allions passer de délicieux moments, seules au milieu du groupe, communiant par le sourire, les regards, les gestes, nous murmurant à l'oreille les derniers potins du jour et les découvertes du monde étrange et fascinant des adultes.

Mais un jour, Judith n'apparut point et le temple me sembla sombre et froid. La sortie de Petites Ailes de l'après midi fut horriblement ennuyeuse, conclue par cette inévitable partie de ballon prisonnier… « Joëlle, ne pars pas tout de suite, j'ai à te parler » me dit la cheftaine au moment où nous rangions nos affaires et nous préparions à mettre nos manteaux. Elle m'entraîna dans un coin du local, me fit asseoir sur l'un des tabourets et prit place en face de moi. « Joëlle, il faut que tu sois franche, il s'agit de Judith… » Je reste muette d'angoisse, je m'attends au pire. Que lui est-il arrivé ? A-t-elle eu un accident ? Est-elle morte comme Blanche Neige, empoisonnée par son beau-père ?

- Judith t'a-t-elle raconté de drôles d'histoires ? Des choses dont on ne doit pas parler à votre âge ? Des choses dont tu aurais été étonnée ou choquée ?

-…Nnn non, pas vraiment, pourquoi ? dis-je en rougissant.

- Eh bien, elle a dit des horreurs à une autre P.A. Je ne peux pas te les répéter bien sûr… Mais je me demandais si, comme vous êtes très amies, tu n'aurais pas été, toi aussi, gênée par quelques confidences…

Je me suis tue, je n'ai pas trahi Judith, même si j'étais très déçue qu'elle ait partagé ce que je croyais être les secrets de notre amitié privilégiée avec d'autres que moi… mais je ne l'ai plus jamais revue. Ses propos, répétés par une « grande » plus lucide que moi, avaient fait scandale dans notre petite communauté puritaine. Je suppose que sa mère avait été convoquée dans une séance houleuse d'explications car j'appris par mon père que Judith avait été éloignée et inscrite en France dans un pensionnat pour jeunes filles rangées pour le reste de l'année scolaire. Perdue, ma belle amie, envolée à jamais cette fillette à l'imagination débordante, accusée de perversion... Avec le recul, éclairée par mon expérience de pédiatre en PMI, j'ai compris qu'elle avait été certainement abusée par son beau-père (ou par son père ?). Ses confidences n'étaient que le reflet de son expérience d'enfant trop tôt initiée au jeux sexuels des adultes, définitivement abimée, meurtrie dans sa chair et son âme. Ah, Judith, ferrée par ta pétulance et tes gestes de tendresse, tu m'avais prise dans un filet délicieux où j'avais failli m'engluer. Tu n'avais cependant jamais avoué le nom de ton initiateur, de ce bourreau jamais démasqué, comme tant d'autres à cette époque où le mot de pédophilie n'était jamais prononcé...

Je ne me souviens plus comment j'avais réagi à la séparation brutale d'avec ma meilleure amie, mon amour d'enfant et comment j'avais supporté la solitude et le silence. J'avais certainement enfoui ma souffrance, m'interdisant de manifester quelque désarroi et bien sûr de participer à la curée qui condamnait cette petite dévergondée... Bientôt on n'en parla plus, et je gardais ses mots et ses gestes dans un coin obscur de mon être comme une pelote de laine embrouillée dont je n'avais pas réussi à démêler les fils. Edith partie, je compris que j'avais pénétré avec elle dans un monde hostile et mystérieux dont il fallait dorénavant me garder. Et de ce fait, je l'oubliai assez vite pour ne plus souffrir de son absence.

3- *Gabrielle*

Quarante ans plus tard, une autre relation d'amitié
« gémellaire » a illuminé pendant neuf ans mon existence.
Avant qu'elle ne provoque, comme tous mes attachements trop
fusionnels, une souffrance d'autant plus intense que, par
pudeur, je n'ai pu l'exprimer ouvertement. Oui, Gabrielle, celle
que j'ai très vite appelée ma sœur, est entrée le 20 octobre 1983
dans ma vie. Colorant d'un seul coup les clichés en noir et
blanc que j'en avais réalisés jusque là, elle a donné à mon
existence de jeune femme un peu coincée les nuances de la
poésie et du vent du large.

Ce soir là, nous étions invitées à l'anniversaire d'un ami
commun, dans les toutes premières semaines de notre séjour au
Congo. Le milieu des coopérants et des pétroliers où le
champagne coulait à flots et où les conversations tournaient
autour des sottises de leurs employés, des matchs de bridge ou
de tennis et des frasques de leurs supérieurs me remplissaient
habituellement d'un ennui insondable que je dissimulais très
mal. Cela me faisait taxer au pire de bas bleu par mes collègues
et au mieux de provinciale mal fagotée par leurs chères
épouses. Solange, notre hôte, n'était pas tout à fait conforme à
ce modèle. J'avais apprécié très vite la chaleur de son accueil,

la simplicité savoureuse de sa table et son ouverture sur le pays qui nous hébergeait et sur ses habitants. Elle m'avait déjà pilotée sur les marchés et les lieux typiques de la ville. Elle avait mis à la disposition de notre famille la paillote qu'elle et son mari avaient louée sur la plage de Pointe Indienne, le lieu de détente privilégié des coopérants le dimanche. Ses deux garçons avaient l'âge des miens, ce qui avait facilité la prise de la « mayonnaise » entre nos deux familles ! J'étais donc allée fêter les quarante cinq ans de son mari sans appréhension, m'attendant à faire de nouvelles connaissances et disposée à m'amuser le plus possible, en oubliant les soucis que me donnait déjà l'état de l'hôpital Adolphe Sicé où je venais d'être affectée.

Parmi ce qui m'est apparu comme une foule indistincte d'invités, je ne remarquai – où avais-je seulement entendu son rire - qu'une femme habillée d'un boubou soyeux orné de rayures mordorées, rehaussé d'un simple cercle d'or autour du cou. Son visage, mis en valeur par une coupe à la garçonne et par une grande mèche de cheveux dansant sur son profil droit, était remarquable par la mobilité extrême de ses traits et l'éclat de son regard. Son corps tout entier semblait animé d'une énergie joyeuse, bougeant au rythme de ses paroles que je ne distinguais pas dans le brouhaha mais qui captivait le petit groupe qu'elle avait rassemblé autour d'elle.

« Tu parus… A l'instant, je sentis malgré moi mon âme s'émouvoir et s'attacher à toi ! » notera-t-elle plus tard sur un livre qu'elle m'offrit, consacré aux portes de l'enfer de Rodin. Ces mots auraient dû être les miens ce soir là, car la fascination que j'ai éprouvée pour elle s'éveilla ce soir là, bien que je ne prendrai bien plus tard conscience de son intensité. Mais je n'étais pas sûre qu'elle eût remarqué dans le brouhaha de la fête, la jeune femme blonde vêtue de soie vert pâle, qui échangeait sagement avec son voisin ses premières impressions sur sa nouvelle affectation et sur les découvertes à faire autour de Pointe Noire… Et qui regrettait in petto de ne pas faire

partie du cercle d'admiratrices dont on entendait les rires
fuser l'autre bout du salon…

Dans les semaines qui ont suivi, j'ai cherché comment renouer
le contact. Un énième épisode de lombalgie de mon cher et
tendre époux me donna l'occasion que j'attendais. Solange,
discrètement questionnée sur la mystérieuse invitée, m'avait
confié, qu'outre ses talents de musicienne et de chef de chœur,
elle exerçait l'art de la kinésithérapie et savait manipuler
adroitement les dos les plus raides. A mon appel, n'ayant pas
ouvert de cabinet officiel, Gabrielle se proposa de venir soigner
Hubert à domicile et je ne demandai pas mieux.

Elle me confiera plus tard qu'elle avait noué avec moi, lors de
cette visite, le lien de confiance, base des sentiments qui nous
aurons unies … comme des sœurs jumelles. Loin de me targuer
de mon statut de médecin, je l'introduisis dans notre chambre
et la laissai seule avec mon mari, pour qu'elle pratiquât ses
soins en toute liberté. Cela l'étonna profondément car elle avait
jusque là eu affaire avec un corps médical hautain et soucieux
de ses prérogatives. A partir de cette rencontre, toutes les
occasions furent bonnes pour nous retrouver. Quoique n'ayant
jamais beaucoup chanté en dehors des cantiques du culte
dominical et des berceuses pour endormir mes enfants, je
m'inscrivis à sa chorale où je retrouvais chaque lundi soir
Solange et son mari au milieu de tout un groupe, ma foi fort
sympathique. J'étais parfois épuisée par mes journées
continues de consultations, j'avais beaucoup de mal à tenir
debout mais je ne n'aurais manqué sous aucun prétexte ce
rendez-vous qui ne fit qu'accroître mon admiration pour elle.
Deux ans plus tard, le jour de son anniversaire, je pris sa place
au pupitre et j'osai diriger l'un des chants qu'elle nous avait
appris : « *Belle qui tiens ma vie, Captive dans tes yeux, Qui
m'as l'âme ravie D'un sourire gracieux* » …

Très vite aussi, elle vint me rejoindre à l'hôpital pour m'aider à
organiser des soins de kinésithérapie en pédiatrie. Lors d'un

stage d'été en France – je profitais toujours de nos deux mois de congé de coopération pour retrouver l'ambiance des services de pédiatrie français, soit à Paris ou à Marseille pour éviter de perdre toute ma technique et me tenir au courant des avancées médicales – j'avais découvert combien le drainage bronchique pouvait réduire les traitements antibiotiques et soulager les nourrissons atteints de bronchiolite ou de coqueluche. L'asthme et les infections respiratoires étaient très fréquents chez les enfants hospitalisés et je désirais en réduire la gravité en formant l'une de mes infirmières à ces soins efficaces et peu onéreux. Lorsque je lui ai parlé de ce projet, Gabrielle accepta immédiatement d'être la personne ressource : effectuer des soins bénévoles mais aussi devenir la formatrice particulière d'Annette, une jeune femme astucieuse, pleine d'ambition qui, dès mon arrivée, s'était proposée de devenir ma secrétaire. Très vite elle formèrent toutes les deux une bonne paire. Chaque matin, je guettais le moment où j'entendrais toquer à la porte de mon bureau, apparaître dans l'entrebâillement le sourire de Gabrielle :

- Salut, Jo, tout va bien ce matin ? Tu as des enfants pour moi ?

Elle enfilait prestement sa blouse et je lui laissais ma place dans le bureau toute la matinée pendant que j'effectuais ma visite dans les salles. Parfois, après ses séances de massage, elle venait me rejoindre et m'observait questionner les mères, examiner les enfants, enseigner aux étudiants, donner mes prescriptions aux infirmières, discuter avec mes collègues. Elle partageait mon quotidien et sa présence me réconfortait dans les moments de découragement. Ses idées me stimulaient pour entreprendre les modifications que je souhaitais entreprendre. J'admirais sa façon d'être à la fois proche du personnel soignant et capable de se faire des alliés parmi ma hiérarchie, pour obtenir les accords nécessaires à l'accomplissement de mes initiatives. Elle avait un culot, une facilité d'empathie et de séduction dont j'étais et suis toujours dépourvue. Elle faisait d'abord rire son interlocuteur, le mettait dans sa poche par un ou deux traits d'humour ou tout simplement en le saluant dans sa langue – en quelques mois elle avait appris de nombreuses expressions de « munukutuba », la langue vernaculaire et savait s'en servir à bon escient. Alors que je n'en étais moi même qu'à baragouiner un ou deux mots avec un accent épouvantable qui effrayait ou déclenchait l'hilarité de la personne à qui je m'adressais ! Très vite elle se constitua une petite cour mais loin en être jalouse, j'en faisais partie. J'étais sous le charme et cela me plaisait, car elle mettait dans ma vie si sérieuse jusque là, des notes d'enfance et d'humour que j'avais depuis trop longtemps perdues. Or j'en avais un besoin urgent à ce moment précis de mon existence, celui où j'abordais avec angoisse la descente vers les renoncements de l'âge : la ménopause, le départ des enfants, l'usure de la vie conjugale, les premières rides autour des yeux et la fatigue des journées trop remplies. Emerveillée d'avoir su retenir l'attention d'une femme aussi pétillante, aussi vivante, je profitais de chaque instant en sa présence, sachant que notre vie de nomades nous condamnerait à une séparation à plus ou moins brève échéance.

Gabrielle, dans son enthousiasme pour sa nouvelle amie avait trouvé de mystérieuses correspondances entre son enfance et la mienne, comme pour atténuer nos différences : catholique/protestante, extra/introvertie, nord/sud, privé/service public, et sans doute quelques autres plus subtiles. Ces oppositions auraient pu à jamais nous éloigner l'une de l'autre. Nous en avons au contraire épanoui la complémentarité. Elle était fille d'un industriel du Nord, élevée dans un milieu catholique peu pratiquant, elle avait fréquenté comme moi l'école communale puis le collège et le lycée. Ses parents avaient pensé à un moment l'inscrire dans une école religieuse mais ils avaient très bien compris qu'elle aurait été cent fois trop bridée dans sa spontanéité, ses besoins de liberté, de sottises et de fous rires !!

A peu près à la même époque où je fréquentais la vénérable faculté de médecine de Paris, elle avait vécu, durant ses études de kinésithérapie dans le même quartier latin, des années très riches et heureuses avec une vraie bande de copains tous « carabins » qui refaisaient le monde un buvant un pot et qui, tout en prenant au sérieux leurs études, fréquentaient assidûment galeries de peinture et expos diverses. Toute cette époque avait été gaie parfois insouciante. Gabrielle, par le biais de l'affection que lui portait sa directrice de l'école de kinésithérapie, avait pu rencontrer des personnalités passionnantes et parfois hors du commun, qu'elle aimait évoquer pour moi.

Mais bientôt, Jacques, un ingénieur d'une grande multinationale française, devenu son époux, l'avait emmenée au loin de poste en poste, en France d'abord puis en Afrique, jusqu'au Congo où nous nous sommes rencontrées. De remplacements plus ou moins durables en bénévolats, elle n'avait pas perdu la main et se disait capable, rien qu'en effleurant la peau de ses patients de déceler leurs zones douloureuses. Cela provoquait, affirmait-elle, une sensation de chaleur dans sa propre paume qui l'aidait à préciser le diagnostic et à entreprendre ses soins…

Entre autres souvenirs d'enfance communs, elle se rappelait son goût immodéré de la lecture, son adoration pour la bibliothèque Rouge et Or, ses sorties d'enfant sage au bois de Vincennes où nous aurions pu nous rencontrer sur le manège de chevaux de bois, etc. Mais surtout elle me fit part de sa vénération pour le Dr Albert Schweitzer qui aurait motivé pour elle aussi, le désir de soigner les petits africains et de partir vivre dans la brousse, ce que la profession de son époux lui permit de réaliser pleinement. Nous avons alors rêvé d'une escapade avec nos deux familles à Lambaréné pour aller rendre hommage au Grand Docteur, musicien comme elle et germanophone de surcroît. Douée pour les langues, elle parlait couramment l'allemand, du fait de séjours de vacances adolescentes à Fribourg chez une femme très cultivée qui avait noué avec elle une relation d'affection profonde…

Pour Noël 1984, nous avons embarqué dans nos deux véhicules 4X4, Gabrielle, Jacques et leurs trois enfants au volant d'une Land Rover qui avait déjà traversé le Sahara et nous, dans une grande Toyota blanche, style ambulance de brousse. De Pointe Noire vers Lambaréné, la piste traversait la forêt du Mayombé, bifurquait à Loubomo vers les monts de la Lune, passait la frontière entre le Congo et le Gabon, puis traçait via Mouila et Fougamou. Pour cela, elle avait été baptisée pompeusement nationale N°1. Cette équipée schweitzérienne aura des conséquences incalculables pour l'avenir de nos deux ainés.

Je l'ai racontée plus tard sous la forme d'une bande dessinée pour qu'elle figure en exergue de l'album photo de notre petite fille commune Héloïse, née du mariage trop éphémère de mon fils Cédric et de sa fille. Mais en ce Noël gabonais, nous ignorions encore toutes les deux les conséquences du rapprochement de nos deux nichées et nous la vivions dans la joie de l'aventure – six cents kilomètres de pistes de latérite et de forêt vierge pour découvrir Sa Majesté l'Ogoué paresseusement allongé dans son lit - et dans l'émotion de retrouver les traces de l'homme exceptionnel qui avait nourri nos rêves d'enfance et engendré ma vocation. Sa tombe, marquée par une croix de pierre, entourée de celles ses collaboratrices, était située juste à la sortie du débarcadère et portait la date du 4 septembre 1965. Je me recueillis tout en remarquant qu'il était mort quelques semaines avant la naissance de mon premier enfant et je souhaitai alors qu'il fut l'inspirateur et le guide de sa vie. Vœux pieux, bien entendu, Cédric a choisi une toute autre voie, qui est la sienne et tant mieux ! Mais c'est tout de même là que s'est joué une part de son destin par la venue au monde de notre future petite fille commune…

En Juin 1986, Jacques fut nommé dans le sud de la France, ce qui décida pour eux et leurs enfants d'un retour définitif, événement que je vécus comme une déchirure, sans pouvoir exprimer clairement mes sentiments. J'étais réticente à admettre la force de l'attirance que je ressentais pour mon amie et me croyais suffisamment forte pour surmonter cette nouvelle expérience de séparation. Après tout, nombreux sont les amis connus en Algérie ou en Côte d'Ivoire que nous n'avions pas perdus de vue. Nous les retrouvions avec joie chaque été, de passage chez eux ou venus nous rejoindre quelques jours aux Ancolies. Pourquoi faire une différence avec Gabrielle ? Nous nous écririons, nous nous reverrions, d'autant que nos deux aînés avaient l'air d'avoir noué eux aussi une belle relation durant ces deux années. Cédric était maintenant étudiant à Lyon et entretenait avec sa « chérie » une correspondance assidue. Celle-ci préférait l'entendre au bout du fil, ce qui faisait grimper la note de téléphone de son père à de dangereux sommets ! Durant l'été, elle s'était débrouillée pour se faire inviter dans le mas provençal d'une de nos familles proches, que Cédric avait investi comme lieu d'accueil du week-end durant ses études. Ils avaient pu roucouler à leur aise dans ce milieu moins guindé que celui de leurs parents respectifs...

Mais surprise, de retour à Pointe Noire en Septembre, attitude de plus en plus incompréhensible et douloureuse au fil des mois, je ne reçus aucun signe de Gabrielle, et ce, durant une année entière. Aucune réponse à mes lettres ni même à mes vœux de Noël ou d'anniversaire. J'avais quelques nouvelles par Cédric, tout heureux maintenant de pouvoir joindre sa dulcinée sans se mettre en découvert bancaire, mais totalement indifférent à ce qui ne la concernait pas directement. Il trouvait que les parents de son amie lui menaient une vie impossible : d'après ses dires, elle était surveillée comme si elle avait cinq ans et se sentait totalement incomprise. Il faut dire que mademoiselle était en année du bac et qu'elle ne se montrait pas spécialement passionnée par les programmes scolaires !

Ses parents tentaient en vain de donner un tour de vis aux conversations nocturnes interminables. Mais Gabrielle ? Oh elle va bien… Rien de plus ? Que veux-tu savoir de plus, maman ?

Cette année là, en réalité, rien n'allait plus pour moi. Je tombai dans un état dépressif dont je me sentais très coupable et dont je ne voulais pas reconnaitre la profondeur jusqu'au jour où, un dimanche, à la Pointe Indienne, je nageai jusqu'à en perdre le souffle, jusqu'à la possibilité de ne plus revenir… Je ne rattachai pas consciemment cette tentative « d'évasion » au silence de Gabrielle mais je l'expliquais plutôt par le surmenage professionnel, l'épidémie de neuro-paludisme qui faisait rage et l'émergence de cette mystérieuse maladie qui tuait mes petits malades par dizaines depuis quelques mois. Je ne me sentais pas soutenue par Hubert, trop pris par son travail, éclaté en de multiples tâches toutes plus urgentes les unes que les autres. Mes enfants étaient sur le point de nous quitter pour poursuivre leurs études en France. Cédric était déjà parti depuis trois ans, étudiant à l'INSA de Lyon, Sören devait suivre le même chemin l'année suivantes, et le tour des deux filles, Vérène et Aymone viendrait ensuite très rapidement. Il était temps de prendre la décision radicale de notre retour… Mais au fond de moi, il y avait aussi une petite voix qui susurrait des questions en boucle : et Gabrielle ? M'avait-elle vraiment oubliée après tout ce que nous avons vécu ensemble ? Pourquoi ce silence ? M'étais-je fait des illusions sur elle ou sur moi ? Et quelles sortes d'illusions ? Que devais-je attendre d'elle ? Et pourquoi étais-je si affectée ? N'était-ce donc pas une amie comme une autre ?

J'aurai la clef de l'énigme à l'été suivant. Nous étions invités à une soirée chez des amis communs possédant un chalet surplombant le lac de Savines, situé à une heure de Molines en Queyras où comme chaque été, nous nous refaisions une santé. Parmi la foule joyeuse des membres de la famille et des amis, nous avons retrouvé Jacques et Gabrielle. Manifestations de surprise et de joie : comment allez vous ? Êtes-vous en vacances dans la région ? Et ce retour en France ? Réussi ? Où êtes-vous installés ? Banalités... Hypocrisie... Je voulais crier : pourquoi ? Pourquoi ne m'as-tu pas répondu ? Pourquoi m'as-tu laissée dans un tel abandon ?

Gabrielle se plaça cependant à mes côtés durant le diner, et bientôt nous échangions comme si rien ne clochait, les nouvelles de nos enfants, entrecoupées de plaisanteries et d'anecdotes savoureuses sur les amies communes, les collègues de l'hôpital ou les humeurs de nos maris... Je retrouvai peu à peu la complicité des regards, des sourires et des propos légers dont nous nous régalions toutes les deux. Peu avant que sonna l'heure du départ – ils restaient dormir chez nos hôtes, nous remontions vers les Ancolies - nous nous retrouvâmes un instant seules dans un petit salon où étaient entreposées nos vestes. Elle s'assit sur un fauteuil crapaud, je m'agenouillai devant elle et lui pris la main : « Gabrielle, pourquoi ce silence ? »

- Je ne peux rien te dire ici... répondit-elle dans un souffle, des larmes dans les yeux. Ce fut trop difficile cette année, Jo, très dur, vraiment...

- Qu'est-ce qui était si difficile ?

- Je ne peux pas t'en parler ce soir ! Mais vous êtes à Molines combien de temps encore ? Pouvons-nous passer vous voir dans la semaine ?

- Bien sûr, j'en serais ravie, nous aurons le temps de continuer cette conversation, n'est-ce pas ?

Deux jours plus tard, nous marchions côte à côte à pas lents sur le sentier ombragé de mélèzes qui grimpait vers le sommet Bûcher. Nous avions laissé les hommes nous distancer, leur souffle et leurs jambes étaient bien plus performantes que les miens, et puis, le moment était venu :

- Alors, peux-tu me dire ce qui a été si difficile cette année, au point que tu ne veuilles plus répondre à aucun de mes courriers ?

- Je ne pouvais pas t'écrire, Jo, car qu'aurais-je pu exprimer dans une lettre ? J'avais si peur que tu te méprennes, que tu m'envoies promener...

- Que veux-tu dire ? Comment peux-tu douter de mon amitié ?

- Je ne doute pas de toi mais maintenant je sais ... qu'il y a des amitiés qui ressemblent fort à de l'amour, et c'est ce que j'éprouve en réalité pour toi : cela je ne pouvais pas te le dire autrement que devant toi, sous ton regard...

Long soupir. Je m'assis sur un tronc d'arbre coupé, posé là, le long de notre chemin, depuis longtemps car la mousse qui le recouvrait en faisait un siège confortable. Elle me rejoignit et posa sa main sur la mienne. Je ne la retirai pas, je restai immobile et en silence, troublée mais heureuse. Une sensation de légèreté et de plénitude m'étreignait doucement.

- C'était donc cela ? L'amour, oui, bien sûr, mais quel est cet amour que tu m'offres ? Je ne comprends pas encore toute la signification de ce que laissent entrevoir tes paroles. Je suis heureuse, oui, car tu m'ôtes ce poids qui avait transformé mon cœur en plomb depuis ton départ...

Il me fallait un peu de temps pour mesurer ce que cette révélation allait engendrer dans nos vies respectives. Nous étions toutes deux mariées à des hommes que nous aimions sincèrement, mères de familles responsables, nous avions notre métier, nos relations, nos centres d'intérêts, nous habitions encore à 6000 kms l'une de l'autre. Je ne voulais pas tout remettre en cause.

- Tu es mon amie, oui, je suis ravie que tu m'aies choisie parmi toutes celles qui se considèrent tout autant dignes de ton amitié. Mais je veux rester indépendante, je ne veux pas tout sacrifier, mon couple, mes enfants, ma famille, mon emploi, ma foi et mes amis… Et toi, non plus que je sache, tu n'as pas du tout l'intention de tout quitter pour moi, n'est-ce pas ?

- Pas vraiment, non… Mais j'avais besoin de savoir si mes sentiments étaient partagés ou si je m'étais monté la tête. Tu sembles tellement…

- Tellement quoi ? Collet monté ? Raisonnable ? C'est cela ?

- Non, tellement … irréprochable ! Tu comprends, avec toi, on cherche la faille, et on ne la trouve pas !

- Irréprochable ! Tu n'es pas dans ma tête, tu ne sais pas ce qui se passe dans mon cerveau qui se transforme en folle du logis, lorsque je lui laisse la bride sur le cou. Si tu savais … combien j'ai aimé ton énergie, ta gaîté, ce feu follet que tu transportes avec toi, ces deux « l » (ailes) que porte ton prénom !

- Et les tiennes, tu ne les vois pas pousser ?

Et nous riions comme deux adolescentes, nous riions à la beauté du monde, à l'avenir grand ouvert, à la joie d'aimer et de pouvoir le dire. Nous reprîmes notre course, main dans la main. Le sentier était éclaboussé de flaques de lumière, notre âme aussi. Nous avions l'impression de nous être toujours connues, depuis la nuit des temps, depuis que le monde est monde et rien ne pourrait plus nous séparer…

L'état de grâce a duré huit ans. Huit ans de confidences, de poésie et de musique, de rencontres familiales et d'escapades en tête à tête, de virées en montagne ou de balades dans les pins de la Lande, huit ans de bonheurs légers et de sages réalisations. Nous inventions toutes les prétextes pour nous retrouver, imaginer, créer, apprendre, jouer, rire et chanter… Elle donnait plusieurs concerts auquel je m'empressais d'assister, j'écrivais mes premiers ouvrages et les lui donnais à lire, elle organisait des conférences sur les soins palliatifs en pédiatrie pour ses collègues, je l'invitais à présenter son association dans les congrès de pédiatrie, rien n'arrêtait notre créativité. Avec en points d'orgue des moments d'une intensité exceptionnelle.

A l'occasion d'une rencontre de cancérologie pédiatrique où je présentais mes travaux sur la qualité de vie des enfants gravement malades, Gabrielle m'accompagna pour exposer ses premières expériences d'animation hospitalière. Nous décidâmes de traverser la France en voiture jusqu'à Anvers, en faisant un petit détour sur les traces de son enfance ch'timie. Après avoir retrouvé avec une grande émotion, sa maison d'enfance sur les bords de la Meuse, Gabrielle tint à me faire entendre à pleines oreilles le carillon du beffroi de Bruges et découvrir le vol des goélands sur la mer du Nord à Ostende. Instants de beauté indicible, accrue par la joie de les vivre côte à côte.

Autre événement inoubliable : le mariage de nos enfants dans une petite église rurale suivi d'un dîner dans un château des Landes. Rayonnantes, la main dans la main, nous fîmes le tour des tables des invités, familles et amis nombreux à être venus se réjouir avec nos enfants… Tout de rose et de fleurs vêtue, pour mettre en valeur mon teint de blonde et souhaiter à mon fils une longue vie de bonheur, je tressaillis cependant devant la tenue de ma « commère » et amie intime. Certes très élégante, dans sa recherche coutumière « d'avoir de l'allure » en toutes circonstances, elle arborait une robe plissée d'un noir profond, éclairée par quelques broderies de couleur vives sur les épaules. Elle l'avait assortie à un immense chapeau translucide, formant un nimbe couleur de nuit autour de son visage. Il était piqué à l'arrière d'une orchidée blanche, cueillie sur l'un des bouquets de mariage et destinée à se faner avant la fin de la nuit. Pourquoi s'habiller de noir, le jour d'un mariage ? Intuition de la fragilité de ce couple ?

Et le troisième, ah, je ne peux y songer sans que mon cœur ne bondisse encore dans ma poitrine, le troisième événement concernait la naissance d'Héloïse notre première petite fille, à Montpellier. Cédric, après la fin de ses études d'ingénieur informatique à Lyon avait trouvé un premier poste à deux pas de chez nous. Je fus la porteuse de bonne nouvelle pour Gabrielle, pendue à son téléphone depuis que sa fille l'avait avertie de son départ à la clinique dans la nuit.

- C'est une fille et elle s'appelle Héloïse !

- … Splendide ! Tout s'est donc bien passé ? Je…je saute dans le premier train, tu viendras m'attendre sur le quai ?

- Oui, sois tranquille, je te cueille à la gare et nous irons faire sa connaissance ensemble !

Quelques heures plus tard, nous voici devant la huitième merveille du monde. Ce n'était pas l'heure des visites mais je me fis passer pour la pédiatre de service et demandai à examiner la petite Héloïse… La sage femme chef, maîtresse femme qui avait vu naître toute la bourgeoisie de Montpellier depuis près d'un demi siècle, n'était pas dupe lorsqu'elle me vit prendre délicatement le nouveau né, lui parler et lui sourire avec une immense tendresse et la tendre à bout de bras derrière la vitre vers son père et son autre grand-mère, qui lançaient vers elle des regards énamourés…

- Qui êtes vous Madame ? Et où exercez vous la pédiatrie ? Je ne vous ai encore jamais vu à la clinique…

- Eh bien, je suis la grand-mère d'Héloïse mais j'exerce aussi à l'hôpital depuis trois ans…

- Effectivement, je n'ai jamais vu un pédiatre avec tant de joie dans les yeux ! La maman se repose. Voulez vous attendre un peu avant de la voir ?

- Je laisserai plutôt sa mère se rendre auprès d'elle, dis-je en présentant Gabrielle qui s'impatientait de la méfiance de la capitaine en blouse rose et me faisait des grimaces derrière son dos.

Et me tournant vers mon amie : « Prends ton temps pour embrasser ta fille. Nous nous retrouvons dans une heure, si tu veux bien, je t'attendrai place de la Comédie, devant la fontaine des trois Grâces. D'accord ? »

Héloïse, NOTRE petite fille commune, nous avions tant de peine à y croire et de joie à le vivre ! Elle faisait entrer notre amitié dans l'éternité d'une descendance commune, elle soudait les liens de nos deux familles, elle était le miracle d'une enfant dont nous avons rêvé, elle était l'espoir d'une survivance de nos gènes mais surtout de notre amitié par delà la vie et la mort. Nous ne savions pas à ce moment béni par les dieux combien de souffrances et d'inquiétudes nous aurions à traverser : séparation et divorce de nos enfants, accueil d'Héloïse en sa deuxième année, dans notre foyer en attendant que ses parents se restabilisent, suivi peu après de son départ au Canada avec sa mère. Celle-ci et son nouveau beau-père, musicien de jazz, comptaient bien tenter leur chance en expatriation, au prix, hélas, de l'éloignement d'Héloïse de ses racines paternelles. Heureusement chaque été, durant toute son enfance et son adolescence, nous avons eu la joie de l'accueillir quelques semaines chez nous, retrouvant ainsi la gaîté de sa présence et la joie devant son épanouissement.

Avec mes neveux, Luc et Anne Lou, les enfants de Christian, à peu près du même âge, elle formait un trio espiègle et imaginatif. Tous trois nous régalaient de spectacles, de danses et de chansons, découvraient avec nous les charmes de la région et vivaient le farniente de l'été en profitant de la piscine et du jardin. Ils posaient aussi, parfois de façon détournée, les questions qu'ils avaient laissées en suspens à propos des bouleversements de leur petite enfance. Difficile pour nous qui n'avions pas toute l'objectivité nécessaire de trouver les mots justes. Nous nous contentions de les accueillir avec toute la bienveillance possible et les incitions à chercher les réponses auprès de leurs parents, en attendant que devenus adultes, ils cherchent comme je l'ai entrepris aujourd'hui, à mieux comprendre leur histoire et leur destinée.

4- *Marie Jacobé et Marie Salomé*

Enfin, digne d'être mentionnée dans ce palmarès des pages les plus lumineuses de notre histoire, notre escapade aux Saintes Maries de la Mer, au printemps 1996, dernière année sans nuages de notre amitié... Cette balade entre mer et ciel, entre plage et étang fut la source du cycle iconographique et littéraire des Porteuses d'eau vive[1]. Fascinée par le destin des deux Saintes, dont les corps jumeaux, tournés vers l'Est ont été retrouvés sous les dalles de l'Eglise, j'ai écrit, bercée par les notes du Laudate Dominum de Mozart, la vision de Marie Jacobé, parvenue au seuil de la mort. Elle attend la venue de sa petite fille, Lucile, fille de son fils Jacques et de Suzanne, la fille de son amie Salomé. Marie désire lui transmettre avant de mourir les paroles qu'elle a recueillies du temps où elle suivait les pas du Maître galiléen et qu'elle a retranscrites durant le temps de son exil dans ce village perdu du sud de la Gaule.

Dans mon imagination, j'ai redonné vie à Marie, mère de Jacques, à laquelle je me suis totalement identifiée. Belle-sœur et amie de Marie, la mère de Jésus, et femme de Cléophas, un

---

[1] *Porteuse d'eau vive, contempler les icônes et cheminer sur les pas des femmes de l'Evangile,* Médiaspaul, 2009.

frère de Joseph, Marie-Jacobé était, selon mon inspiration, une femme instruite, connaissant l'écriture et l'art de guérir, car son père, médecin réputé, aurait étudié à Pergame. Aurait-t-elle appris à Jésus les secrets de son art durant ses années silencieuses ? Je l'imagine volontiers capable de retenir à la lettre près, les paroles du fils charpentier devenu Maître de sagesse, cachée dans la foule qui le suivait sur la montagne au dessus du lac de Tibériade ou dans la synagogue de Capernaum. Contrainte à l'exil au moment des premières persécutions de l'année 40, elle aurait alors mis par écrit l'essentiel de son message sur des rouleaux protégés par un étui de cuir, attendant le moment propice pour les confier aux responsables de l'Eglise pour qu'ils soit publiés. Et si Luc s'appelait en réalité Lucile ?

Accompagnée par Sarah, la princesse du peuple gitan, et par Salomé, son amie de toujours, Marie Mère de Jacques se meurt, vers l'an 62 de notre ère :

« Sarah, dis-moi si elle est encore loin... La vois-tu s'avancer vers nous ? Ah que les vagues de la mer ne se déchainent pas contre elle et le vent du Nord ne la menacent pas ! Dis-moi, viendra-t-elle à temps et verrai-je encore une fois la lumière de son visage éclairer ma nuit ? Ah, Lucile, ma lueur, mon espérance et ma joie... Je t'attends depuis si longtemps, viens maintenant, ne tarde plus. Je pars vers la Maison du Père, je sens ma vie s'enfuir par tous les pores de mon corps usé et mon souffle se fait rude, alors que le soir tombe... C'est l'heure où le ciel étire ses fils de soie mauve et or sur l'horizon. Il tisse avec la mer le linceul dont tu m'envelopperas. Là-bas je devine un vol de cygnes sauvages. Il illumine l'étang de milliers d'ailes blanches et appelle mon âme à s'élever vers l'amour qui m'attend, dans ce pays que je ne connais pas mais que j'ai entrevu, ce matin, à la dernière heure de la nuit.

Dans l'obscurité de mes yeux éteints par le grand âge, j'ai vu soudain le ciel ouvert par une lumière plus chaude et douce, plus tendre et apaisante que les reflets de la mer, des étangs et de la rosée du matin unis dans un embrasement infini. Je monte vers elle, comme si, de son sein s'élevaient ces mots : " Viens, Myriam, mère de Jacob, entre dans la joie de notre Père… " La voix murmure comme une brise ténue et fragile, puis s'amplifie lentement, en ondes douces et amples et s'ouvre sur la plénitude d'un son grave qui résonne jusqu'aux tréfonds de ma chair. De mes lèvres jaillit le chant de mon enfance lorsque nous montions à la ville sainte pour la fête des tabernacles : " O vous tous les peuples, louez-Le, célébrez son nom, vous toutes les nations, car sa bonté pour nous est grande et sa fidélité dure à toujours "

Je m'avance vers une porte dont le porche abrite une ombre fraîche et bleue. Le Maître est là, souriant, debout dans la lumière. Derrière lui, silhouettes sombres dans l'éclat de la trouée lumineuse, j'aperçois les miens, ceux que j'ai aimés et ceux qui m'ont précédée, ceux que je reconnais immédiatement : la vénérable Amalia, ma mère, se tient debout aux côtés de Samuel mon père et son époux. Je distingue le doux visage de ma belle-sœur bien aimée, dont je porte le prénom, Marie, la Mère de mon Seigneur et celui, tourmenté de Jacob mon fils. Ah, mon cœur se serre, car je n'ai aucune nouvelle de Jérusalem depuis de longs mois. Celle que j'ai tant aimée et servie serait-elle déjà entrée dans le royaume des Cieux ? Et mon fils aurait-il lui aussi subi le martyre ? Le visage d'Etienne son ami, émerge de l'obscurité, accompagné de l'autre Jacob, frère de Jean et fils de Salomé. Derrière eux, se profilent tous les anciens de mon peuple, nommés un à un dans l'Ecriture, dont la nuée de visages se perdent dans le lointain, pèlerins sur la route de la Vie, chaussés de sandales et vêtus de grands manteaux blancs, marchant d'âge en âge vers la source de lumière qui brûle d'amour et éclaire nos vies…

Dans la crainte et l'émerveillement, je garde le silence, et soudain mes genoux fléchissent, je pose mon front sur le sol. Du sable où gisent mes cheveux défaits, montent une odeur de terre féconde, des effluves de fleurs sauvages et toutes les senteurs de la garrigue et de la grève mêlées... Une lumière douce et chaude, bouleversante de force et de tendresse pénètre à travers toutes les parcelles de ma peau et je me sens ouverte, offerte et offrande à la fois, envahie de paix, de bien-être et de confiance. Bientôt, au loin, en écho à ma voix, monte un chœur puissant, profond et grave, d'abord soupirs et murmures tel le froissement de milliers d'ailes, puis torrents et flots tumultueux, telle la bourrasque avant l'orage faisant frissonner les grands arbres et craquer leurs ramures, l'appel des vaisseaux dans la brume et le roulement des chevaux sur la plage... Les nuées de témoins m'accueillent, je cours vers eux, j'exulte de bonheur et je pousse un cri d'allégresse en joignant ma voix aux leurs. Pure et claire, cette voix, la voix de ma jeunesse prend les ailes de l'aube et monte jusqu'à Son trône... Un Amour ineffable me soulève et mon esprit s'ouvre à la Connaissance parfaite... La musique s'éteint dans l'amen léger de la brise du matin.

Je sens sur ma main la chaleur des doigts de Salomé, qui ne m'a pas quittée :

- Mon amie, ma sœur, où étais-tu ? Ton visage brillait d'une lumière si belle et ton sourire m'a fait retrouver les émois de notre jeunesse... Te souviens-tu de ce jour au bord du lac, nous étions assises dans la foule pour L'écouter ? Te souviens-tu, comme nous étions pauvres en esprit, inquiètes des mille soucis de notre condition, préoccupées par la propreté de nos maisons, par les exigences de nos maris, par la quantité de bouches à nourrir chaque jour, par l'honneur de nos filles et la vaillance de nos fils... Mais lorsqu'Il a ouvert ses bras pour nous bénir, lorsqu'il nous a offert le pain et les poissons, lorsqu'il nous a regardées, nous nous sommes levées et nous

L'avons suivi. Et le feu de ses paroles n'a jamais cessé de nous embraser.

Mon rêve - mais était-ce vraiment un rêve ?- annonce la fin de mon voyage, je le sais et je l'attends. Sarah, ma toute belle, danse encore un peu sur cette terre et veille sur notre petite Lucile. Lorsqu'elle viendra, vous lui direz combien je l'ai aimée. Remettez lui les rouleaux que j'ai cachés dans la grande jarre qui repose à côté de l'autel dans l'oratoire. Donnez-lui aussi les portraits que j'ai osé peindre en arrivant dans cette terre étrangère pour nous souvenir du visage de notre très chère sœur Myriam et de son enfant. Qu'elle les emporte vers Rome ou vers l'Asie où vivent tant de nos amis. Les méchants ne se méfieront pas d'elle et tous les croyants en seront réconfortés.

Et toi, Salomé, mon amie, mon âme-sœur, je te quitte pour un temps, car encore un peu de temps et tu seras de nouveau avec moi. Je suis tellement heureuse de ce que tu m'as donné tout au long de nos jours, je suis heureuse de mourir auprès de toi, de garder ta main droite dans ma main gauche, comme l'oiseau assoupi après son vol. Je suis heureuse que tu fermes mes yeux et que tu laves mon corps dans une ultime caresse. Puis tu me feras reposer la tête tournée vers l'est, dans cette terre blanche et ocre qui nous a reçues fugitives et nous a protégées, au milieu des étangs où se reflètent les grands voiles du ciel. Bientôt ensemble, nous dormirons côte à côte, vivantes pour l'éternité…»

5- L'automne, l'hiver et puis...le printemps !

Cette histoire m'a habitée durant de longues années, - maintenant je comprends mieux l'écho que ces deux Saintes « jumelles » éveillait en moi - au point de m'empêcher de desserrer le lien de dépendance que j'avais noué avec Gabrielle, alors que le temps était venu pour moi d'en prendre la mesure. Je ne pouvais imaginer que Joëlle-Jacobé se sépare un jour de Gabrielle-Salomé Mais je lui faisais jouer un rôle romanesque qui n'avait rien à voir avec la réalité !

A cette époque bénie, nous pratiquions encore l'art de la joie. Notre amitié se nourrissait encore de ces moments de bonheur inattendus ou improvisés à quatre mains, que je ne peux tous décrire tant ils ont été nombreux. Mais nous traversions aussi ensemble l'épreuve de la séparation du couple de nos enfants, imaginant que notre relation était si forte que rien ni personne n'aurait pu l'altérer. Nous la vivions avec une impression de liberté et d'épanouissement. Je ne me sentais pas clivée entre ma sage et fidèle relation conjugale et cette vague d'émotions joyeuses que j'éprouvais à son contact. Pour Hubert et moi, notre lien d'amour a été depuis toujours exempt de passion et donc de jalousie. Notre couple fonctionne sur une affection profonde, sur le respect des choix respectifs et sur une connivence presque parfaite de valeurs éthiques, politiques et éducatives. Mon amitié amoureuse pour Gabrielle ne retirait rien à mes autres attachements, époux, enfants et autres amis auxquels je restais profondément attachée. Il s'ajoutait plutôt à ce bain d'affection et d'amitiés qui m'a structurée depuis mon enfance et me soutient dans les moments de souffrance ou de doute qui n'avaient pas manqués jusque là. Simplement, en bonne protestante ou en cérébrale invétérée, et sûrement les deux à la fois, je n'avais jamais pu exprimer mes sentiments avec les mots et les gestes que Gabrielle m'avait autorisé à dire, à écrire, à montrer, avec tant de spontanéité. C'était pour moi un extraordinaire cadeau de la vie qui m'était offert au moment où j'en avais besoin pour ne pas perdre pied. Je le ressentais comme un supplément d'énergie vitale inespéré quand l'horloge biologique me faisait entrer dans la catégorie du troisième âge. C'est pourquoi malgré ce qui s'est passé ensuite, je garde à Gabrielle une grande reconnaissance de cette période, où nous croquions toutes deux les fruits de l'automne à belles dents, ignorant que l'hiver allait bientôt répandre sur mon âme sa froidure...

Huit ans de ciel sans nuages, huit ans d'échanges quotidiens, car lorsque nous n'étions pas ensemble, chez elle, chez moi ou en virée commune, nous nous écrivions ou nous téléphonions pour nous raconter notre journée, demander des conseils, prendre des nouvelles, partager nos coups de cœur littéraires ou musicaux, ou tout simplement nous écouter, nous sentir vivre et bouger - comme des jumelles baignant dans le même liquide amniotique ? Ses lettres étaient des petits chefs d'œuvre de drôlerie, de tendresse, d'anecdotes et de souvenirs qui avaient le don de me délasser après ma journée de travail. Les miennes étaient plus sérieuses, plus réfléchies mais je n'hésitais plus à coucher par écrit ce que j'éprouvais, la joie de notre intimité, la nostalgie de son absence et le désir de nos retrouvailles.

Quelques années plus tard, toute cette correspondance fut réduite à néant, un 12 Octobre au soir où je pleurais de solitude, Hubert étant en déplacement professionnel et le téléphone étant resté désespérément muet toute la journée ! J'allumai un grand feu dans ma cheminée et j'y jetai toute notre correspondance ainsi que certains livres qu'elle avait annotés avant de me les offrir. Le lendemain, j'en rassemblai les cendres et les déposai dans un trou creusé dans le jardin dans lequel je désirais planter un jeune cerisier. Chaque année au printemps, il illumine mon pré de ses fleurs blanches, bourdonnantes d'abeilles. Au moment de la récolte, je savoure ses fruits comme je savourais autrefois les mots dont il est devenu le gardien muet. Curiosité qui pourrait être un clin d'œil à mon histoire, la plupart de ses fruits sont des cerises jumelles, chacun portant soit une simple cicatrice, soit une petite protubérance, soit encore deux boules noires accolées, venues à maturité…

Car la neuvième année, l'amitié avait flétri, les lumières s'étaient éteintes peu à peu et le rideau était tombé, me laissant dans le noir, seule sur un strapontin. La pièce insouciante et gaie était finie, j'ignore encore pourquoi. Oh, cela ne s'est pas fait du jour au lendemain, par une rupture ou une dispute en bonne et due forme. Non, d'abord, je ne trouvais plus de lettres dans ma boite, les coups de fil devenaient de plus en plus rares et toujours laconiques. Lorsque j'appelais, je tombais sur Jacques, ou l'un de ses enfants qui lui tendaient le combiné mais restaient à proximité, empêchant toute conversation intime. Et lorsque je la questionnais :

- Que se passe-t-il ? Es-tu malade ? Ou l'un de tes proches ?

- Non, non, tout va bien, ne t'inquiète pas… Oh attends, on sonne à la porte, je suis obligée de raccrocher, je te rappelle…

Mais rien ne venait, l'appareil téléphonique restait silencieux et mon incompréhension totale. Lorsque plusieurs semaines passèrent sans aucun message de sa part, je sentis la situation m'échapper. Gabrielle, pour une raison qui n'appartenait qu'à elle avait décidé de mettre fin, non à notre amitié affirmait-elle, mais à cette relation de tendresse et de liberté qui avait été mon souffle d'air frais et mon rayon de miel... Etait-elle dépassée par ses propres sentiments ? Craignait-elle de mettre en danger son équilibre familial ? Avait-elle trouvé une autre amie dont l'amitié était plus confortable que la mienne, moins exclusive, plus tolérante ? Ou raison plus insidieuse, avait-elle du mal à regarder en face les souffrances induites par le départ de sa fille et s'en sentait-elle comme toute mère qui se respecte, vaguement responsable ? M'en voulait-elle d'un jugement qui lui semblait trop sévère ? Je n'ai jamais pu éclaircir les raisons profondes qui ont poussé Gabrielle au retrait de ses sentiments que j'ai longtemps espéré retrouver, comme le flux succédant au reflux de la vague sur le sable qui en garde l'empreinte. Cette interrogation obsédante me taraudera des années durant : apparemment nous restions amies, nous restions bien sûr apparentées, puisqu'Héloïse était notre trait d'union ineffaçable. Mais la complicité avait disparu, les mots avaient perdu leur poésie, l'insouciance et la joie s'étaient transformées en une boule de tristesse qui ne me quittait plus même si je m'efforçais de ne pas la montrer. Je découvrais, à mon grand regret, que je n'avais pas su aimer sans me prendre au piège de la possession et de la dépendance. Le lien qui me semblait si doux avait en réalité enfermé Gabrielle et je l'étouffais sans m'en rendre compte, alors qu'elle avait besoin de retrouver sa liberté.

Malgré l'espacement progressif de nos rencontres, je n'arrivais toujours pas à me débarrasser du désir de sa présence et de la tristesse d'un avenir sans nos échanges. Ma pauvre tentative de brûler ses lettres et ses poèmes ne réussit qu'à me rendre les choses encore plus douloureuses, d'autant qu'une arthrite de l'épaule se déclencha dans la semaine qui suivit mon geste destructeur et me priva d'un sommeil réparateur. Cet incident m'obligea à des soins de kinésithérapie trihebdomadaires durant plusieurs mois. Coïncidence, bien sûr, mais j'y vis un signe de l'arrachement que j'avais brutalement provoqué, croyant faire disparaître ainsi dans les flammes un lien devenu mortifère. Cette année là, - j'ai du mal aujourd'hui à en désigner la date, 2002, 2003, je ne sais plus... j'atteignis le fond de cette mare où je m'étais engluée. Je continuais à agir, à travailler, à exercer mes responsabilités de pédiatre, d'épouse, de mère et de grand-mère, mais les rayons du soleil de printemps ne m'atteignaient plus. Tout était devenu lisse, presque indifférent. Je ne désirais qu'une chose : sortir de cette caverne, retrouver la légèreté de mes désirs et de mes affections pour vivre les beautés de la vie que je savais exister au delà de moi, au delà de cette opacité.

Un nouveau rêve de noyade est alors venu me rejoindre quelques jours après mon geste destructeur et m'incita à remonter à la surface. J'eus l'impression qu'il m'avait été « envoyé » pour m'aider à sortir du nœud d'émotions négatives qui me tenait enfermée depuis longtemps, trop longtemps. Voici comment au matin, je l'avais transcrit. *« J'effectue un stage ou une retraite dont le thème m'a échappé, dans une maison qui, au réveil, m'évoque celle de mon enfance, rue d'Arles à Tunis. Gabrielle participe à ce stage avec moi, avec d'autres personnes inconnues de nous. La première scène se situe au premier étage, dans la chambre que j'occupe avec elle – qui est en fait celle que je partageais jadis avec Geneviève, ma sœur décédée à l'âge de dix-huit ans. Je veux lui dire bonjour ou bonsoir, je ne sais plus, en la prenant dans mes bras et en tentant de l'embrasser. Mais elle tourne la tête et mon baiser n'atteint que du vide, quelque part entre son front et ses cheveux. Très dépitée par cette réaction, je dévale l'escalier menant au rez-de-chaussée, entrainant dans ma fuite une couverture qui s'abandonne sur le palier, comme un vieux chiffon inutile. Je descends à la cuisine proposer mes services pour aider à la préparation du repas. Mais j'entends derrière moi une voix, celle de Gabrielle, qui me dit : « Laisse donc cela, c'est la tâche de ...Tami, Toumi ou Koumi » Je distingue mal le prénom qui désigne une jeune fille, d'origine étrangère, malgache peut-être, préposée à cette tâche pour l'ensemble de notre stage.*

Je me retrouve alors en fuite, loin d'elle, sur une route de terre rouge comme une piste de latérite qui longe un fleuve aussi puissant que l'Ogoué sur lequel nous avions jadis vogué en pirogue. Cette route longe l'aval du fleuve et pendant un moment, je me sens en sécurité, je regarde et admire le paysage. D'autres personnes avancent sur cette route dont quelques enfants africains. Soudain devant moi surgissent deux hommes que je prends d'abord pour des pêcheurs, assis sur le bord du talus qui surplombe le fleuve. Ils me barrent la route et je les reconnais alors comme des hommes familiers, Hubert et Jacques. Ils me forcent à dévier mes pas et m'avertissent d'un danger : le fleuve est en crue, il déborde et vient inonder une partie de la route.

Je patauge dans cette eau trouble, je tente de rebrousser chemin car c'est la seule solution qui s'offre à moi pour échapper à la noyade. Je remonte le courant à grand-peine. Sous mes pieds nus, je sens les cailloux de la route, gisant maintenant au fond de l'eau et ils me blessent. Soudain une vague de fond m'entraîne en arrière, dans un flot qui emporte tout sur son passage. Des enfants crient devant moi, entrainés eux aussi par la crue. J'aperçois sur un monticule émergeant de la boue, quelques branches dont l'une est bien solide, entourée d'autres plus grêles. Avec les enfants, nous tentons d'atteindre cette planche de salut. J'hésite un moment à leur laisser la seule branche qui pouvait soutenir mon poids mais finalement je l'agrippe et m'y cramponne tandis que les enfants attrapent tant bien que mal les plus petites. Nous formons une grappe de rescapés et crions au secours ! De ce refuge précaire, je m'aperçois que toute la campagne environnante est noyée sous les eaux et que nous semblons être les seuls survivants.

Troisième et dernière scène : Je me retrouve dans une maison inconnue où j'ai été recueillie après mon naufrage. La directrice du stage qui n'était pas encore apparue dans mon rêve, une petite femme au cheveux grisonnants, pleine d'autorité et de compassion à la fois, vient me chercher et m'incite à retourner d'où je viens. Elle me reproche de les avoir inquiétés et de n'avoir pas téléphoné lorsque je me suis vue en danger. Je lui réponds que je n'y avais pas pensé, oubliant que j'avais mon portable dans la poche. En fait, je me rends compte qu'ayant pris la fuite à cause de Gabrielle, je n'avais pas eu envie de le faire.

Très doucement, elle me rassure, elle me réchauffe d'une autre couverture et tend la main pour me guider. Je la suis avec reconnaissance. La route est de nouveau dégagée, je marche derrière elle sur le bord gauche de la route qui monte vers l'horizon. J'aperçois une foule de gens souriants qui marchent avec nous dans la même direction et je me sens bien. »

Ce rêve m'apparut vital, un rêve archétypique dirait Maître Jung. Je n'en compris pas toute la signification mais je le reliai au grand trouble intérieur et aux sentiments récurrents de perte et d'abandon qui s'étaient réveillés comme autant d'aiguilles fichées dans ma peau depuis le « grand refroidissement ». La paix qu'il m'avait cependant procurée au réveil m'indiquait que le dénouement de la crise n'était pas loin et qu'il serait heureux. « Thalita Koumi, Lève-toi, jeune fille, » avait dit Jésus à la fille de Jaïrus, pour l'inciter à revivre. M'adressait-il le même message ? Je trouverais sur ma route des personnes pour m'entourer et me guider : Hubert et curieusement Jacques, l'époux de Gabrielle, m'avertissaient du danger de poursuivre une relation faussée. Mon entrée dans un temps de plus profonde spiritualité, tel l'Arbre de vie auquel je m'accrochais pour ne pas sombrer, m'apporterait une nouvelle sécurité affective et un renouveau de sens, symbolisés par la couverture neuve qui me réchauffait après le sauvetage. Les enfants d'Afrique – sans doute les filleuls du parrainage dans lequel je m'étais lancée avec mes amis de l'Appel - allaient durant les années suivantes détourner mon attention de mes tourments égocentrés et donner un magnifique élan à ma vie de retraitée.

Quelques jours plus tard, je découvrirai avec une grande stupeur l'identité de la directrice de stage. Je m'étais inscrite à une session organisée par Suzanne G., une oblate franciscaine, sur le thème de la Déposition, au couvent des Dominicaines des Tourelles, situé non loin de notre village. Déposer sa vie aux pieds du Christ à l'exemple de Saint François et de Sainte Claire, c'était sans doute ce dont j'avais besoin en ce moment, tant je me sentais lourde et encombrée d'amertume et de regrets inutiles. Redevenir plus légère, plus libre, plus autonome, était devenu l'objet de toutes mes prières, je voulais retrouver le chemin qui monte vers l'horizon... Dès que j'entrai dans la pièce où étaient assis les autres participants, j'aperçus en bout de table notre animatrice. Je reconnus d'un seul coup d'œil en elle la femme de mon rêve, celle qui m'avait prise par la main, m'avait réchauffée et remise sur la bonne route, celle qui me menait vers ma vraie maison, non celle de mon enfance, mais celle qui m'attendait, là, au cœur de ma vie...

A la même époque, je vivais d'autres événements susceptibles d'ébranler le fragile équilibre que je tentais malgré tout de préserver. Relevant à peine du deuil de ma mère, je devais aussi me préparer à la retraite et imaginer de nouvelles activités qui donneraient sens à cette nouvelle tranche de vie. Je m'étais inscrite dans l'atelier d'icônes d'Hania Pinkowicz, j'y trouvai très vite ce que je cherchais : une ambiance joyeuse, un art et une spiritualité qui m'avait toujours attirée, une activité de création qui m'apprenait la patience, la méditation et la concentration. J'entrepris très vite mon projet autour des rencontres de Jésus avec les femmes, en compagnonnage avec ma chère Marie, mère de Jacques, que je dédiai à toutes les femmes aimées de mon entourage, à mes filles et petites filles chéries.

Commença ainsi une nouvelle période de créativité, cette fois toute personnelle, qui me tirait vers l'avant et m'enrichissait plus que je le pensais possible. Je m'aperçus en effet que, privée des échanges quotidiens avec Gabrielle et de mon activité épistolaire d'antan, je retrouvais du temps à moi, du temps pour moi, du temps pour les autres aussi, et des activités qui éloignaient de moi les ruminations et les regrets. Le temps de la guérison était enfin arrivé. En jetant un regard par dessus mon épaule pour revivre ce passé, je comprends mieux pourquoi j'ai vécu cette relation avec tant d'intensité et tant souffert de son détachement. Gabrielle, du même âge que Geneviève, ma sœur disparue, n'était pas, comme je l'ai cru un moment, celle qui pouvait la remplacer... Elle n'était pas Blanche, aimée, partie, noyée dans un étang et retrouvée mystérieusement. Elle n'était pas non plus la réincarnation de Marie Salomé, la Sainte fantasmée ! Peut-être cet imaginaire était-il né sous l'effet du deuil jamais accompli de cet embryon, évanoui avant d'être formé dans le sein de ma mère, inconnu et en même temps lié à moi pour l'éternité ? Alors il est temps de la rendre à elle même, à sa vie propre, de chair et d'âme, à ses choix et à son destin et ainsi nous apaiser, elle et moi...

6- *Louise*

Enfants martyrs de la Shoah, fillettes d'Algérie et d'Afrique tuées par la pauvreté et l'injustice, petites patientes vaincues par la maladie, Geneviève, la plus belle et la plus proche de mes sœurs, Blanche, surgie miraculeusement du fond de mon enfance, Judith, victime de désirs incestueux, Gabrielle objet d'une amitié amoureuse vécue en toute conscience dans mon âge mûr, Héloïse ma petite-fille tant aimée mais devenue trop lointaine, belles de nuit et belles de jour, vous n'avez pu apaiser complètement le deuil de la séparation initiale et la quête de la tendresse anéantie. Au contraire, vous avez été l'occasion de la rejouer encore et encore, jusqu'à ce que je parte à ta recherche, petite sœur inconnue, si tant est que tu aies vraiment existé autrement que dans l'intuition d'une étiothérapeute …

La boucle est pourtant bouclée : ma quête m'a ramenée devant l'entrée du mémorial des enfants à Yad Vachem. Le visage sculpté en bas relief qui ressemblait tant à celui de Christian, mon plus jeune frère et affichait un véritable air de famille, a frappé mon esprit. Il aurait pu être le tien si tu n'avais pas disparu dans l'obscurité de l'utérus maternel.

Pour me libérer de ton emprise et peut-être, - si l'on y croit - pour t'autoriser à monter plus haut dans les sphères célestes, il ne me resterait plus qu'à te donner un prénom. Accepterais-tu celui de Louise ? Ce prénom avait jailli de mes lèvres, je m'en souviens encore, lorsque m'avait été offerte à l'âge de trois-quatre ans ma première poupée à tête de porcelaine que je serrais si fort dans mes bras qu'il me semble encore en avoir la marque au creux de mes coudes. Habillée d'une robe plissée à taille basse, digne des petites filles modèles de ma chère Comtesse de Ségur, elle était animée d'un mécanisme dans les jambes qui la faisait marcher pas à pas, lorsque je la posais au sol et la tenais par les mains. Ses yeux bleu ciel d'orage s'ouvraient et se fermaient selon la position debout ou couchée. J'avais tout de suite eu pour elle le coup de foudre que je n'ai jamais éprouvé ensuite pour aucune autre de mes poupées, même lorsque j'eus appris à leur confectionner sous la houlette de Grand-mère Henriette les tenues élégantes proposées par Modes et Travaux. Je me souviens que celle-ci avait sursauté quand je lui avais présentée ma poupée :

- Louise ? Qui t'a suggéré ce prénom ? Tu l'as trouvée toute seule ?

- Ben, … oui, c'est un joli nom, tu ne trouves pas ?

Je comprends mieux aujourd'hui sa stupéfaction car j'ignorais que Louise (ou Louis) était un véritable prénom fétiche dans sa famille, porté par au moins douze personnes, branche paternelle et maternelle réunies sur quatre générations ! Mes deux grands-parents, Henriette et Roger, en ont hérité en deuxième prénom. Et sa mère biologique qu'Elisabeth, par ses recherches généalogiques, a exhumée de ses brumes, répondait aux doux noms de Victoria Louise Félicité ! Prénom qui s'est éteint mystérieusement dans les générations suivantes, comme en témoigne l'arbre familial affiché sur le mur du jardin d'hiver, à la ferme des Essaups… A moins que celui d' «Héloïse » en soit une réminiscence ?

Louise, je te remets au Ciel qui t'a accueillie dans la lumière, aux côtés des enfants disparus dont on dit qu'ils deviennent des anges et veillent sur nos destinées. Et qu'importe si tu n'es que fumée, buée, image mentale d'une psychologie à la mode... Ma pensée continue à monter vers le ciel pour vous tous, les vivants et les morts que j'ai aimés, soignés, accompagnés, vous qui avez donné à ma vie les vagues et les souffles des grandes tempêtes ou des brises légères qui en font toute la beauté.

Dernière tempête, contemporaine de l'écriture de ce livre, peu de temps après le retour sur mes origines et la source de ma vocation, la fatigue que je ressentais depuis mon retour d'Israël Palestine, s'accroît de façon inexplicable. Bientôt les signes inquiétants d'une maladie cancéreuse se révèlent et je dois subir une longue et délicate intervention chirurgicale qui m'enlève le rein gauche et ses annexes. Je fais toute confiance au praticien qui m'opère mais un accident d'anesthésie imprévu me laisse en post opératoire, paralysée du côté opposé. Pendant six mois, je marche clopin-clopant. Mais, avec béquilles et kinésithérapie intensive, je récupère toutes mes fonctions motrices ne gardant que quelques sensations cutanées désagréables de ce côté-là.

Cette immobilisation forcée sera une pause salutaire dans le courant de ma vie un peu trop agitée, et l'occasion d'un passage instructif de l'autre côté du miroir : de soignante, je deviens soignée et j'éprouve à mon tour les douleurs, les inquiétudes, les impatiences de la maladie mais aussi la sécurité d'une bonne prise en charge médicale et la tendre sollicitude de mes proches. Je prends surtout le temps de revenir sur cette quête émaillée d'épisodes et de rencontres inattendues. L'ablation d'un de mes principaux organes doubles a été pour moi une métaphore de ce nécessaire travail de séparation et de deuil que j'avais dû entreprendre, comme si le chirurgien avait en même temps que le rein, extirpé de moi le fantôme de ma jumelle perdue. La paralysie qui a suivi m'évoque les efforts d'humilité et de détachement à fournir pour y arriver et la recherche d'un nouvel équilibre après un tel bouleversement. Histoire de donner un peu de sens à cet accroc de santé…

Alors monte en moi le désir d'écrire mon histoire pour la transmettre non seulement à mes proches mais aussi à tous ceux en recherche de leur intériorité, qui pourraient avoir besoin d'espérance avec ce message : « Surtout, devant une situation répétitive et douloureuse, devant un accident de la vie qui vous laisse brisé, ne vous découragez pas ! Cherchez à comprendre la leçon de vie qui vous est donnée. Et lorsque vous chercherez sincèrement, de tout votre cœur et de toute votre énergie, les réponses seront là, près de vous. Elles vous seront mystérieusement données, comme des portes qui s'ouvrent peu à peu devant vous et éclairent de nouveaux horizons, jusqu'à l'ultime, celle qui autorise le repos et conduit au pardon de toutes les blessures. Vous ressentirez alors la sensation de plénitude d'une mission accomplie. Cela peut être douloureux, mais n'ayez pas peur, traverser la douleur est le seul moyen de surmonter ses pièges et de retrouver la joie. Pensez aussi que vous n'êtes pas seuls ! Quelqu'un veille à vos côtés, qui vous soutient et vous accueillera, le temps voulu… »

VI- Que ma joie demeure

Encore un' fois dire "Je t'aime"...
Encore un' fois perdre le nord
En effeuillant le chrysanthème
Qui est la marguerite des morts...
G. Brassens

Septantaine

Mai 2013, le printemps embaume de la floraison des genêts et des lilas. Hubert et mes enfants me donnent une occasion splendide de vous rendre hommage, vous tous mes bien-aimés. Ils prennent l'initiative d'organiser la fête de ma septantaine, que j'ai abordée sereinement depuis l'automne précédent. La mémoire de cette journée lumineuse m'a semblé digne de conclure le récit de cette quête à la recherche des ombres qui, dans un dialogue invisible et muet, ont accompagné ma vie vers son accomplissement.

Le Lazaret de Sète, admirablement situé au bord de la plage, accueille sous l'ombrage de sa pinède une soixantaine de parents et amis, joyeux de se retrouver ou de faire connaissance. Vous êtes tous là, même les absents, même les disparus, comme les fleurs, les arbustes et les fruits tombés autour de mon arbre de vie. La présence de mes trois sœurs, Evelyne, Odile et Elisabeth, celles de mes deux belles sœurs, Claire et Annie et de nombreux neveux et nièces, sont en soi un vrai miracle car même pour les obsèques de Mutti notre mère, cette réunion des six branches de la fratrie Randegger ne s'était pas produite ! Chacun de mes enfants et petits-enfants s'est ingénié à rendre la fête plus conviviale, plus mémorable aussi.

Cédric et ses trois petits lutins, Théa, Méloé et Elyes ont préparé un spectacle de marionnettes, art que j'ai jadis pratiqué dans la joie, où un vilain dragon se transforme en l'animal de compagnie d'une bergère devenue princesse ! Sören, toujours aussi habile de ses mains, aidé de ses deux grands garçons, Doriann et Erwann, nous a concocté un jeu de devinettes. Illustrées par de petits sculptures de pâte à modeler, elles reconstituent des scènes familiales que seuls les protagonistes de chaque époque peuvent reconnaître. Grands rires assurés, à l'évocation de ces souvenirs heureux ou cocasses ! Vérène s'est chargée de l'accueil et a imaginé toutes sortes de jeux de rôles pour aider chacun à nouer le plus vite et le mieux possible des relations avec ses voisins. A sa demande, un souvenir marquant impliquant l'héroïne du jour est exprimé par chaque invité et je reçois ainsi en cadeau toutes sortes d'images reflétant chacune une facette de ma personnalité, dont certaines me surprennent encore ! Aymone nous offre ses dons d'artiste en composant un magnifique collage « De part et d'autre de la Méditerranée », où se déroulent les grands épisodes de ma vie. Puis elle prend le micro et chante d'une belle voix d'alto une complainte mélancolique. Ses premiers mots me font frissonner tant ils ressemblent à un cri « Maman, maman… » clamant ou réclamant la tendresse non exprimée depuis ce temps lointain où l'enfant affectueuse et sensible s'est transformée en une adolescente farouche. Devenue adulte, nous avons eu un peu de peine, hélas, à retrouver la relation de bonne distance qui nous aurait l'une l'autre apaisées. Viendra-t-elle un jour ? Je l'espère de tout mon cœur.

Gabrielle a fait le voyage vers Montpellier avec Jacques, bien sûr. Mais elle n'est pas en forme et ne pourra participer à toutes les activités proposées dont pourtant elle est toujours friande. Malaise physique ou dépression passagère, je n'arrive pas à le discerner, ni l'aborder en tête en tête, même si je me réjouis de sa présence. Il faudra d'autres circonstances pour renouer le dialogue, le temps n'est pas encore venu mais maintenant, je l'attends sereinement.

Je ne peux m'étendre sur les mots, les gestes et les regards d'affection que tous, membres de ma famille ou amis venus des quatre coins de France et même d'Allemagne vous m'avez prodigués ces jours-là. Je les garde précieusement dans un coin de mon cœur, devenu grâce à eux, aussi beau qu'une mosaïque de Ravenne, aussi brillant de l'or de mes icônes, aussi chaleureux que le feu que j'allume chaque soir d'hiver dans ma cheminée... Vous êtes là, les plus âgés comme une garde rapprochée qui précède mes pas vers le grand âge, mes contemporains comme les compagnons fidèles sur ma route, les plus jeunes comme les flèches lancées de mon carquois pour poursuivre les combats menés pour continuer à faire de cette planète une terre où il fera enfin bon vivre !

Vous êtes là aussi tout près de moi, dans l'invisible des yeux mais pas celui de l'âme, vous qui n'avez pu venir à ce rendez vous, vivants ou disparus très chers : Héloïse ma petite-fille dont depuis de trop longs mois, je n'ai plus aucune nouvelle, en pleine crise d'indépendance, tu n'as pas répondu à mon invitation pressante mais tu restes chaque jour proche de ma pensée. Tes dessins ornent les murs de la grande salle du Lazaret qui a été mise à notre disposition. Ils voisinent avec tous ceux que m'ont offerts mes petits patients d'Afrique ou de France ou mes autres petits-enfants, neveux et nièce. Ils témoignent de tous ces moments d'intimité, d'affection et de créativité que j'ai partagés avec toi tout au long de tes années d'enfance lorsque tu venais en vacances à Montaud ou aux Ancolies.

Certains amis manquent aussi à l'appel mais se sont excusés avec beaucoup de regrets et des mots d'amitié de ne pas pouvoir participer à notre rencontre. D'autres, comme Eliane, Sarah, Marie-France, chères amies dont le cancer a broyé trop vite la beauté de votre corps, vous auriez tant aimé m'apporter votre sourire. Enfin vous tous mes graines de lumière, fruits mûrs tombés à terre, vous que j'ai évoqués dans ce récit, Edouard et Marguerite, Roger et Henriette, mes grands parents, Roger et Thérèse, mes parents, ma sœur Geneviève, Yves et Christian, mes frères, Ossian mon petit fils, et vous tous, mes enfants d'Afrique ou de France que mes soins n'ont pas empêché de quitter trop tôt ce monde, Blanche dont le regard malicieux s'est posé sur mon berceau et Louise, vraie jumelle ou buée flottant dans mon esprit, je vous associe à ma joie car chacun d'entre vous représentez une plante essentielle de mon jardin, semé d'herbes folles autant que de fleurs odorantes.

En fin de journée, un moment de louange est célébré par trois « passeurs » : Inge, pasteure et amie du temps de mon engagement à l'aumônerie hospitalière, Jean Daniel mon beau-frère, né le même jour qu'Hubert – encore un clin d'œil de la gémellité ! - et Jean Pierre, ami du scoutisme et frère Veilleur. Tous trois remettent avec nous l'ensemble de la fête et l'ensemble de notre histoire entre les mains de « l'Eternel », le Dieu de l'Univers, chemin, vérité et vie pour tous ceux qui lui font confiance.

Dernier message à mes très chers enfants et petits enfants écrit quelques jours après la fête :

Voici déjà une semaine, la fête que vous avez organisée pour moi débutait dans la joie de la surprise et des retrouvailles. Je descends peu à peu de mon petit nuage pour retrouver la réalité des jours et les activités quotidiennes, lectures, peinture, écriture, rencontres, jardinage, visites aux amies âgées ou malades, chorale, etc.

Mais je ne veux pas laisser passer le temps de la reconnaissance et des remerciements, à vous qui, avec les amis proches avez tant travaillé à la réussite de ce bel anniversaire. Comme je l'ai dit lors de ma courte intervention sur place, après avoir reçu toutes ces perles d'affection et d'amitié, ce remerciement vient du fond du cœur et me fait verser quelques larmes de joie...

... A vous, mes enfants et petits enfants, qui m'avez donné les meilleurs moments de ma vie par votre présence et votre affection, j'ai voulu laisser un message que je tente de redire en quelques mots. Ma vie a été belle, oui, même si je n'ai pas été épargnée par le malheur des deuils familiaux ou amicaux. Belle, même si j'ai exercé un métier très exigeant auprès d'enfants gravement malades. Belle, malgré les erreurs et les fautes commises dans ma relation avec ceux que j'ai le plus aimés : votre père et vous. La fidélité conjugale et l'éducation des enfants sont des œuvres très risquées, où l'on transmet surtout ce que l'on est avec toutes nos fragilités et non ce que l'on voudrait être... Mais heureusement avec l'âge, j'ai eu l'impression de progresser et mieux accepter mes limites et mes imperfections.

Ma vie a été belle car j'ai toujours tenté de la bâtir autour de deux grandes directions : la connaissance et l'amour. La connaissance, c'est la soif d'apprendre, de découvrir, de s'imprégner de la culture des anciens et des contemporains, c'est aussi la volonté de comprendre, se comprendre soi-même de mieux en mieux, et comprendre les autres le mieux possible pour éviter de les juger. L'amour, ce n'est pas le désir de posséder, cela, çà ne s'apprend pas et cela ne fait pas grandir. Ce n'est pas non plus dire je t'aime, je t'aime et faire beaucoup de bisous ou de caresses. Cela, c'est de la tendresse, c'est important, et çà fait vachement plaisir quand on peut la partager. Mais autant c'est bon quand on est enfant, autant quand on est adulte, c'est plus délicat de trouver le ton juste. Non, le véritable amour, c'est vouloir le bien de l'autre, le respecter tel qu'il est, le reconnaître dans sa beauté et sa fragilité, c'est aussi pouvoir pardonner quand il vous a blessé, et c'est le plus difficile mais tellement libérant !

Alors bien sûr, ce n'est pas donné d'emblée. Au début c'est tout petit, mais plus on s'exerce à cela, plus on a l'impression de grandir. Pas en taille mais en intelligence et en cœur ! Et pardonnez moi si vous avez souvent ressenti que je manquais de l'une ou de l'autre envers vous.

La connaissance et l'amour sont pour moi, deux qualités divines, car seul Dieu est toute Connaissance et tout Amour et c'est Lui qui met en notre cœur le désir de ces deux dons. C'est pourquoi j'avais apporté ma belle icône de la Sagesse qui ouvre ses deux ailes (la droite représente la Connaissance et la gauche l'Amour) et les étend sur le monde et sur l'humanité des hommes et des femmes. C'est ainsi que l'on peut traverser la vie, avec ses joies et ses difficultés, avec ses réussites et ses échecs, avec ses bienfaits et ses erreurs, tout en grandissant en sagesse. Si vous retenez ce message, vous aussi, vous verrez, vous continuerez à grandir en sagesse et à soixante dix ans, vous serez comblés de joie et de reconnaissance, comme moi lors de cette fête…

Ainsi, ai-je effeuillé tous mes chrysanthèmes… Ma quête est accomplie, les ombres de Yad Vachem ont regagné leur place dans le Royaume des Cieux, elles y reposent en paix et je rends grâce de tout l'amour que la vie m'a accordé. C'est à vous tous, vivants ou défunts que je dédie cette histoire…

Le temps s'est écoulé. Temps de purification et de marche dans l'inconnu, traversée d'un désert peuplé de fantômes que peu à peu, j'ai remis à leur vraie place, le repos des justes, et dont je me suis ainsi libérée. Temps de croissance et de maturation aussi, à l'image des neuf mois qu'il faut à l'enfant pour naître après sa conception. Temps où mes cheveux ont blanchi, où mes muscles se sont affaiblis et mon souffle est devenu plus court. Mais grâce à ce travail d'écriture, comme le dit Paul, l'apôtre mal aimé devenu pourtant au fil de mes lectures un véritable ami, mon corps s'est détérioré mais mon âme s'est renouvelée de jour en jour. J'entre maintenant dans la dernière ligne droite de cette vie, reconnaissante des grands malheurs qui en ont fait la profondeur et des grands bonheurs qui lui ont donné sont éclat. Comme le chante le Prophète de Khalil Gibran, la coupe de Tristesse qui s'était creusée au fil de mes mots s'est emplie de Joie. Sans crainte ni surprise, je me prépare à l'ultime séparation. Elle sera, je l'espère de tout mon cœur, le temps des retrouvailles avec Celui qui a guidé mon chemin et avec tous ceux qui m'ont précédée et aimée au delà de la mort, connus ou inconnus. Alors tout mystère sera levé, il n'y aura plus de séparation ni de larmes, et l'amour n'aura pas de fin.

Montaud, Octobre 2017

J'ai cru nécessaire de changer ou d'effacer quelques prénoms ou patronymes pour respecter au mieux celles et ceux qui pourraient se sentir offensés par mes propos, parfois très intimes. Qu'ils sachent ainsi qu'il n'est pas dans mon intention de blesser quiconque mais d'exprimer avec le plus de justesse possible les joies et les douleurs que traverse toute vie humaine. La mienne n'est qu'un point minuscule mais qui m'a donné d'entrevoir l'infinité des autres...

Merci à tous ceux qui m'ont aidée à retrouver le fil de mes souvenirs et ont relu ce document, en particulier :

Elisabeth, Idelette, Geneviève, Eliane, Alice, Léo, Vérène, Evelyne, Hubert, Virginie, Danielle, Mireille, Catherine, Brigitte et nos amis d'Asphodèles, et bien sûr Blanche qui m'a accompagnée de l'Invisible où elle a trouvé la paix et la joie.

Quant à Louise, j'espère pouvoir lui dire un jour combien elle m'a manquée...

Table des matières